개정판

만들기 쉬운 일본요리

개정판

만들기 쉬운 일본요리

김보성 · 김태형 · 김희기 · 서재원 · 안호기 · 최용석 지음

(주)교 문 사

책을 내면서

Preface

일본 요리가 우리나라에 들어온 지도 100년이 넘어 우리나라의 저변에 뿌리 깊게 자리를 잡았고, 일본식과 한국식이 서로 절충되어 새로운 메뉴가 생기고도 있습니다. 또한 일본 요리는 세계적으로도 건강식으로 각광을 받고 있으며 사시미, 스시를 필두로 다양한 롤 등이 전세계적으로 인기 있는 음식으로 도약하였습니다. 현재 우리나라에서도 소득 수준의 향상과 더불어 외식시 가장 선호하는 메뉴 중 하나가 되었고 갈수록 선호도가 높아지고 있는 실정입니다.

일반 가정이나 조리사 지망생 중에는 일식을 택하는 학생의 비율이 꾸준히 늘고 있습니다. 이 책은 현장 조리사, 조리사 지망생, 일본 요리에 관심이 있는 분들이 쉽게 볼 수 있도록 호텔 등 산업 현장과 학교에서 학생들과 함께하면서 조금씩 모아 왔던 자료와 모자라나마 그 동안의 경험을 토대로 꾸미게 되었습니다.

모두 5장으로 구성되어 있는데, 1장은 일본 요리의 개요와 조리법의 분류, 직무 등을 다루었습니다. 2장에서는 조리 도구와 야채, 생선을 다루는 법, 일본 요리에 쓰이는 재료 등을 소개하였고, 3장은 코스 요리인 회석 요리와 손쉽게 만들어 볼 수 있는 일본 요리를 담았습니다. 그리고 4장에는 일식조리사 대비 실기문제에 대해 사진과 함께 자세한 설명을 실었고, 5장은 복어의 제독 과정과 복어조리사 대비 실기문제입니다. 또 부록으로 일본 조리 용어에 대한 해설을 수록하였습니다.

이 책을 준비하면서 많은 것을 생각하게 되었고 부족함이 많다는 것을 느꼈습니다. 부족한 면이 있더라도 이 책을 통해 일본 요리를 이해하고 배우는 데 도움이 되었으면 하는 바람입니다. 책의 미흡한 부분은 선·후배님들의 따뜻한 조언과 격려를 부탁드립니다.

앞으로 계속 수정·보완해 나갈 것을 약속드리며, 끝으로 이 책이 완성될 수 있도록 물심양면으로 도움을 주신 교문사의 류제동 사장님과 양계성 상무님, 박민정 부장님께도 깊은 감사를 드리고, 한국외식문화연구회 회원 모든 분들께도 감사드립니다.

2009년 8월

저자 일동

차 례

Contents

제1장 일본 요리의 개요

제2장 일본 요리의 기본

제4장 일식조리사 대비 실기문제

제5장 복어 요리

Chapter 01
일본요리의 개요

Chapter 1

1. 일본 요리의 역사 및 특징

(1) 일본의 특징

일본의 풍토는 일본 음식 문화의 성립에 큰 영향을 주었다. 일본은 많은 섬으로 이루어져 있는 열도로, 복잡한 해저 지형과 지질이 다종의 생물이 생존하기에 알맞은 환경이다. 특히 다종 다량의 플랑크톤과 해조가 자랄 수 있어 풍부한 어업 자원을 뒷받침해 주고 있다.

남방으로부터의 난류와 북방으로부터의 오호츠크 한류가 서로 교류하는 일본해의 환류는 일본의 기후를 고온 다습하게 하여 각종 식용 품종을 증식시키고, 이를 이용한 식품이 만들어지게 되었다. 또한 일본은 비가 많아 산지나 고원에 방목을 해야 하는 목축업이 발달하지 못했다. 이 때문에 일본에서는 쇠고기, 돼지고기, 양고기 등을 쉽게 구하기가 어려워 채식을 주로 하는 식생활이 형성되었다.

더구나 일본은 아시아 대륙의 최동단에 위치하고 있어 한국, 중국의 문화는 물론 중국 문화에 유입되어 있던 중앙아시아, 동유럽의 문화 요소까지 들어왔다. 일본의 위치, 지형, 주위의 해류가 남방계의 제 문화 요소를 북상시킴과 동시에 북방계의 제 문화 요소를 남하시키는 통로가 됨으로써 양계의 각 문화가 모두 들어오게 된 것이다.

(2) 일본 요리의 형성

일본 요리가 형성된 식생활사를 여섯 시기로 구분해서 그 특징을 간략히 살펴보면 다음과 같다.

자연물 잡식(雜食) 시대_ 기원 전후

일본은 신석기 시대에 남방과 북방의 문화가 혼재해 있었음이 식생활면에서 확인된다. 물가에서는 활, 작살, 그물 등으로 물고기를 잡아먹었고, 한편 산지에서는 단궁과 같은 북방의 활을 사용하여 멧돼지와 사슴을 사냥했다. 이 시기를 조몬식

(繩文式) 시대라고 하는데, 대개 기원전 6,000년부터 200년까지라고 본다.

이 시기에 일본인들은 자연에서 나는 음식물을 채집했는데, 주식과 부식의 구별은 없었고 수조육류와 조개류 외에 담백한 맛의 어류나 식물성 식품을 가지고 상상 이상으로 푸짐하게 차려 잡식을 했을 것으로 여겨진다. 당시에는 불에 굽고 찌는 등의 방법으로 화식(火食)을 했는데, 이는 주거 자리에 화로가 있는 것이나 토기의 바닥에 그을음이 묻은 것으로 알 수 있다.

그 당시 사람들이 어떤 조미료를 사용했는지는 확실치 않지만, 패총(貝塚)에서 권패(卷貝)의 일종으로 매운맛이 나는 조개류가 출토되고 다른 유적에서 산초가 들어 있는 토기가 발견된 것으로 보아 매운맛이 사용되었음을 알 수 있다.

주곡 부육(主穀副肉) 시대_ 1~7세기

기원전 3~4세기가 되자 일본 내에 벼농사와 금속기의 수입, 야요이식(彌生式) 토기의 등장으로 지금까지의 석기 문화에 획기적인 변화가 나타나 일종의 생활혁명이 일어났다.

일본의 벼농사는 중국의 양쯔 강 하류 델타 지역에서 기원된 것으로 추측된다. 쌀을 주로 하는 곡물이 주식이 되면서 동물성 식품은 종적 지위로 바뀌었다. 이와 함께 염분의 섭취도 동물의 내장을 통한 유기염 대신에 해조를 구워 만든 식염으로 바뀌었다. 동물식에는 특별히 터부가 없었으나, 사냥과 어업이 각기 독립되어 사회적 분업을 이루면서 종속 산업화되었다.

야요이식 시대의 도로 유적에서 마찰 발화법을 이용한 발화기가 발견되거나, 주거지에 화로가 있거나, 고분에서 부뚜막이 발견된 것으로 보아 이 시대에 가열 조리가 행해졌다는 것을 명백히 알 수 있다. 가열 조리 방법으로는 찌기, 끓이기, 굽기, 볶기 등이 있었던 것으로 보인다.

당시부터 현재에 이르기까지 쌀로 만든 음식의 풍습은 일본인의 생활을 크게 규정지었고, 쌀의 생산과 보유가 항상 국책의 중요한 위치를 차지하였다. 그리고 부식은 채소, 어패류, 조수 등이었고 대개는 열 가공을 해서 먹었다. 조개류나 채소는 향신료나 소금 맛으로 생식을 하고 곡물, 어수육(魚獸肉), 야초(野草) 등의 발효염장식품이 등장했으며, 각종 조미료와 향신료도 사용되었다. 쌀로 술도 만들어 먹었는데, 초기엔 단단하게 반죽된 것이어서 젓가락으로 먹다가 점차 양조법이 발달하여 액체 상태가 되었다.

당나라 음식 모방 시대(나라 시대)_ 8~12세기

645년 당나라를 모델로 한 율령국가 체제가 성립되기 시작하여 8세기 초의 헤이조우코우(平城京)에 이르러 본격적인 도역으로서 교토(京都)가 완성되었다. 국가가 발달하면서 이때를 전후하여 수도를 중심으로 귀족 계급의 생활양식이 당나라풍으로 바뀌면서 음식 문화에도 영향을 미쳤다.

6세기 초에 대륙에서 들어온 불교는 일본 지배 계급과 결합되어 점차 퍼져 나갔다. 그 결과 불교가 정치와 결부되어 교리가 일반 정치에 포함됨으로써 생활을 규제하는 수단으로 등장하기에 이르렀다. 그 중 대표적인 것이 살생 금지로 676년에는 칙령을 내려 육식을 금하는 법령까지 만들게 된다.

이러한 칙령은 장원을 배경으로 계급이 고정되기 시작한 귀족 계급에게 강한 영향을 미쳤다. 후지와라(藥原) 시대에는 궁정식을 대표로 하는 귀족 요리가 생겨났는데, 귀족들은 부자연스럽고 지나치게 틀에 박힌 식생활을 함으로써 비타민이나 칼로리의 부족으로 인한 영양실조를 겪기도 했다. 또한 일본에 우유나 유제품의 제조법이 전해진 것은 고토쿠(孝德) 천황 무렵인데, 우유나 유제품은 왕궁에서 사용되었으며 오히려 위생과 의료의 측면에서 취급되었다.

본선(本膳) 요리인 귀족 요리가 탄생한 것은 헤이안조(平安朝)의 초기 무렵으로, 이 시대에는 오늘날과 같은 복잡한 요리법은 없었으나 요리에 대해서 고심을 하고 좋은 것을 만들어 내려는 의욕이 곳곳에 드러나 있다. 그리고 각종 요리에 관련된 서적이 많이 등장했으며, 소금이 조미료로 널리 이용되었는데 조개류 등을 날로 먹을 때에도 적당한 맛을 가미하는 데 사용하였다. 초(酢)를 사용해서 사슴의 고기나 내장을 회로 요리하는 방법도 있었으며, 참기름 등의 식물성 기름을 사용하여 볶기도 하였다.

헤이안 시대의 후지와라가(藤原家)의 영화(榮華)는 일본 요리에도 반영되었는데,

이때 일본 요리의 기본이 형성되었고 불교의 번성으로 동물성 식품을 금기하여 귀족의 식탁에서는 동물성 단백질과 지방이 추방되었다. 또한 사원 생활의 영향을 받아 귀족 계급에 생긴 의식적 식사법이 후세의 식생활 규범이 되었으나, 식욕을 성욕과 더불어 낮게 보고 천히 여기는 풍습이 있었다.

일식의 발달 시대_ 13~17세기 전반

12세기에 겐지(源氏)가 교토의 헤이케(平家) 정권을 뒤엎고 가마쿠라(鎌倉)에 막부(幕府)를 열어 14세기 초반까지 계속된 가마쿠라 시대는 고대의 장원제 중심에서 무가(武家) 사회가 형성되어 성장한 시대이다. 헤이안 시대에는 일상생활이 형식적이었고 그것이 음식 문화에도 영향을 미쳤는데, 이 시대는 무가(武家) 중심의 사회로서 그들이 본래 가지고 있던 생활 모습이 식생활 분야에 그대로 반영되었다.

그러나 귀족 생활에 대한 무사들의 동경은 당나라를 모방한 요리 문화를 동화시키면서 일본의 전통 음식 문화와 혼합되어 일본 요리의 기본을 만들기도 하였다. 여기에 선종(禪宗)의 영향으로 신도우(禪堂) 식사가 가미되어 회석풍(懷石風)의 요리법과 식사법이 생겨났다. 또한 이때부터 쌀을 쪄서 먹지 않고 죽의 형태를 거쳐 지금과 같은 밥으로 변화하게 되었다.

무로마치(室町) 시대에는 차(茶)가 유행하였는데, 원래 차는 나라(奈良) 시대부터 귀족이나 승려의 일부가 마시고 있었다. 또 헤이안 시대에는 궁전의 뒤뜰에 차밭이 있었으며, 일부 귀족은 차를 약으로 애호하고 있었던 듯하다.

이 시대에는 농업이 발달하여 쌀 수확량이 증가함으로써 쌀을 상식(常食)하는 일이 많아졌다. 이로 인하여 공가(公家)나 승려 사이에는 점심을 먹는 습관이 생겼는데, 이것이 일반 서민에게까지 퍼지게 되었다.

이 시대의 후반부인 아즈치 모모야마(安土桃山) 시대부터 전국 시대 말기까지는 대외 무역이 활발해졌는데, 대상국은 포르투갈과 에스파냐, 네덜란드가 중심이었다. 이때 들어온 서구의 식품, 설탕, 설탕을 넣어 만든 과자 등은 일본 요리 문화에 커다란 영향을 끼치게 되었다.

임진왜란 이후에도 조선이나 명과의 교역은 끊임없이 이루어지고 있었고, 외국과의 교역으로 새로운 작물이 일본 땅에 전해지게 되었다. 이때 수입된 대표적인 작물로는 수박, 호박, 옥수수, 고추, 고구마 등을 들 수 있다.

일본 요리의 완성_ 17세기 후반~19세기 전반

지배 계급이었던 무사는 막부 시대 후반에 이르러 스스로 귀족화하여 활력을 상실하고, 때마침 대두한 화폐 경제로 인해 생활면에서는 이미 지배 계급의 지위에서 전락하기 시작했다. 한편 이와는 반대로 도시 상인들은 생활 수준이 급격히 향상되어 종래의 요리 문화를 집대성하고, 중국과 서구의 것을 새로이 받아들여 일식을 완성시켰다.

에도(江戶) 시대에는 귀족적인 궁정풍의 요리, 사원풍의 회석(懷石) 요리, 남만(南蠻) 요리, 중국 요리 등이 취사선택되면서 이전 시기보다 더욱 집대성되었다. 또 막부나 제번(諸藩)의 식산흥업(殖産興業) 정책에 의해서 경지의 확대, 농경 기술의 개발, 작물의 품종 개량, 어업 기술의 발전, 식품 가공의 진보 등으로 식품 생산이 증대되고 국민 일반의 식생활이 질적으로나 양적으로 풍부해졌다.

이 시기에는 종래의 조미료였던 소금(塩), 된장(味噌), 초(酢) 외에 새로이 간장(醬油), 설탕(沙糖), 다시마(昆布), 가다랑어포(鰹節, 가쓰오부시)가 추가되었다. 이러한 조미료는 부식물의 조리법에 영향을 미치고 그 조리법을 다양화하는 데에도 기여하게 되었다.

일식과 양식의 공존 시대_ 19세기 후반~현재

메이지(明治) 유신에 의해 봉건 체제가 무너지고 서구의 문물을 적극적으로 수용하려는 풍조 속에서 요리 문화에도 커다란 변화가 생겼다. 메이지 시대에 와서 스키야키가 유행하고 양주와 서양 요리가 보급된 것이다. 메이지 초년은 신정책의 강행으로 여러 가지 문물이 뒤섞였는데, 식품에 관계된 것을 살펴보면 쇠고기, 돼지고기, 서양 요리, 양국선(洋國船) 요리, 도시락집, 단팥죽집, 떡국 등이 있다.

또한 각종 요리법이 수입되어 일반 가정에까지 영향을 미쳤는데 일본 요리를 서양식으로 조리하거나 서양 식품을 일본식으로 조리하게 되었으며, 따라서 일본인의 식생활은 동양풍과 서양풍이 섞인 복잡한 형태가 되었다.

(3) 일본 요리의 특징

전통적인 일본 요리를 지탱해 온 일본인의 요리 사상에는 다른 문명 제국의 요리 사상과 현저히 다른 면이 있다. 즉, 식품에 손대야 할 기술은 최소한으로 하고 되도록 식품을 자연에 가까운 상태로 먹어야 한다는 것을 강조하고 있어 '조리를 하지 않아야 한다는 것이 조리의 이상(理想)' 이라는 것이다.

일본 요리는 '눈으로 먹는 요리' 라고 할 만큼 자연으로부터 얻은 식품 고유의 맛과 멋을 최대한 살리는 조리법을 택하며, 어패류를 이용한 요리가 많기 때문에 신선도와 위생을 가장 중요시한다. 또 요리의 양이 비교적 적고 섬세하며, 계절감이 뚜렷하고 담백한 맛이 특징이다.

일본 요리는 소재(素材)에 대한 정확한 지식을 요하여 같은 소재라도 첫물(走り, 하시리), 제철(旬, 슌), 끝물(名残, 나고리) 등으로 구분하며, 재료에 따라 알맞은 조리법을 사용하는 것이 또다른 특색이다. 생선을 사용할 때는 선도(鮮度)를 매우 중요시하여 선도에 따라 '날것으로 먹고, 구워 먹고, 그래도 나쁘면 조려서 먹는다' 라고 할 정도로 다양하게 구분된다. 그리고 감칠맛 있게 우려낸 다시(出し)를 사용하는데 주로 가다랑어포, 다시마, 멸치 등을 자료로 한다. 조미료는 된장, 간장, 설탕, 식초, 소금, 청주, 미림 등을 사용한다.

요리를 담을 때에도 도자기, 칠기, 대나무, 유리 제품 등을 다양하게 사용하여 요리와의 조화를 중요시하고 계절감을 살린다. 종래의 일본 요리는 육류 요리가 적은 것이 특징이었으나, 1571년에 나가사키항(長崎港)이 개항한 이래로 포르투갈, 네덜란드 등 유럽의 영향을 받고, 2차 세계 대전 이후에는 일본에 주둔한 미국 식문화의 영향을 받았다. 또한 1964년 개최된 동경 올림픽 등을 계기로 외국인과의 접촉이 빈번해지면서 스키야키, 샤부샤부, 돈가스, 스테이크, 철판구이 등의 육류 요리가 발달하여 전통적인 식습관과 식문화에 많은 변화를 가져왔다.

이상으로 살펴본 일본 요리의 특징을 정리해 보면 다음과 같다.

- 생선회, 생선 초밥 등 가열하지 않고 신선한 식품을 생식(生食)하는 조리법이 발달하였다.
- 계절 감각을 매우 중요시한다. 서양 요리에 비해 냉동식품이나 통조림 등 장

기 저장할 수 있는 식재료보다 제철에 나는 신선한 식재료를 이용하여 계절감을 살린다.

- 섬나라이므로 어패류 요리가 발달하였다.
- 요리를 담는 데에도 동양 철학을 담고 있다. 여백(餘白)과 농담(濃淡)의 조화를 중요시하는 동양화처럼 공간과 색상의 조화를 중요하게 여긴다.
- 자연 소재의 기물을 다양하고 예술적으로 활용한다(나뭇잎, 대나무, 칠기, 종이, 나무 열매, 나무껍질, 토기, 자기, 금속, 유리 등).
- 자연으로부터 얻은 재료의 고유한 맛과 멋을 최대한 살리며 대체로 담백한 맛을 추구한다.
- 비교적 양이 적고 미적 감각을 중요시한다.
- 근래에는 외국의 요리를 받아들여 일본의 풍토에 맞게 개량하여 정착된 요리가 발달하였다(돈가스, 비프커틀릿, 스키야키, 샤부샤부, 철판구이 등).
- 식품 산업이나 외식업에 있어서 컨셉트가 될 자연 지향적, 친환경적 요리이다. 조리법도 가열을 하지 않는 생식법이 발달하였고, 조리를 하더라도 재료 자체의 맛과 특성을 잘 살리며, 요리를 담을 때에도 자연 소재의 기물을 이용하여 자연과의 조화를 추구한다.

(4) 일본 요리의 식사 예법

일본 음식은 젓가락만을 사용하여 먹도록 되어 있다. 젓가락은 중국, 한국, 동남아시아의 일부 국가에서도 사용되고 있는데, 일본에서는 아주 오래 전부터 사용했던 것 같다. 문헌상으로는 712년에 편찬된 역사서인 『고지기(古事記)』에 그 기록이 보인다.

젓가락과 숟가락이 일본에 전해진 것은 당나라 때라고 알려져 있다. 특히 젓가락은 당나라로부터 전해 온 것이라 하여 '가라와시(唐箸)'라고 불렀다. 원래 고대 일본에는 대나무를 반으로 굽힌 젓가락이 있었다. 그러나 당나라로부터 한 쌍으로 된 젓가락이 전해진 후 귀족들 사이에서 숟가락과 함께 사용되기 시작하였고, 나라 시대에 들어와서는 서민들의 젓가락 사용도 보편화되었다.

숟가락은 극히 일부 귀족에 한정되어 시도되었던 것으로 여겨진다. 그러나 일반

인들은 밥을 먹을 때 숟가락보다는 젓가락을 많이 사용하였다. 젓가락만으로 밥을 먹는 일본인들의 습관에 대해, 일본의 민족학자 이시게 나오미치(石毛直道)는 신석기 시대인 야요이 시대에 이미 찰기가 있는 자포니카(japonica) 계통의 쌀을 재배했기 때문에 굳이 숟가락을 사용할 필요가 없었다고 주장한다.

일본 음식을 먹을 때는 국물에 젓가락을 적시고 국물로 입을 축이고 나서 밥을 한 입 먹는다. 밥과 반찬은 번갈아 가면서 먹어야 하며, 이때 젓가락이 반찬에서 또다른 반찬으로 직접 가서는 안 된다. 그러면 반찬의 맛이 뒤섞여 제 맛을 알 수 없게 되기 때문이다. 오른손으로 젓가락을 사용할 경우 왼손은 밥그릇과 국그릇, 반찬그릇을 나르는 데 써야 한다.

일본의 식사 예법에서 젓가락과 관련된 금기 사항은 이외에도 아주 많다. 몇 가지 예를 들면, 감자나 무 등을 속까지 익었는지 확인하기 위해 젓가락으로 찔러 보는 것은 음식을 만든 사람을 의심하는 행위이므로 실례가 된다. 또, 뼈가 있는 생선을 먹을 때 뼈를 발라내지 않고 그대로 뼈 뒤쪽의 살을 먹으려고 젓가락으로 들쑤시는 것도 좋지 않은 매너이다.

일본에서 손님으로 초대를 받았을 때 밥을 두세 그릇 먹는 것은 상관없으나 한 그릇으로 끝내는 것은 실례이다. 두 그릇을 먹을 수 없더라도 조금만 더 달라고 하여 두 그릇을 먹는 형식을 취하면 된다. 일본에서는 예로부터 한 번으로 끝내면 인연이 끊긴다는 속설이 있기 때문이다.

2. 일본 요리의 기본 조리법과 분류

(1) 일본 요리의 기본 조리법

일본 요리의 기본이 되는 조리법에는 오법(五法), 오미(五味), 오색(五色)의 조화와 계절 감각을 매우 중요시하는 특징이 있다. 오법에는 생 · 조림 · 구이 · 찜 · 튀김 등이 있으며, 오미로 단맛 · 짠맛 · 신맛 · 쓴맛 · 매운맛 등을 적절히 요리에 적용하였다. 그리고 오색은 적색 · 청색 · 백색 · 흑색 · 황색 등을 말하는데, 이 다섯 가지 색은 계절과 영양 등을 고려한 여러 가지 표현으로 나타난다. 청색은 봄, 적색은 여름, 백색은 가을, 흑색은 겨울과 사계절, 황색은 입추 전(立秋前)을 나타낸다. 이러한 색의 조화는 일본 요리를 만들 때 중요한 고려 대상이 된다.

위에서 언급한 일본 요리의 기본 조리법 중 가장 직접적인 영향을 받은 오법에 대하여 살펴보면 다음과 같다.

나마(生)_날것을 그대로 이용

재료가 가지고 있는 맛을 살리고, 불필요한 가공이나 맛의 첨가를 가능한 피하며, 순수한 자연 그대로의 맛을 음미할 수 있는 일본 요리의 특징적인 조리법이며, 대표적인 요리로는 생선회와 생선 초밥 등을 들 수 있다.

니루(煮る)_삶기, 조리기

조림 요리는 적은 국물로 단시간에 조리는 방법과 많은 국물로 장시간 조리는 방법이 있다.

야쿠(焼く)_굽기

재료가 열원(熱源)에 직접 닿는지에 따라서 직접구이(석쇠구이 · 꼬치구이 등)와 간접구이(팬구이 · 철판구이 · 조개껍질구이 · 알루미늄 호일구이 · 오븐구이 등)로 나눌 수 있고, 사용된 조리 기구에 따라 석쇠구이 · 꼬치구이 · 냄비구이 · 조개껍질구이 · 철판구이 · 오븐구이 등으로 나눌 수도 있다.

무시(蒸し)_찌기

조미 방법에 따라 사카무시(酒蒸し, 술찜), 시오무시(塩蒸し, 소금구이), 미소무시(味噌蒸し, 된장찜) 등으로 나누고, 재료에 따라 가부라무시(カブラ蒸し, 순무찜), 신슈무시(信州蒸し, 메밀국수를 곁들여 찜), 기미무시(黄身蒸し, 달걀노른자찜) 등으로 구분할 수 있다. 또 재료를 담는 용기나 부재료에 따라서 도빙무시(土瓶蒸し, 질주전자찜), 호네무시(骨蒸し, 뼈찜), 시바무시(紫蒸し, 섶나무찜), 사쿠라무시(桜蒸し,

벚꽃찜), 가시와무시(栢蒸し, 떡갈나무찜) 등으로 나누기도 한다.

아게루(揚げる)_튀기기

튀김에서 가장 중요한 것은 기름의 온도를 식품에 맞게 조절하는 것이다. 튀김에 사용하는 기름의 온도는 저온 · 중온 · 고온으로 나눌 수 있는데, 저온(150~160°C)에서는 야채의 모도아게(素揚げ, 소튀김), 돈가스를, 중온(170~180°C)에서는 생선의 가라아게, 덴푸라 등을 조리하고, 고온(180°C 이상)은 프라이, 크로켓 등이 적합하다.

(2) 일본 요리의 분류

일본 요리는 지역에 따라 관동(關東) 요리와 관서(關西) 요리로, 형식에 따라서는 본선(本膳) 요리 · 회석(懷石) 요리 · 회석(會席) 요리 · 정진(精進) 요리 · 보차(普茶) 요리 · 탁복(卓袱) 요리로 나눌 수 있다. 또 조리 방법에 따라서는 생선회 · 초밥 · 구이 · 조림 · 찜 · 무침 · 튀김 · 절임 · 초회 등으로 나눌 수 있고, 요리에 사용한 주재료에 따라 도미(鯛, 다이) 요리 · 복어(フグ, 후구) 요리 · 장어 요리(鰻, 우나기) · 송이(松茸, 마쓰타케) 요리 · 자라(鼈, 슷폰) 요리 등으로 나눌 수 있다.

지역에 따른 분류

관동 요리(關東料理) : 관동 요리는 에도 요리라고도 하며 에도마에(江戸前), 도쿄 만(東京灣)과 스미다가와(隅田川) 등에서 잡은 어패류를 사용한 요리로서 생선 초밥, 덴푸라, 민물장어, 메밀국수 등이 대표적이다. 역사적으로는 겐로쿠(元祿) 시대(1688~1704년)부터 생기기 시작한 요리와 찻집을 중심으로 발달한 요리이며, 무가(武家) 및 사회적 지위가 높은 사람에게 제공하기 위한 의례(儀禮) 요리가 발달하였다.

또한 관동 지방은 깊은 바다에서 나는 단단하고 살이 많은 양질의 생선이 풍부한 반면, 토양과 수질이 거칠어 간을 진하게 하여 농후한 맛을 낸다. 그 결과 맛이 진하고, 달고, 짜고, 국물이 적은 것이 관동 요리의 특징이다.

관동 · 관서 두 지역 요리의 맛의 차이는 수질의 좋고 나쁨, 도쿄 만에서 잡힌 생선과 관서 지방 주변에서 잡힌 생선 맛의 차이, 어종의 차이, 토질에 의한 야채류 맛의 차이에 기인하며, 이러한 차이가 요리의 지역 분할에 일역을 했을 것이다.

관서 요리(關西料理) : 관서 요리는 오사카(大阪)와 교토(京都)를 중심으로 발달했으며, 가미가다(上方, 교토 부근의 옛 이름) 요리라고도 한다. 같은 관서 요리지만 교토 요리와 오사카 요리는 조금 다른 점이 있다. 즉, 바다로부터 멀리 떨어져 있고 물이 좋은 교토에서는 야채와 건어물을 사용한 요리가 발달하여 양질의 두부 · 야채 · 밀기울 · 대구포 등의 요리가 많고, 바다가 가깝고 어패류를 많이 접할 수 있는 오사카에서는 상가(商家)의 요리로서 양질의 어패류를 이용한 생선 요리가 발달하였다. 그러나 간을 하는 데는 큰 차이가 없다.

관서 요리는 관동 요리에 비해 역사가 길며, 재료도 자연의 맛을 최대한 살리기 위해 간을 연하게 하고 색상과 형태도 그대로 살리며 국물이 다소 많아 담백하고 아름다운 것이 특징이라고 할 수 있다.

형식에 따른 분류

정식으로 준비한 정찬 요리인 본선 요리, 우리가 가장 접하기 쉬운 회석(會席) 요리, 다도(茶道)의 작법과 형식에 따라 합리적이고 간소하게 만드는 것이 특징인 회석(懷石) 요리, 선종의 사원에서 사용되며 일반적인 불교 행사에 식물성 식품만을 사용하는 정진 요리, 에도 시대 전기에 중국과 남방에서 강한 영향을 받아 확립되어 현대까지 전해지는 보차 요리, 탁복 요리 등이 있다.

본선 요리(本膳料理, 혼젠료리) : 아시카가 시대(足利時代, 1338~1573년)에 뿌리를 둔 조리 방법이 에도 시대(江戶時代, 1603~1867년)로 내려오면서 형식이 갖추어진 전통적인 일본 요리로서 현재에도 관혼상제 등의 의식 요리에 쓰이고 있다.

본선 요리의 기본 구성은 일즙삼채(一汁三菜) · 이즙오채(二汁五菜) · 삼즙칠채(三汁七菜) · 일즙오채(一汁五菜) · 이즙칠채(二汁七菜) · 삼즙구채(三汁九菜) · 삼즙십일채(三汁十一菜) 등이 있는데, 일반적으로 일즙삼채(一汁三菜) · 이즙칠채(二汁七菜) 등이 사용되어 왔다.

회석 요리(懷石料理, 가이세키료리) : 다도의 일부로 손님에게 차를 달여 대접하면서 나무 열매, 과일, 달게 조린 것, 곤약, 당근 등으로 만든 자우케라는 과자를 곁들인다.

회석 요리(會席料理, 가이세키료리) : '회석(會席)' 이란 모임의 좌석, 회합의 좌석이라는 의미로서, 에도 시대에 연가(俳諧)의 좌석에서 식사를 즐기던 것에서 비롯되었다. 형식보다는 식미 본위(食味本位), 즉 보아서 아름답고 냄새를 맡아서 향기롭고 먹어서 맛있는 것을 전제로 한다. 요즘 일본이나 우리나라의 회석 요리는 매우 고급스러운 요리로서 형식을 갖추고 있다.

정진 요리(精進料理, 쇼진료리) : 불교의 전통에 따라 절을 중심으로 발달한 요리로서 채소, 해초, 건조 식품 등 식물성 식품을 재료로 만든다.

보차 요리(普茶料理, 후차료리) : 일본 요리는 개개인의 상을 준비하는 것이 기본인데, 보차 요리는 자연의 색과 형태를 잘 살린 아름다운 중국식 요리로서 기본적으로 4명이 1조가 되어 탁자에 둘러앉아 먹는다. 한 그릇에 담겨 있는 요리를 나누어 먹는 형식이므로 친숙함이 있고 진한 맛이 있어 에도 시대 중기에 유행되었다. 오바쿠 요리(黃壁料理)라고도 한다.

탁복 요리(卓袱料理, 싯포쿠료리) : '탁(卓)' 은 식탁을, '복(袱)' 은 식탁을 덮는다는 의미를 갖고 있으며, 탁복 요리는 몇 사람이 식탁을 중심으로 둘러앉아 큰 그릇에 담긴 요리를 자기 앞의 작은 그릇에 가져다 먹는 것이다. 중국식 요리가 일본화된 것으로 나가사키에 정착되고 전파되었기 때문에 나가사키 요리라고도 한다.

조리 방법에 따른 분류

생선회(刺身, 사시미) : 흰살 생선회(白身刺身, 시로미사시미), 붉은살 생선회(赤身刺身, 아카미사시미), 얇게 뜬 회(薄作り, 우스쓰쿠리), 통사시미(姿作り, 스카타모리) 등

맑은국(吸い物, 스이모노) : 도미 머리 맑은국(鯛頭吸い物, 다이아타마스이모노), 대합

맑은국(蛤吸い物, 하마구리스이모노) 등

구이 요리(焼き物, 야키모노) : 소금구이(塩焼き, 시오야키), 간장구이(照焼き, 데리야키), 된장구이(味噌焼き, 미소야키) 등

조림 요리(煮物, 니모노) : 도미 머리 조림(兜煮, 가부토니), 닭고기 야채 조림(旨煮, 우마니), 된장조림(味噌煮, 미소니), 부드럽게 조림(柔煮, 야와라카니) 등

튀김 요리(揚げ物, 아게모노) : 그대로 튀김(素揚げ, 모토아게), 덴푸라(衣揚げ, 고로모아게), 양념튀김(空揚げ, 가라아게) 등

찜 요리(蒸し物, 무시모노) : 술찜(酒蒸し, 사카무시), 달걀찜(茶椀蒸し, 자완무시), 질그릇찜(土瓶蒸し, 도빙무시) 등

무침 요리(和え物, 아에모노) : 야채 두부 무침(野菜白和え, 야사이시라아에), 깨무침(ごま和え, 고마아에) 등

초회(酢の物, 스노모노) : 모둠 초회(酢の物盛り合せ, 스노모노모리아와세), 문어 초회(蛸酢, 다코스), 해삼 초회(海鼠酢, 나마코스) 등

냄비 요리(鍋物, 나베모노) : 복어 냄비(フグちり, 후구치리), 샤부샤부(しゃぶしゃぶ), 전골 냄비(鋤焼き, 스키야키), 냄비 우동(鍋饂飩, 나베우동) 등

면류(麵類, 멘루이) : 우동(饂飩), 소면(素麵, 소우멘), 메밀(蕎麦, 소바) 등

덮밥(丼類, 돈부리) : 쇠고기덮밥(牛肉丼, 규니쿠돈부리), 닭고기덮밥(親子丼, 오야코돈부리), 돈가스덮밥(カシ豚, 가쓰돈) 등

밥(御飯, 고항) : 송이버섯밥(松茸御飯, 마쓰다케고항), 죽순밥(竹の筍御飯, 다케노코고항), 굴밥(牡蠣御飯, 가키고항) 등

차밥(お茶漬け, 오차즈케) : 김차밥(海苔茶漬け, 노리차즈케), 도미 차밥(鯛茶漬け, 다이차즈케), 연어 차밥(鮭茶け, 사케차즈케) 등

초밥(寿司, 스시) : 생선 초밥(握り寿司, 니기리스시), 상자 초밥(箱寿司, 하코스시), 김초밥(海苔巻, 노리마키), 유부 초밥(稲荷寿司, 이나리스시) 등

절임류(漬け物, 쓰케모노) : 단무지(沢庵, 다쿠안), 대실절임(梅干, 우메보시), 가지절임(しば漬け, 시바즈케), 쌀겨절임(糠漬け, 누카즈케) 등

3. 일식 주방의 조직 및 구성

(1) 주방 조직도

관동 지방의 주방 조직도

관동 지방에서는 위로부터 이타마에(板前), 니카타(煮方), 야키카타(焼方), 다치마와리(立ち回り), 아라이카타(洗い方) 등의 순서지만, 주방의 규모에 따라서 와키이타, 와키나베, 모리카타를 두기도 한다.

이타마에(板前) : 생선회를 자르고 요리 전체의 맛을 관리할 뿐만 아니라 차림표(献立, 곤다테)를 작성하고 조리실을 책임진다. 이타마에를 보조하는 사람을 와키이타(脇板)라고 한다.

니카타(煮方) : 요리를 끓이고 맛과 간을 하는 가장 중요한 위치로서 장기간의 경험을 바탕으로 조리장의 맛을 대변해야 한다. 니카타를 보조하

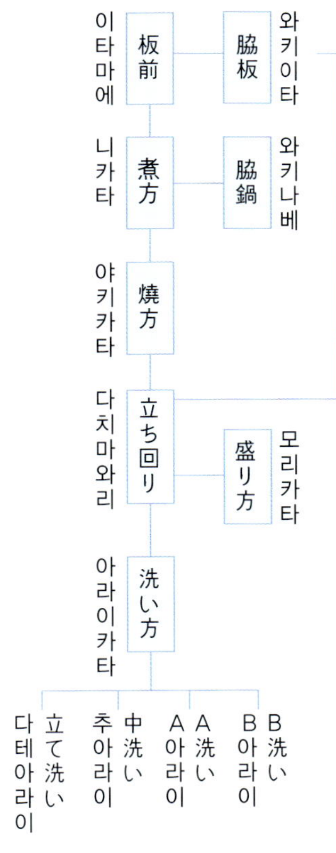

관동 지방의 주방 조직도

는 사람을 와키나베(脇鍋)라고 한다

야키카타(焼方) : 구이류의 전 처리 및 곁들임 재료 등의 구이 요리를 전담한다.

다치마와리(立ち回り) : 니카타, 야키카타, 모리카타 등을 전반적으로 도우면서 일을 배운다.

모리카타(盛り方) : 요리를 일정한 그릇에 담는 것 이외에 전반적인 일을 한다.

아라이카타(洗い方) : 채소, 어패류의 기초 손질을 비롯하여 생선의 포를 뜨기도 한다. 아라이카타의 제일 고참을 다테아라이라고 하는데 냉장고의 재료를 관리한다.

관서 지방의 주방 조직도

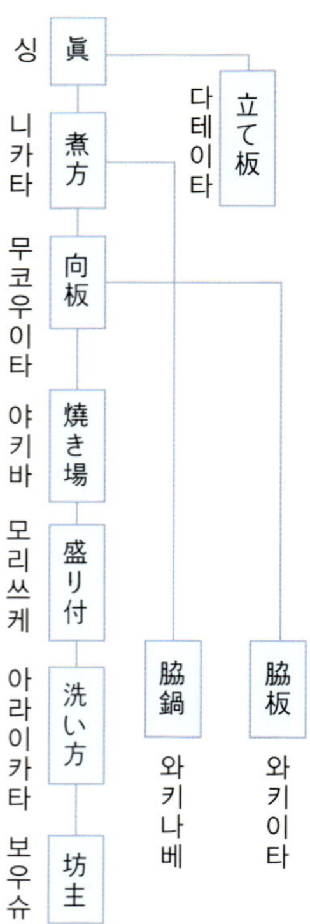

관서 지방의 주방 조직도

관서 지방의 주방 조직은 위로부터 주방장을 싱(眞), 끓이고 간을 하는 사람을 니카타(煮方), 칼판에서 일하는 사람을 무코우이타(向板)라고 한다. 또 구이를 하는 사람을 야키바(焼き場), 식재료나 그릇을 닦는 사람을 아라이카타(洗い方), 제일 밑에서 심부름을 하는 하는 사람을 보우슈(坊主)라고 부르며, 조리장의 크기에 따라서 주방장을 보조하는 다테이타(立て板), 니카타를 보조하는 와키나베(脇鍋), 야키타를 보조하는 와키이타(脇板)를 두기도 한다.

싱(眞) : 주방장을 말하며, 차림표를 작성하고 조리장 전체를 관리한다.

니카타(煮方) : 끓이는 일을 담당하며, 요리 전체의 맛에 대한 책임을 진다. 니카타를 보조하는 와키나베는 지시 사항을 잘 수행해야 한다.

무코우이타(向板) : 칼판을 담당하는 사람으로서 차림표를 보고 생선류를 중심으로 각 재료별로 냉장고를 관리한다. 또한 칼판을 보조하는 사람을 와키이타라고 한다.

야키바(焼き場) : 구이 요리를 담당하며 그 외에 튀김, 찜 요리를 하는 경우도 있다.

모리쓰께(盛り付) : 생선회를 제외한 모든 요리를 담는 일을 담당한다. 주로 야채와 절임류, 과일 등을 담당한다.

- 처음 식당에 입사하면 특별히 주어진 업무가 없이 여러 가지 잡일을 하게 되는데 이것을 아라이바보우슈라고 하며, 그 식당 전체의 흐름과 업무의 구성 등을 파악하면서 잔심부름을 도맡아 한다.
- 주방에 따라서 끓이는 사람이 주방장을 하는 경우도 있는데 이를 가타싱(方眞)이라 한다. 가타싱은 경험이 많아 주방장의 역할을 할 수 있으며 업무를 지시하고 업장을 장악할 수 있어야 한다.

(2) 업무 구분

대형 식당의 업무 구분표

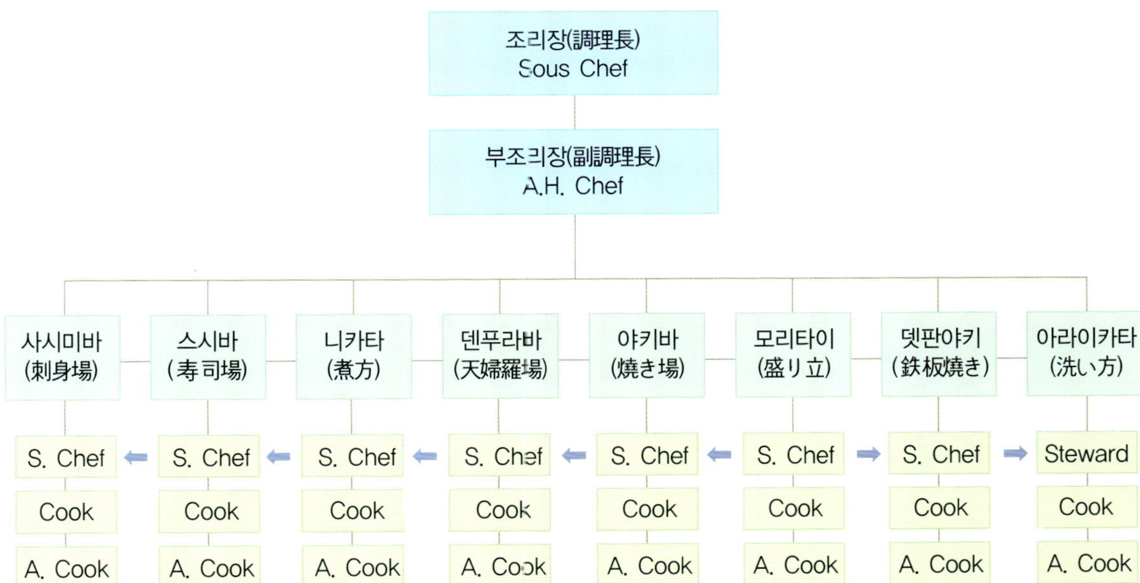

파트별 담당 업무

사시미바(刺身場) : 각종 생선회와 복어회 등을 조리하는 파트로서 생선 관리와 생선회 손질, 각종 부재료를 준비하며 무코우이타라고도 한다.

스시바(寿司場) : 고객을 직접 대면하는 파트로서 스시 카운터에 앉은 고객에게 생선회와 생선 초밥을 제공하고 고객과 원활하게 대화할 수 있어야 한다. 초밥 재료와 부재료를 준비한다.

니카타(煮方) : 주로 뜨거운 요리를 하며, 기본 국물(다시)과 각종 소스류를 만들어 내고 요리의 맛을 관장하는 핵심 파트이다.

덴푸라바(天婦羅場) : 각종 튀김류를 담당하는 파트로서 튀김 재료를 준비하고 코스 등의 튀김을 만들어 낸다.

야키바(焼き場) : 구이 요리를 담당하는 파트로서 구이 소스를 만들고 미소야키 등은 미리 재료에 맛을 들여 놓으며, 여러 가지 장식 등을 준비한다.

모리타이(盛り立) : 과일과 절임류를 담당하며 샐러드, 쓰케모노와 후식을 준비한다.

뎃판야키(鉄板焼き) : 직접 고객과 대면하는 파트로서 고객 앞에서 철판에 고기와 생선, 야채 등을 조리하여 제공한다.

아라이카타(洗い方) : 채소와 어패류의 기초 손질을 하며 생선의 포를 뜨기도 한다. 아라이카타의 제일 고참을 다테아라이라고 하는데 냉장고의 재료를 관리한다.

Chapter 02 일본요리의 기본

1. 일본 요리의 조리 도구

(1) 조리용 칼과 숫돌

회칼(刺身庖丁, 사시미보우초우) : 생선회를 자를 때 사용하며, 사시미용 칼은 다른 칼들에 비해 가늘고 긴 것이 특징이다. 관동 지방에서는 다코히키보우초우를, 관서 지방에서는 야나기보우초우를 많이 사용했지만 최근에는 거의 야나기보우초우를 사용하는 추세이다. 다코히키보우초우는 손잡이 부분에서 칼끝까지의 폭이 똑같고, 야나기보우초우는 끝이 뾰족하다. 칼날의 길이는 27~30cm 정도가 사용하기에 편리하고, 시아게이시에 갈아서 사용한다.

데바칼(出刃庖丁, 데바보우초우) : 생선의 포를 뜰 때나 굵은 뼈를 자를 때 사용한다. 칼등이 두껍고 꽤 무거우며 크기는 여러 가지가 있지만 재료에 따라 달리 사용하고, 나카이시에 간다.

야채칼(薄刃庖丁, 우스바보우초우) : 주로 야채를 얇게 돌려 깎기 할 때 사용한다. 칼날이 얇기 때문에 뼈가 있거나 단단한 재료에는 사용하지 않는다. 이 칼을 사용할 때는 자기 몸 바깥쪽으로 밀면서 자른다. 관동식 칼은 칼끝에 각이 있고, 관서식 칼은 칼끝이 둥그스름하다.

장어칼(鰻庖丁, 우나기보우초우) : 미끄러지기 쉬운 뱀장어, 붕장어 등을 손질할 때 사용한다.

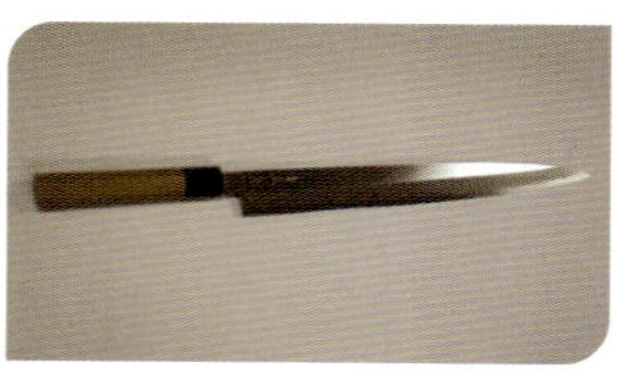

회칼

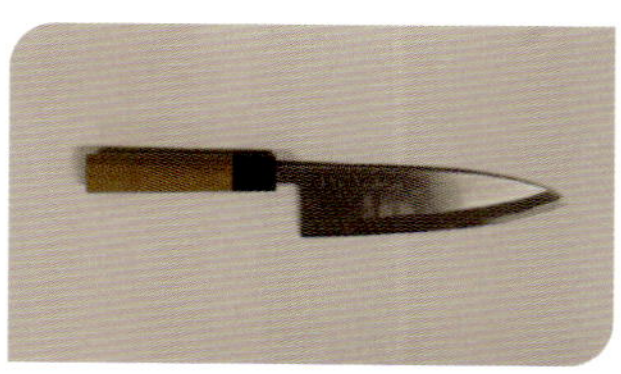

데바칼

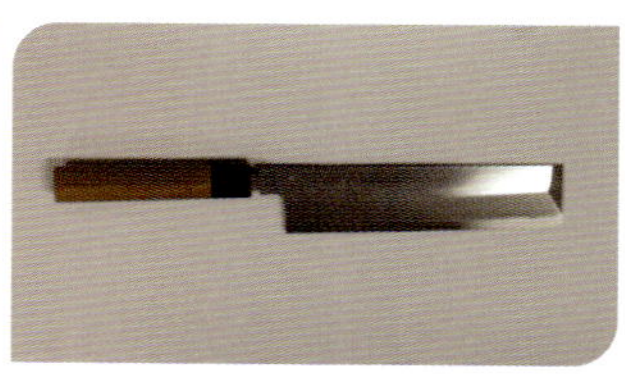

야채칼

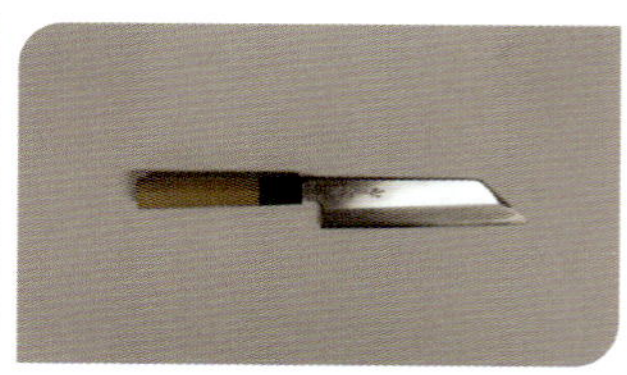

장어칼

거친 숫돌(荒砥石, 아라이시)

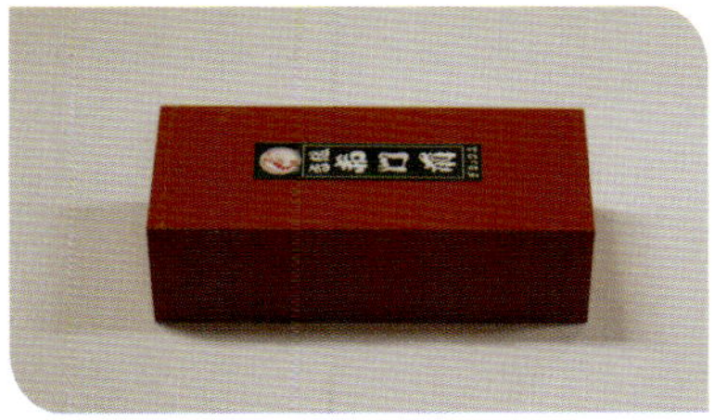

중간 숫돌(中砥石, 나카이시)

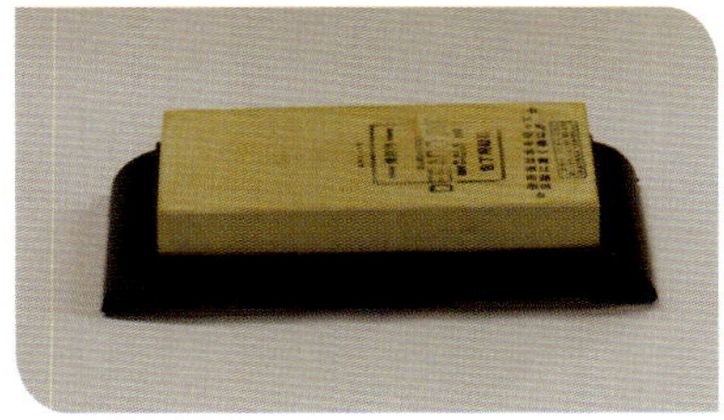

마무리 숫돌(仕上砥石, 시아게이시)

숫돌(砥石, 도이시) : 칼을 가는 돌로서 재질에 따라 크게 천연 재료와 인조 재료로 나뉘며, 숫돌 입자의 크기에 따라 나눌 수도 있다.

(2) 조리 도구

냄비는 식재료를 조리거나 삶을 때 또는 튀길 재 사용되며 조리를 할 때 없어서는 안 될 기구로 재질, 두께, 크기, 깊이 등은 냄비 선택시 중요한 요인이 된다. 용도에 따라 냄비의 모양과 크기가 다르지만 일반적으로 작은 요리를 하는 냄비는 손잡이가 없는 것이 특징이다. 그래서 손잡이가 없는 냄비를 집을 때는 얏토코(집게)를 이용한다.

냄비의 종류와 특징

토기 냄비(土鍋, 도나베) : 토기 냄비를 처음 사용할 때는 물에 담가 물을 충분히 흡수시킨 다음 표면의 물기를 제거하고, 오차 또는 산초, 끓는 물 등을 넣고 끓이면 토기의 독특한 냄새가 없어지고 강도도 더욱 좋아진다. 그러나 급격한 온도 변화에 약하므로 약한 불에서 서서히 강한 불로 가열해야 한다. 특히 뜨거운 냄비를 얼음물이나 냉장고에 바로 넣으면 깨질 수도 있다.

토기 냄비는 열전도는 좋지 않지만 일단 뜨거워지면 빨리 식지 않는다는 장점이 있다. 또 표면이 두껍기 때문에 보온력이 우수하고, 열이 부드럽게 전도되어 속의 재료가 잘 부스러지지 않는다. 따라서 일품요리의 냄비 요리에는 토기 냄비를 사용하는 것이 좋다.

집게 냄비(鋏鍋, 얏토코나베) : 손잡이가 없는 냄비로 집을 때 집게(얏토코)를 사용한다. 손잡이가 없으므로 불판에 여러 개의 냄비를 올려놓고 동시에 조리할 수 있어 코스 요리 등의 작은 요리와 일품요리를 한 번에 만들어 낼 수 있는 장점이 있기 때문에 많은 일식당에서 사용하고 있다.

알루미늄 냄비(アルミニウムなべ, 아루미니우무나베) : 알루미늄은 열전도율이 뛰어나며 가볍고 녹이 슬지 않기 때문에 현재 가장 많이 사용되고 있지만 산과 알칼리, 고열에 약하다. 그래서 알루마이트 가공(표면에 산화 피막을 입히는 작업)을 하기도 하고, 알루미늄 합금으로 내열성과 내산성을 강화한 것이 많다. 빨리 끓고 식기 때문에 급한 요리를 할 때 용이하게 사용할 수 있으며, 크기와 두께에 따라 열전도율에 차이가 있으므로 용도에 맞게 선택하여 사용한다.

집게 냄비와 얏토코

알루미늄 냄비

붉은 동 냄비(赤銅鍋, 아카도우나베) : 열전도율이 균일하고 완만하기 때문에 장시간 조리는 요리에는 적당하지 않다. 두꺼운 것이 좋지만 동은 공기 중의 탄산가스와 결합하면 녹청이 발생하므로 사용 후 손질을 해 두어야 한다. 냄비의 안쪽에는 석도금(錫鍍金)을 하도록 정해져 있지만 바깥쪽은 식초와 소금을 섞어서 손질한다. 붉은 동 냄비는 고가이기도 하고 무거워서 다루기가 어렵기 때문에 수요가 줄어들고 있다.

철 냄비

철 냄비(鉄鍋, 데쓰나베) : 처음 사용할 때 오차와 뜨거운 물로 오랜 시간 끓여서 잿물 등을 제거한다. 프라이팬이나 기름 전용 냄비는 한 번 끓인 다음, 야채 부스러기 등을 넣고 기름으로 볶아서 팬에 기름이 스며들게 한다. 대부분이 주철로 만들어져 두께가 있기 때문에 열전도가 좋고 보온력도 뛰어나다. 하지만 녹이 슬기 쉽고 철 특유의 냄새가 나므로 사용 후에는 반드시 건조시켜 두어야 한다.

양손잡이 냄비

양손잡이 냄비(兩手鍋, 료우데나베) : 냄비의 양쪽에 손잡이가 2개 있다. 다량의 조림이나 물을 끓이는 데 적합하여 비교적 크기가 큰 것이 많다.

특수 용도의 냄비

계란말이 팬(券き焼き鍋, 마키야키나베) : 다마고야키나베라고도 하며, 열전도가 균일하고 적동제(赤銅製)가 대부분이다. 안쪽은 석도금이 되어 있어 처음 사용할 때는 튀김냄비와 같이 손질해야 하며, 석도금은 고온에 약하므로 불에서 그대로 태워 손질하는 방법은 피해야 한다. 사용 후에는 물로 씻지 말고, 기름으로 잘 닦아 내고 기름을 얇게 발라 보관한다.

튀김 냄비(揚げ鍋, 아게나베) : 튀김 전용 냄비로 기름의 온도를 일정하게 유지하기 위해서 두께가 두껍고 어느 정도 깊이가 있어야 하며, 재질은 대개 합금(동 90%+주석 10%)과 철이다. 처음 사용할 때는 그대로 고온에서 태운 다음 기름을 넣어 가열하든가, 아니면 야채 부스러기를 넣고 볶아 사용하기 좋게 손질한다. 사용 후에는 냄비의 안쪽은 세제나 손질가루를 부드러운 수세미나 금속 브러시에 묻혀 손질을 하며, 바깥쪽은 가볍게 씻는 것으로 충분하다.

계란말이 팬

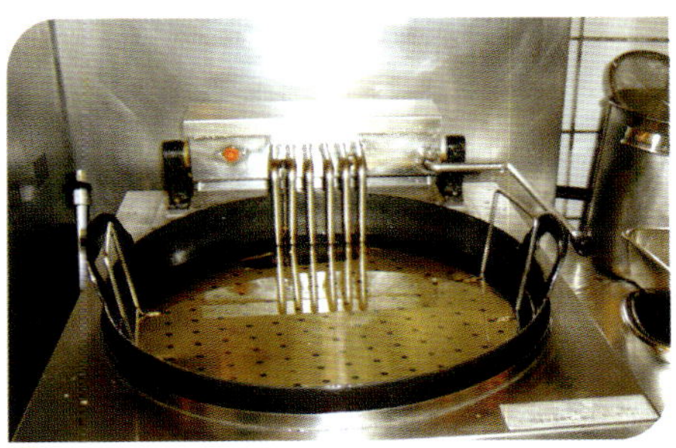
튀김 냄비

덮밥 냄비

덮밥 냄비(丼鍋, 돈부리나베) : 쇠고기덮밥, 닭고기덮밥 등 주로 달걀을 풀어서 끼얹는 덮밥 요리에 적합하다. 1인분의 양을 냄비째 그대로 밥 위에 미끄러지듯이 담을 수 있어 형태가 흐트러지지 않는다.

여러 가지 소도구

많은 조리 기구 중에서 일본 요리에 사용되는 것들은 섬세하며 작고 특수한 용도의 소도구가 많은데 그 용도와 특징을 살펴보면 다음과 같다.

도마

도마(まな板, 마나이타) : 재료에 따라 목제와 합성수지제가 있고, 목재로는 노송나무(檜, 히노키), 버드나무(柳, 야나기), 후박나무(朴, 보쿠) 등이 사용되는데 노송나무가 가장 많이 사용된다. 목제 도마는 무엇보다도 견고하고 갈라지지 않아야 하며, 물을 끼얹든지 물 묻은 행주를 덮어 두어 물이 도마에 충분히 스며들게 한 다음 사용한다. 마른 상태의 도마에서 작업을 하면 식재료의 색과 냄새가 도마에 스며들기 쉽고, 도마 부스러기가 일어날 수 있기 때문이다. 반면 합성수지 제품은 재료가 미끄러질 수 있어 자르기가 어렵지만 위생적인 면에서 이점이 있다.

찜기(蒸し器, 무시키) : 물을 끓여 그 증기로 익히는 요리에 사용하는 도구이며, 대부분이 금속제로 각이 진 형태가 많다. 가능한 물을 많이 넣을 수 있도록 깊이가 깊은 것이 좋다. 찜기의 크기와 형태는 용도에 맞게 주문 제작하여 사용하면 편리하다.

덮개(落し蓋, 오토시부타) : 주로 목재로 된 뚜껑으로, 이보다 약간 큰 냄비 속에 쏙 들어가게 넣어 재료나 국물을 덮어서 넘치지 않도록 하기 위해 사용한다. 적은 국물 재료의 요리를 덮으면 재료를 가볍게 눌러 주기 때문에 냄비 속에서 재료가 굴러다니거나 부스러지는 것을 방지하고 재료에 맛이 잘 배게 된다. 처음 사용할 때는 쌀뜨물이나 중조(重曹)를 넣은 열탕에서 끓여 색, 맛, 냄새 등이 스며드는 것을 방지한다.

국자(杓子, 샤쿠시) : 국물이 있는 요리를 떠내는 도구로 재질에 따라 목제, 알루미늄제, 스테인리스제 등이 있다. 요리에 따라 금속성을 피해야 할 경우에는 목제를 사용하는 것이 좋으며, 크기와 모양이 가지각색이다.

구멍 뚫린 국자(穴杓子, 아나자쿠시) : 국물이 있는 요리에서 건더기를 건져 낼 때 사용한다.

그물망 국자(網杓子, 아미자쿠시) : 국자의 일종으로 그물망으로 되어 있어 기름 속에 있는 튀김 찌꺼기(덴카스) 등을 건져 내는 데 쓰인다. 용도에 따라 그물망의 종류를 선택하는 것이 좋고, 튀김 냄비 직경의 1/3 정도 크기가 적당하다.

국자와 구멍 뚫린 국자

그물망 국자

나무 주걱(木杓子, 기자쿠시) : 나무로 만든 주걱으로 밥을 푸거나 초밥초와 밥을 뒤섞을 때, 재료를 볶을 때, 재료를 체에 거를 때 등에 다양하게 사용된다. 미야지마라고도 하는데 일본 미야지마섬의 특산물이기 때문에 이런 이름이 붙었다. 플라스틱, 스테인리스로 만든 주걱도 있다.

쇠젓가락(金箸, 가나바시) : 자루가 나무이고 끝이 금속으로 된 젓가락으로 재료를 집기 쉽고 미끄러지지 않게 만들어져 튀김 조리용으로 사용된다. 이와 비슷한 모양으로 자루가 나무이고 끝이 날카로운 금속으로 만들어져 담는 데 쓰이는 모리바시 또는 마나바시도 있다.

쇠젓가락

대나무 껍질(竹の皮, 다케노가와) : 죽순의 껍질을 말린 것으로 재료를 감쌀 때 이외에는 물이나 뜨거운 물에 불려서 사용한다. 잔 칼집을 넣어 냄비 밑에 깔면 눌어붙거나

타는 것을 방지할 수 있고, 잘게 끈 형태로 쪼갠 것은 재료를 묶어 형태를 정리할 때 사용하기도 한다.

얇은 판자 종이(薄板, 우스이타) : 삼나무(杉, 스기)나 노송나무를 종이처럼 얇게 깎은 것이다. 포 뜬 생선살을 싸서 냉장고에 보관하기도 하고, 말아서 만든 요리를 감싸서 모양을 잡기도 하며, 삶은 야채를 말아서 물기를 제거하는 데도 편리하게 이용할 수 있다. 또한 냄비 밑에 깔기도 하고, 칼질하여 모양을 내서 장식으로도 사용한다.

분마기(擂鉢, 스리바치/擂粉木, 스리코기) : 재료를 갈아서 잘게 부숴 점성을 좋게 할 때 사용하는 기구이다. 스리바치는 도자기제, 스리코기는 밤나무나 산초나무로 만든 것이 좋지만 귀하여 일반적으로 후박나무가 쓰인다. 스리바치의 밑에 젖은 행주를 깔면 사용하기에 편리하며, 사용 후에는 분마기의 틈새에 끼어 있는 재료를 수세미나 솔로 깨끗이 씻고 건조시켜 보관한다.

강판(卸金, 오로시가네) : 무나 와사비, 생강 등을 갈 때 사용하는 기구이다. 적동(赤銅), 알루미늄, 스테인리스, 대나무, 도자기 등의 여러 가지 재질이 있는데, 갈리는 맛이나 내구성면에서 적동제가 가장 좋다. 적동제는 표면에 석도금이 되어 있어 겉과 속의 굵기가 다르다. 무는 눈이 굵은 쪽, 와사비나 생강은 눈이 고운 쪽으로 갈고, 사용 후에는 세게 흐르는 물에서 강판에 낀 재료를 제거한다. 이때 대나무 꼬치 등을 이용하면 깨끗이 제거할 수 있다.

분마기

강판

굳힘틀(流しかん, 나카시칸) : 계란두부와 같이 찐 것, 고구마두부와 같이 내린 것, 그 외에 한천을 이용한 굳힘 요리를 할 때 폭넓게 이용된다. 스테인리스제의 각이 진 상자로 이중으로 되어 있어 안쪽의 상자를 들어올리면 속의 재료를 깔끔하게 빼낼 수 있다. 물에 담가 두면 재료를 분리할 때 편리하며, 사용 후에는 찌꺼기가 남지 않도록 구석구석 깨끗이 씻어 낸다.

눌름상자(押し箱, 오시바코) : 상자 초밥과 같이 눌러서 형태를 만드는 기구로 목제와 합성수지제가 있다. 상자의 뚜껑과 밑 뚜껑이 약간 헐렁한 것이 좋다. 사용할 때 물에 담가 놓거나 연한 소금물 또는 식촛물을 묻혀서 두면 수분이 흡수되어 재료가 잘 분리되고 재료의 맛, 색, 향기 등이 배는 것을 막을 수 있다. 또 뚜껑이나 밑 뚜껑에 잘 맞게 자른 엽란(葉蘭)이나 우스이타를 깔고 누르면 마무리가 깨끗하다. 세게 누르고 싶을 때는 무거운 돌을 얹어서 수평이 되는 곳에 놓아둔다.

굳힘틀

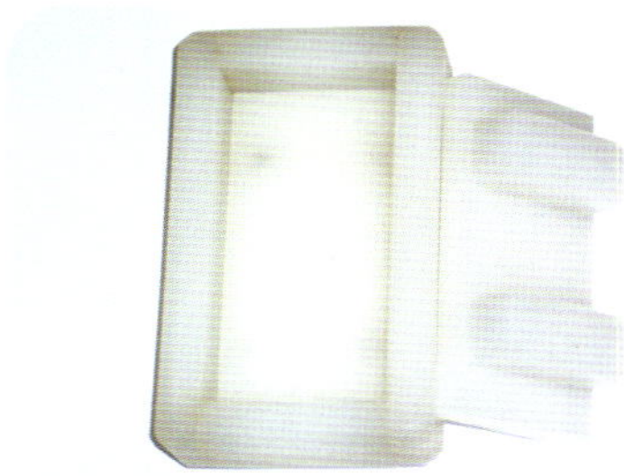
눌름상자

눌름틀(押し型, 오시카타) : 밥을 넣고 찍어서 형태를 만드는 도구로 재질은 합성수지, 목재, 스테인리스와 나무를 합한 것 등이 있다. 찍는 틀은 나뭇잎, 꽃, 부채 모양 등이 있는데 계절이나 장소에 맞게 사용하면 된다. 연한 소금물에 담갔다가 사용하면 밥이 붙지 않아 좋고, 계속해서 사용할 때 밥이 붙으면 소금물에 씻은 후 사용한다.

소쿠리(笊, 자루) : 재료를 담거나 물기를 제거할 때 등 폭넓게 사용된다. 재질은 대나무제와 스테인리스제가 주를 이루는데, 대나무제는 부드럽기 때문에 삶아 낸 재료라든가 그다지 무겁지 않은 것들을 담는 데 주로 쓰이며, 반면 스테인리스제는 삶은 재료의 모양이 상할 수 있으므로 주의해서 사용한다. 약간 깊은 것과 편평한 것이 있는데, 편평한 형태의 소쿠리는 생선에 소금을 뿌려 두거나 익힌 재료의 물기를 제거하는 데 주로 쓰인다. 특히 대나무제는 사용 후 깨끗이 씻어 잘 건조시키는 것이 중요하다.

눌름틀

소쿠리

김발(巻き簾, 마키스, 마키스다레) : 대나무를 가늘게 깎아서 실로 엮은 발로서 말이 초밥 등을 마는 데 사용한다. 가는 대나무로 엮어서 만든 교우스다레, 굵은 대나무로 안쪽이 삼각으로 되어 있는 오니스다레의 두 가지 형태가 있다. 따라서 용도에 맞게 사용하고, 으깬 음식을 말 때는 미리 식용유를 발라 두면 재료가 깨끗하게 떨어진다.

찍는 틀(抜き型, 누키카타) : 재료를 찍어 눌러 원하는 형태로 만드는 도구로 스테인리스제가 대부분이다. 꽃, 별, 야채, 동물 등 다양한 모양과 크기가 있는데 부러지지 않도록 주의해서 사용하며, 사용 후에는 잘 씻어 둔다.

김발

찍는 틀

거름체(裏漉器, 우라코시키) : 원형의 나무틀 또는 스테인리스 틀에 망을 친 도구로서 가루를 곱게 치거나, 재료를 거르거나, 재료의 수분을 제거하거나, 국물이 있는 것을 거를 때 사용한다. 그물망은 일반적으로 말 꼬리털과 스테인리스로 만드는데, 말 꼬리털로 만든 것은 미리 물에 적셔 두지 않으면 그물코가 느슨해진다. 또 스테인리스제는 그물망과 몸통이 분리되므로 사용하지 않을 때는 분리해 두는 것이 좋다. 거름체는 사용한 다음에 반드시 깨끗이 씻어 건조시켜 둔다.

작은 작업 도마(抜き板, 누키이타) : 다리가 붙은 폭이 넓은 판인데 '拔' 은 '뽑다', '板' 은 '도마' 라는 뜻으로, 구운 생선구이를 뽑을 대 사용하여 이런 이름이 붙었다. 재료를 그 위에 올려놓고 무거운 것으로 눌러 둘 때도 사용한다. 장방형의 발이 같은 방향으로 붙어 있는 것은 누름돌로 눌러 재료를 편평하게 할 때 사용하고, 반대 방향으로 발이 붙어 있는 것은 도마가 비스듬히 되기 때문에 수분을 제거하거나 생선을 소금으로 절일 때 주로 사용한다.

대솔(ささら, 사사라) : 비늘을 긁어내고 내장을 제거한 생선의 뱃속을 씻는 데 유용하게 사용하며, 와사비 등의 단단한 재료를 씻을 때도 사용한다.

꼬치(串, 구시) : 주로 구이 요리에 사용하며, 금속제는 철제와 스테인리스제가 대부분이고 대나무제 구시는 익은 재료를 꽂아서 낼 때 사용한다. 굵고 가늘며 길이가 다른 여러 종류의 구시를 용도에 따라 다양하게 사용하는데 통도미를 구울 때는 굵고 긴 구시를, 은어를 구울 때는 중간 크기의 구시를 사용한다. 사용 후에는 깨끗이 씻어 두어야 하며 끝을 뾰족하게 유지해야 한다.

대솔

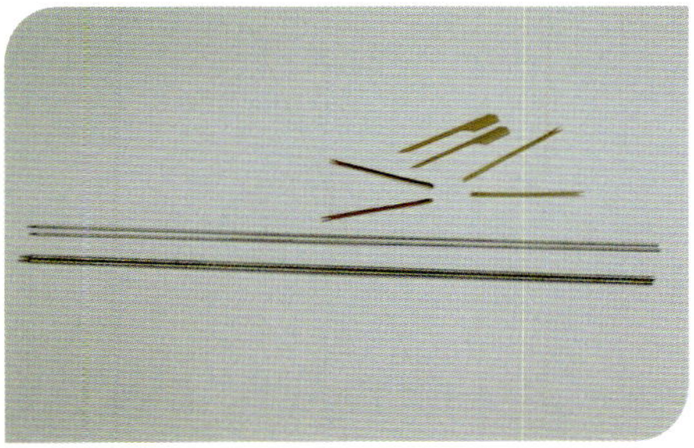

꼬치

심빼기(打ち抜き, 우치누키) : 오이나 사과 등 재료의 심을 뽑을 때 사용하는 원통형의 도구이다. 재질은 스테인리스이며, 대 · 중 · 소의 세트로 되어 있어 용도에 맞게 사용한다. 사용 후에는 깨끗이 씻어 보관한다.

파는 도구(栗抜き, 구리누키) : 재료의 속에 있는 씨앗을 긁어내거나 크기에 맞게 둥글게 파내는 도구이다. 사용 후에는 깨끗이 씻어 보관한다.

붓(刷毛, 하케) : 달걀노른자구이나 성게알구이를 할 때, 데리를 바를 때, 또는 손질한 생선에 밀가루나 가루를 묻힐 때 사용한다. 사용 후에는 깨끗이 손질해 두어야 한다.

조리용 송곳(目打, 메우치) : 민물장어나 갯장어, 바다장어 등을 손질할 때 머리 부분을 도마에 찔러 고정시키는 송곳이다. 미꾸라지 같은 작은 생선을 손질할 때는 작은 송곳을 사용한다.

붓

조리용 송곳

뼈뽑게(骨抜き, 호네누키) : 등 푸른 생선인 전어나 전갱이, 고등어 등을 초절임(스지메)한 다음 가운데의 가는 뼈를 뽑는 데 사용한다.

비늘칼(鱗引き, 우로코히키) : 생선의 비늘을 벗길 때 사용하는 도구로 알루미늄과 동제품 등이 있다. 많이 사용하면 부러지기 쉬우므로 재질이 탄탄한 것을 골라야 하며, 살이 부드러워 상하기 쉬운 생선에는 사용하지 않는 것이 좋다.

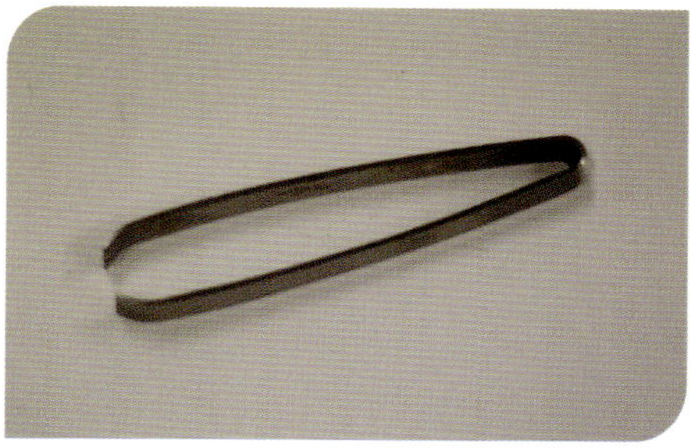

뼈뽑게

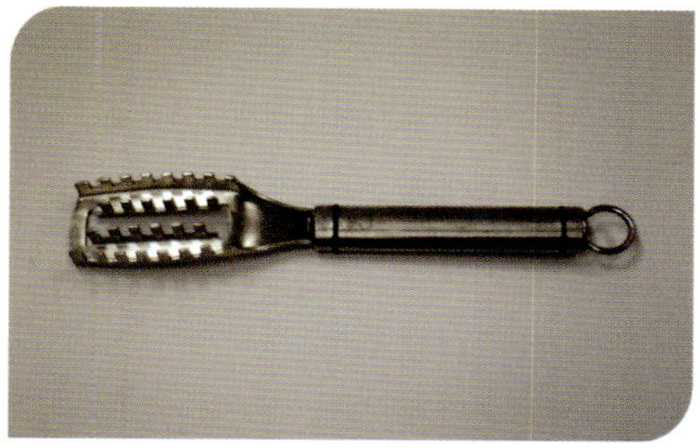

비늘칼

초밥 버무림 통(盤台, 한타이/半切り, 한키리) : 초밥을 버무릴 때 사용하는 대야 형태의 도구이며 노송나무로 만든다. 통에 수분이 충분히 흡수되도록 한 후 남은 물기를 제거하고 사용하는데, 그렇게 하지 않으면 밥알이 들러붙어 버무리기가 어렵다.

뒤집게

뒤집게(一文字, 이치몬지) : 젓가락으로 집기 힘든 재료나 부스러지기 쉬운 재료를 뒤집거나 옮길 때 사용하는 도구이다. 대부분이 스테인리스 제품이며 크기와 형태가 다양하다.

2. 야채 썰기

(1) 기본 썰기

둥글게 썰기(輪切り, 와기리) : 무, 당근, 고구마 등 둥근 재료를 끝에서부터 일정한 두께로 자르는 방법이다. 왼손으로 재료를 가볍게 누르고 오른쪽 끝에서부터 칼을 밀면서 자른다.

반달썰기(半月切り, 한게쓰기리) : 둥글게 썬 것을 반으로 잘라 2개로 만드는 방법이다. 조림 요리 등에 사용된다.

은행잎 썰기(イチョウ切り, 이초우기리) : 무, 당근 등을 십자형으로 자르는 방법이다.

색종이 썰기(色紙切り, 이로카미기리) : 사각 재료를 둥글게 썰기와 같은 방법으로 끝에서부터 얇게 자른다.

책장 썰기(短册切り, 단자쿠기리) : 재료를 길이 4~5cm, 두께 1~2cm 정도가 되게 한 다음 끝에서부터 얇게 자른다.

가늘게 채 썰기(せん切り, 센기리) : 얇게 썰어 놓은 무, 당근 등을 포개 놓고 소금으로 문질러도 모양이 부서지지 않을 정도로 비스듬히 채를 썬다.

사각 기둥 썰기(拍子木切り, 효시키기리) : 재료를 길이 4~5cm, 굵기 5~7mm 정도의 사각 기둥 모양으로 써는 방법이다.

깍둑썰기(賽の目切り, 사이노메기리) : 사각 기둥 썰기 한 것을 합쳐 놓고 끝에서부터 1cm 정도 두께로 썬다. 5mm 정도 두께로 작게 썬 것은 아라레기리라고 한다.

잘게 다진 것처럼 썰기(微塵切り, 미진기리) : 가장 작게 써는 방법으로, 가늘게 채 썬 것을 다시 끝에서부터 아주 잘게 썬다.

뚜벅뚜벅 썰기(乱切り, 란기리) : 당근, 연근, 우엉 등을 한 손으로 돌려 가며 어슷하게 자르는 방법이다.

비스듬히 썰기(斜切り, 나나메기리) : 오이, 파, 우엉 등 가늘고 긴 재료를 써는 방법으로 오른쪽 끝에서부터 간격을 맞추어 비스듬히 썬다.

연필 깎기(笹がき, 사사가키) : 우엉을 썰 때 많이 사용하는 방법으로, 재료를 연필 깎듯이 돌려 가면서 얇고 길게 깎는다. 재료가 두꺼울 때는 세로로 칼집을 넣고 깎는다.

둥글게 썰기

둥글게 돌려 깎기 한 재료 위에 칼끝을 밀어 넣는다.

칼의 중간까지 칼등을 누르면서 밀어 준다.

칼끝을 몸 쪽으로 당기면서 끝부분을 자른다.

완성품

반달썰기

둥글게 돌려 깎기 한 재료를 뉘어서 세로로 2등분을 한다.

칼의 중간까지 칼등을 누르면서 밀어 준다.

칼끝을 몸 쪽으로 당기면서 끝부분을 자른다.

잘린 면이 밑으로 가도록 하여 위에서 칼을 넣어 ①~③의 요령대로 누르면서 당겨 자른다.

은행잎 썰기

반달썰기를 할 때처럼 세로로 2등분을 한다.

2등분된 재료를 잘린 단면이 도마에 닿도록 놓고, 다시 세로로 칼을 밀어서 당기는 방법으로 2등분을 한다.

4등분된 것을 칼끝으로 밀면서 당기는 동작으로 자른다.

완성품

색종이 썰기

단면이 정사각형이 되도록 다듬은 재료 위에 칼을 대고 밀어 준다.

칼의 중간까지 칼등을 누르면서 밀어 준다.

칼끝을 몸 쪽으로 당기면서 끝부분을 자른다.

완성품

책장 썰기

직육면체로 다듬은 재료 위에 칼을 대고 밀어 준다.

칼의 중간까지 칼등을 누르면서 밀어 준다.

칼끝을 몸 쪽으로 당기면서 끝부분을 자른다.

완성품

가늘게 채 썰기

직육면체로 다듬은 재료 위에 칼을 대고 밀어 준다.

몸의 바깥쪽을 향해 칼을 누르듯이 하면서 얇게 썬다.

썰어 놓은 것을 가지런히 겹쳐 놓고 칼등을 누르면서 리듬을 타듯 가늘게 채 썬다.

완성품

사각 기둥 썰기

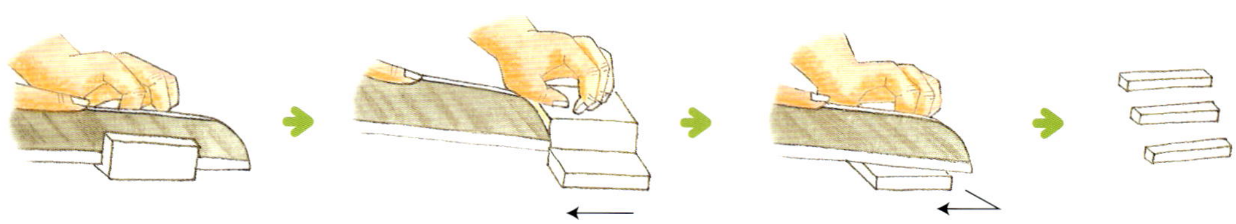

직육면체로 다듬은 재료 위에 칼을 대고 칼의 중간까지 칼등을 누르면서 밀어 준다.

칼끝을 몸 쪽으로 당기면서 끝부분을 자른다.

길이가 긴 방향을 놓고 칼을 밀고 당기는 동작으로 두께가 같게 자른다.

완성품

깍둑썰기

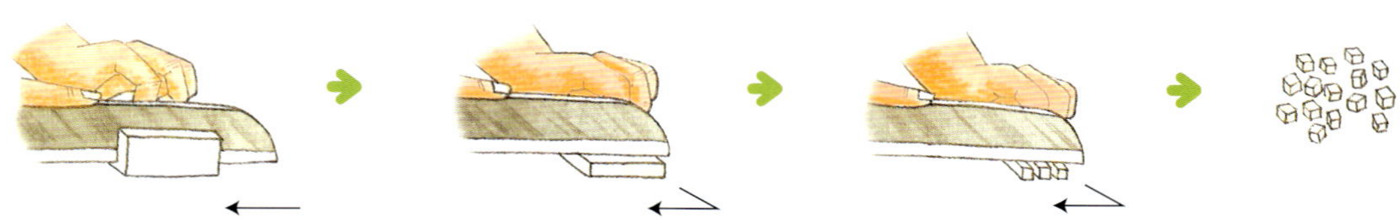

사각 기둥 썰기처럼 직육면체로 다듬은 재료를 칼끝을 몸 쪽으로 당기면서 끝부분을 잘라 준다.

길이가 긴 방향을 놓고 칼을 밀고 당기는 동작으로 두께가 같게 자른다.

막대 모양이 된 재료를 가지런히 놓고 칼을 밀고 당기는 동작으로 사방 1cm 크기로 자른다.

완성품

잘게 다진 것처럼 썰기

종이처럼 얇게 썬 재료를 가지런히 겹쳐 놓고 칼을 밀면서 잘라 준다.

칼끝을 몸 바깥쪽으로 밀면서 가늘게 채 썬다.

재료를 모아서 끝을 가지런히 놓고 칼등을 누르면서 채 썬다.

완성품

뚜벅뚜벅 썰기

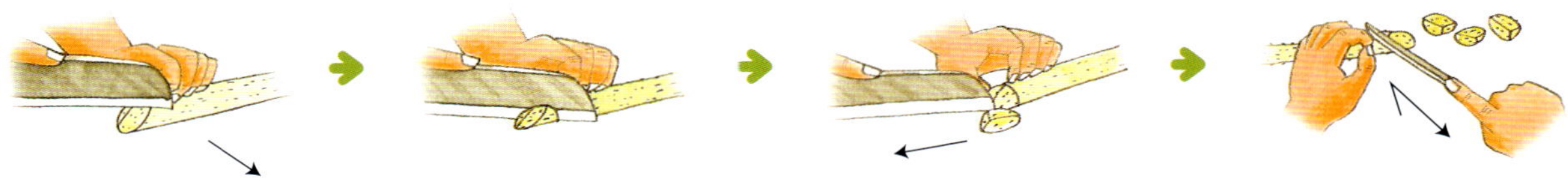

재료를 옆으로 놓고 칼끝으로 밀면서 칼날을 넣는다.

칼의 중간까지 칼등을 누르면서 밀어 준다.

칼끝을 몸 쪽으로 당기면서 끝부분을 자른다.

왼손으로 재료를 90˚ 정도 돌려 가면서 ①~③의 과정을 반복해 같은 크기로 자른다.

비스듬히 썰기

재료를 비스듬히 놓고 칼끝을 밀어 넣는다.

칼의 중간까지 칼등을 누르면서 밀어 준다.

칼끝을 몸 쪽으로 당기면서 끝부분을 자른다.

완성품

연필 깎기

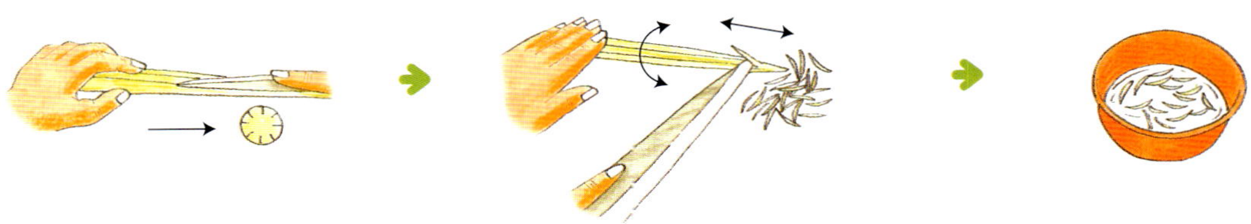

재료를 옆으로 놓고 세로로 가늘고 길게 칼집을 넣어 준다.

칼날이 오른쪽으로 가게 눕혀서 칼 끝부분으로 연필을 깎듯이 써는데, 이때 왼손 손바닥으로 재료를 살살 돌려 준다.

완성품을 물에 헹군다.

(2) 장식 썰기

용수철 모양 만들기(撚りウド, 요리우도) : 땅두릅(우도)의 흰 부분을 돌려 깎기 하여 사선으로 가늘게 썰면 동그랗게 말린다. 당근이나 오이 등은 둥근 젓가락으로 감아 모양을 잡아 주어야만 말린다.

얇게 돌려 깎기(桂むき, 가쓰라무키) : 무, 당근, 오이를 적당한 길이로 자른 다음, 왼손으로 재료를 잡고 천천히 돌려 가며 오른손 엄지, 인지로 칼을 밀고 당김을 반복하여 얇게 깎는다.

각 없애기(面取り, 멘토리) : 무, 감자, 호박 등과 같이 삶고 조리면 부드러워져서 모양이 흐트러지는 재료의 각진 부분을 잘라 내는 방법이다.

매화꽃 깎기(ねじ梅切り, 네지우메기리) : 당근이나 무 등을 오각형으로 자르고 매화꽃 모양으로 깎아 낸 것이 우메기리이고, 꽃잎이 만나는 부분에 사선으로 칼집을 넣고 조금씩 따 내서 입체감을 준 것은 네지우메기리이다. 조림이나 맑은국 등에 사용한다.

벚꽃 깎기(桜花かた, 사쿠라하나카타) : 당근에 많이 사용하는 방법으로 벚꽃 모양으로 깎는다.

꽃연근 깎기(花蓮根, 하나렌콘) : 연근의 구멍을 살려서 깎는 방법으로 조림이나 초회 등에 사용한다.

단풍잎 깎기(紅葉むき, 모미지무키) : 당근을 모양 내는 데 적당한 방법으로 단풍잎 모양으로 깎는다.

원통뿔 모양 자르기(切り違い, 기리치가이) : 오이 등 원통형 재료의 끝부분을 서로 엇갈리게 자르는 방법으로 껍질 쪽과 살 쪽이 대조되어 보이며 생선회 등에 사용한다.

뱀 배 모양 만들기(蛇腹胡瓜, 자바라규리) : 재료가 잘리지 않을 정도로 양면에 사선으로 가늘고 잔 칼집을 넣어 가운데의 색이 보이도록 하는 방법으로 초회 등에 사용한다.

화살촉 만들기(矢羽根蓮根, 야바네렌콘) : 연근의 구멍을 이용하여 화살촉 모양을 만드는 방법으로 초회에 사용한다.

연근 돌려 깎기(蛇籠蓮根, 자카고렌콘) : 연근을 돌려 깎기 하여 연근 구멍으로 자연스러운 모양을 만들어 내는 방법으로 초회나 튀김 등에 사용한다.

국화꽃 모양 썰기(菊花切り, 깃카기리) : 무를 3cm 정도 두께로 잘라 세워 놓고 전체 길이의 2/3까지만 가로세로로 가늘게 칼집을 넣은 다음, 뒤집어 놓고 썬다. 소금물에 담갔다가 물기를 짜내고 아마스(단촛물)에 담가 구이의 곁들임으로 사용한다.

무 그물 만들기(網大根, 아미타이콘) : 무에 동일한 간격으로 엇갈리게 칼집을 넣은 다음 돌려 깎기 하여 그물을 만드는 방법으로 생선회 등에 사용한다.

당초 만들기(唐草, 가라쿠사) : 무의 줄기나 배춧잎의 줄기 등으로 만드는 것으로 생선회 등의 곁들임으로 사용한다.

솔잎 썰기(松葉切り, 마쓰바기리) : 곧은 솔잎과 꺾인 솔잎을 만들어 맑은국이나 찜 등에 사용한다.

용수철 모양 만들기

두께가 0.8cm 정도가 되게 돌려 깎기 한다.

칼의 끝부분을 몸 쪽으로 당기면서 재료의 폭이 3~5mm 정도가 되게 잘라 준다.

재료를 젓가락으로 말아 모양을 잡아 준 다음 물에 담갔다 건진다.

완성품

얇게 돌려 깎기

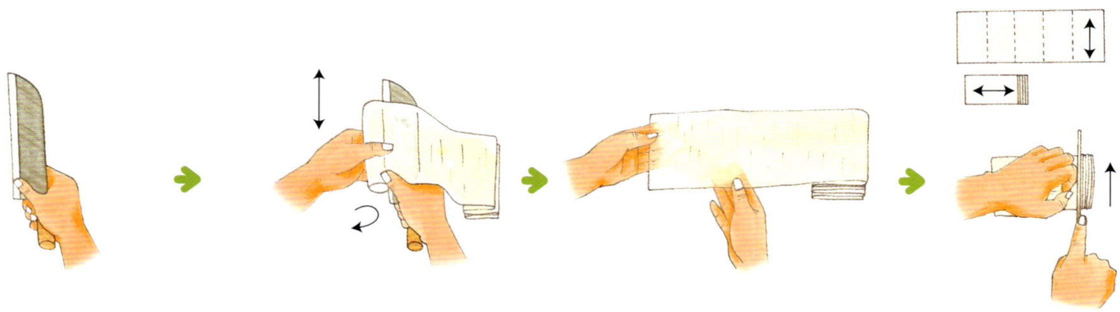

오른손의 엄지와 검지를 제외한 나머지 세 손가락으로 야채칼의 칼자루를 가볍게 쥐고, 엄지와 검지는 칼날의 양면을 겹치듯이 쥔다.

왼손으로 재료를 가볍게 쥐고 가운데에 엄지손가락을 올려서 칼날 부분을 가볍게 눌러 준다. 왼손의 엄지와 오른손의 엄지, 검지를 사용하여 칼을 상하로 움직이면서 전진하여 껍질을 벗기듯 돌려 깎는다.

투명해 보일 정도로 얇으면서도 두께가 균일하게 돌려 깎는다.

10cm 길이로 잘라 가지런히 겹친 다음 채 썰고 물에 헹구어 사용한다.

각 없애기

매화꽃 깎기

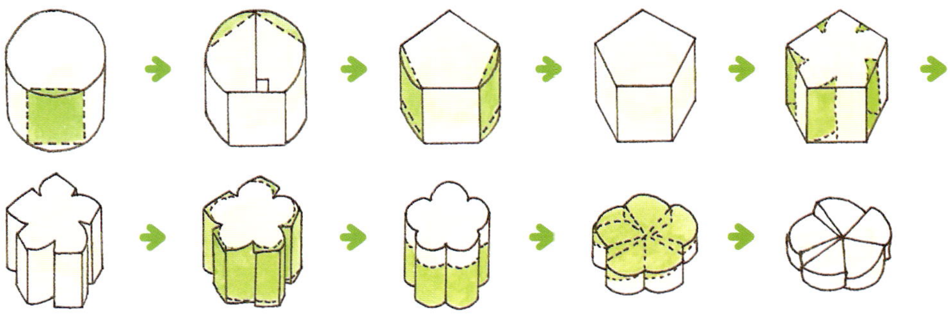

벚꽃 깎기

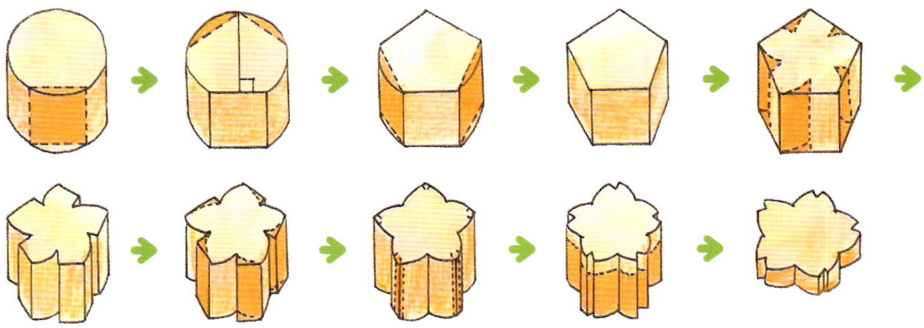

꽃연근 깎기

단풍잎 깎기

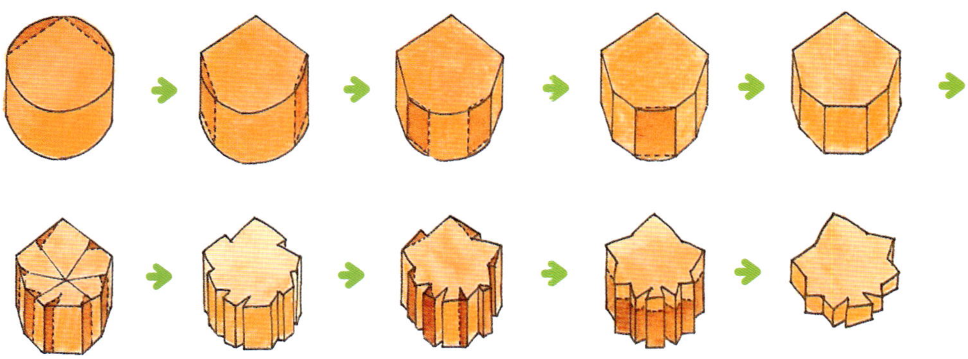

원통뿔 모양 자르기

뱀 배 모양 만들기

화살촉 만들기

연근 돌려 깎기

국화꽃 모양 썰기

무 그물 만들기

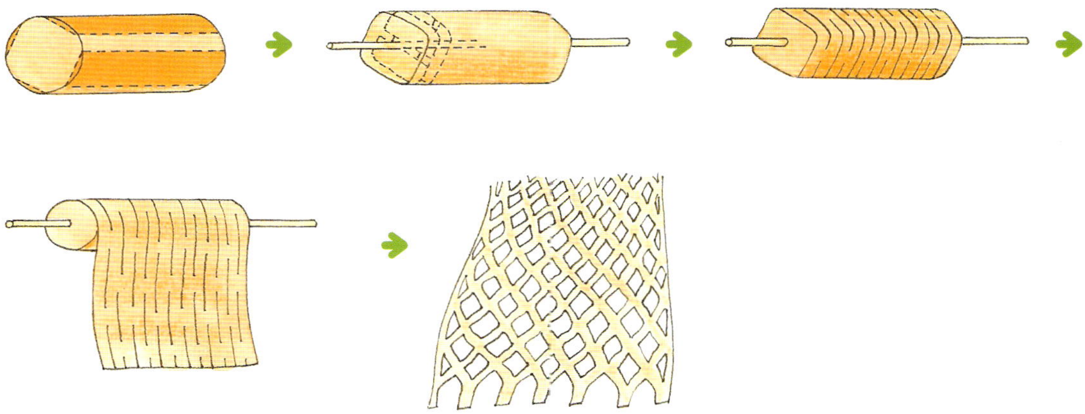

당초 만들기

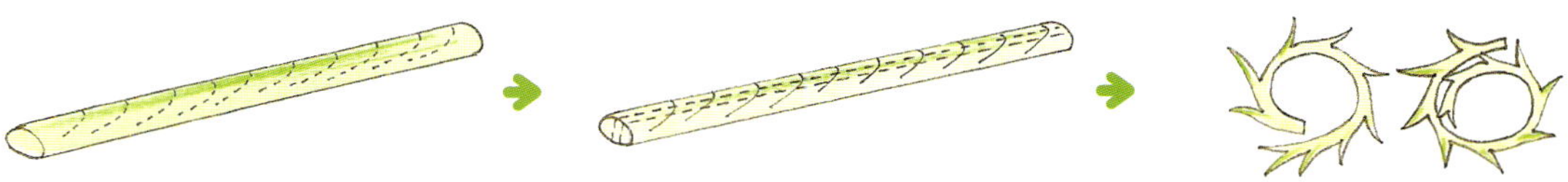

솔잎 썰기

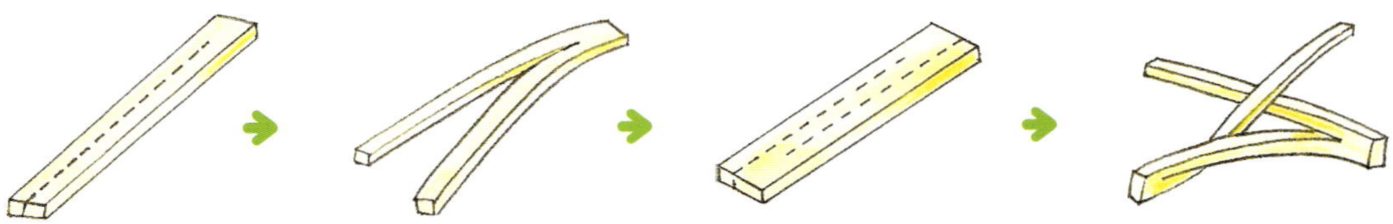

3. 일본 요리의 식재료

(1) 바다 생선(海水魚, 가이스이우오)

쥐노래미

쥐노래미(鮎並, 아이나메) : 일본 관서 지방에서는 아이나메, 관동 지방에서는 아부라메라고 한다. 옆선이 5줄 있고, 몸빛은 갈색에 암녹색의 반문이 산재해 있으며, 잔잔한 비늘로 덮여 있다.

전갱이

전갱이(鰺, 아지) : 큰 것은 몸길이가 50~60cm나 되며, 몸통의 꼬리 부분 측면에 제이고(배 양쪽에 있는 가시같이 단단한 비늘)가 있다.

붕장어

붕장어(穴子, 아나고) : 연중 맛이 변하지 않지만 역시 겨울철에 지방이 올라 더 맛있다. 주로 살을 펼쳐서 불에 구워 먹는다.

옥돔

옥돔(甘鯛, 아마타이) : 머리가 작고 눈과 지느러미가 크다. 구지, 구즈나 등으로도 불리며, 육질이 담백하고 부드러우며 수분이 많다. 비늘이 단단하고 살이 부드러워 칼로 비늘의 겉껍질만 깎아 낸다(멘도리).

아귀

아귀(鮟鱇, 안코우) : 몸빛이 흑갈색이고 입이 커 외관상으로는 맛있어 보이지 않지만 대부분이 버릴 것 없이 식용 가능하다. 육질이 부드럽고 점액이 있기 때문에 달아매고 껍질을 벗긴다.

돌돔

돌돔(石鯛, 이시다이) : 몸 색깔은 푸른 잿빛으로 어릴 때는 7줄의 가로줄 띠가 선명하며, 자라면 가로줄 띠가 어렴풋해지고 코끝이 검은색을 띤다. 몸길이는 30cm 정도이고 가로줄 띠가 희미하게 될 시기가 가장 맛있다.

정어리

정어리(鰯, 이와시) : 살이나 뼈가 부드러우므로 칼을 사용하지 않고 손으로 손질이 가능하다. 통구이하여 내장 그대로 먹어도 무방하다.

쑤기미

쑤기미(虎魚, 오코제) : 우리나라에서는 삼세기, 삼숙이라고도 불리며, 일반적으로 도깨비쑤기미(오니오코제)가 식용되고 있다. 여름이 제철로, 등지느러미의 가시에 독을 가지고 있으며 식용할 수 있는 살 부분이 적다.

가다랑어

가다랑어(鰹, 가쓰오) : 가슴부터 꼬리까지 흐르는 옆선이 선명하며, 등 뒷부분은 아름다운 보랏빛을 띠고 있다. 등에 잔잔한 비늘이 있고, 살이 부드럽고 약간 비린내가 있어 구운 회(야키시모)나 가쓰오부시를 만드는 데 많이 사용한다.

가자미(鰈, 가레이) : 흰살 생선으로 맛이 담백하며 특유의 냄새가 있다. 머리가 광어와 반대로 달려 있어 좌광우도(도다리)라고 칭한다.

쥐치(皮剝, 가와하기) : 해안 가까운 근해에서 살며, 껍질이 두껍고 견고하여 껍질을 벗기지 않고는 먹을 수 없을 정도이다.

쥐치

잿방어(間八, 간파치) : 방어에 비해 체고가 약간 높은 긴 타원형이다. 몸길이는 50cm 정도인데 2~3kg짜리가 맛이 있다. 어획고가 많지 않으며 초밥이나 회에 적합하다.

잿방어

보리멸(鱚, 기스) : 일반적으로 보리멸이라고 하면 흰보리멸(시로기스)을 말한다. 등쪽이 담황색으로 배 부분에 걸쳐 연한 색을 띠고 있다. 육질이 희고 지방이 적으며 냄새가 없고 부드러워 용도가 다양하다.

보리멸

전어(鰶, 고노시로) : 자라면서 크기에 따라 이름이 달라지는 출세어(出世魚)로서 4~5cm 정도 크기는 자코 또는 신코, 10cm 정도 크기는 고하타, 20cm 정도 크기의 성어는 고노시로라고 부른다. 특이 고하타일 때 지방이 알맞게 올라 맛이 있어 초밥의 재료로 빼놓을 수 없다. 맛은 별미인데 잔뼈가 많은 것이 흠이다.

연어(鮭, 사케) : 태어나 3~5년이 되면 몸길이 90cm 정도의 성어로 성장한다. 육질은 아름다운 붉은색이며, 매끈함과 부드러움을 가지고 있다. 지방이 많고 맛이 좋아 회, 구이 등 다양한 요리에 쓰인다.

고등어(鯖, 사바) : 등은 청색이고 암청색의 파문이 있다. 육질이 부드럽고 지방과 수분이 많아 선도가 급속히 떨어지므로 소금을 뿌려 보존한다. 참고등어(혼사바)는 배 아랫부분이 흰깨를 뿌려 놓은 모양이며 맛이 좋다.

고등어

공미리(針魚, 사요리) : 학꽁치라고도 하며, 호리호리한 모습으로 등이 은백색이고 아래턱이 5~6cm 정도 튀어나와 있다. 담백하고 독특한 맛이 있어 맑은국에 적합하다.

공미리

삼치

삼치(鰆, 사와라) : 가늘고 긴 몸체에 등은 검은빛을 띤 청색이고 배 부분은 은백색이며, 몸 전체에 청록색 반점이 있다. 살구색을 띠는 살은 수분이 많고 부드러워 부스러지기 쉽고 잘 상하므로 소금을 뿌려 보존한다.

꽁치(鰍, 산마) : 몸체는 가늘고 길며, 등은 청색이고 배는 은백색이며 옆선은 황색이다. 살 부분과 뼈를 분리하기 쉬워 구이 요리에 적합하다.

뱅어(白魚, 시라우오) : 몸이 반투명하고 작다. 지방이 적으므로 담백하고 산뜻한 맛을 느낄 수 있다.

명태(助宗鱈, 스케토우다라) : 등은 푸른 갈색, 배는 은백색을 띠며 아래턱이 위턱보다 길다. 날로 먹기보다는 말리거나 어묵의 원료로 사용한다. 알로 만든 젓갈(明太子, 멘타이코)은 별미이며 매우 고가이다.

농어

농어(鱸, 스즈키) : 대표적인 여름 생선으로 성장기에 따라 이름이 변하는 출세어이다. 10cm 이하는 곳파, 25cm 정도까지의 1년생은 세이코, 40~60cm 정도의 3년생은 훗코, 60cm 이상은 스즈키라고 부른다. 머리가 작고 아래턱이 위턱보다 길며, 아주 잔잔한 비늘이 전신을 덮고 있다. 육질이 단단한 흰살 생선으로 여름철에 먹는 얼음 씻음회(洗い, 아라이)가 별미이다.

도미

도미(鯛, 다이) : 체고가 높고 머리와 볼까지 딱딱한 비늘로 덮여 있으며 가시가 굵다. 살은 흰색이고 맛이 담백하다. 살과 뼈를 분리하기 쉽지만 뼈가 굵고 딱딱하며, 특히 등지느러미에 찔리면 붓게 되므로 주의해서 손질한다.

- 참돔(眞鯛, 마다이) : 등은 담홍색이고 배 부분은 색이 연하며, 등 쪽에 청록색의 작은 반점이 불규칙적으로 있다. 돔 중에서 색, 맛, 모습이 가장 뛰어나며 겨울에서 봄까지가 제철로 무게 2kg짜리가 별미이다.
- 황돔(黃鯛, 기다이) : 크게 자라도 30cm 정도밖에 안 되며 전체적으로 노란색을 띤다.

• 붉돔(血鯛, 치다이) : 초여름이 제철이며 아가미 딱지 뒷부분이 두드러지게 붉은색을 띤다.

• 흑돔(黑鯛, 구로다이) : 초여름에서 가을에 걸친 시기가 제철이며, 살이 단단하므로 요리 방법으로는 아라이(洗い)가 적합하다.

갈치(太刀魚, 다치우오) : 몸빛은 은백색이며 비늘이 없고, 몸길이가 1.5m 정도로 성장하기도 한다. 살이 부드러워서 부스러지기 쉬우므로 통으로 잘라서 사용하거나 포를 떠서 마는 등 손질을 하기도 한다.

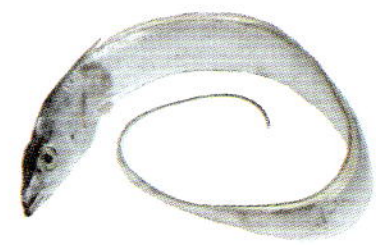
갈치

대구(鱈, 다라) : 아래턱에 수염이 있고, 등은 회갈색에 배는 흰색이다. 흰살 생선으로 지방이 적고 부드러우며, 일반적으로 대구라고 하면 참대구를 말한다.

날치(飛魚, 도비우오) : 몸길이는 30cm 정도로, 발달한 가슴지느러미로 해면을 날아올라 비어로도 불린다. 지방이 적어서 맛은 그다지 좋지 않지만 내장이 적어 쉽게 상하지 않는다.

청어(鰊, 니신) : 등은 담흑색이며 옆구리와 배로 갈수록 은백색을 띤다. 지방이 많고 쉽게 상하는데, 한꺼번에 많이 어획되므로 소금에 절이거나 말린다.

문절망둑

문절망둑(鯊, 하제) : 문절망둑이라고 하면 일반적으로 참문절망둑을 가리킨다. 흰살 생선으로 지방이 적고 담백하므로 맑은국의 내용물(완다네)이나 튀김용으로 적합하다.

갯장어

갯장어(鱧, 하모) : 비늘이 없고 표면이 끈적끈적하며, 몸길이가 60~70cm로 성장한 것이 별미이다. 살이 희고 부드러우며 감칠맛이 있고 지방이 많다. 무수히 많은 잔뼈를 잔칼질을 해서 요리한다.

넙치

넙치(鮃, 히라메) : 몸이 평평하며, 눈이 있는 쪽은 갈색 바탕에 유백색 또는 흑갈색의 반점이 있고 눈이 없는 쪽은 백색이다. 특히 겨울에 지방이 올라 살이 단단하고 회, 초밥 등에 적합하다. 광어라고도 한다.

복어

복어(河豚, 후구) : 복냄비(뎃치리)의 등롱이 추운 겨울바람에 흔들릴 때쯤 복어 요리의 계절로 들어선다. 오늘날에는 많은 사람들이 복어 요리를 즐기지만, 복어에 대한 지식의 부족했던 시기에는 잘못 처리된 복어 요리를 먹고 중독을 일으켜 사망하는 사고도 종종 일어났다.

방어

방어(鰤, 부리) : 등은 푸른빛을 띠며 비늘이 아주 잘고 거무스름한 부분이 많다. 성장에 따라 이름이 다른 출세어로서, 한겨울에는 지방이 올라 농후한 맛이 있어 회, 초밥의 재료로 적합하다.

숭어(鯔, 보라) : 담백한 맛과 씹히는 맛이 아주 좋지만 흙냄새가 나므로 소금구이나 조림 요리에는 적합하지 않은데, 된장을 이용하면 흙냄새를 없앨 수 있고 맛도 좋아진다. 11월에서 1월이 제철이다.

다랑어(鮪, 마구로) : 지방이 적고 육질이 치밀하므로 장시간의 가열은 피한다. 신선한 것은 생식하면 별미를 느낄 수 있다.

- 흑다랑어(黑鮪, 구로마구로) : 등은 흑청색이고 배 부분은 은백색이며, 체측에 담황색의 띠가 있다. 살은 흑색을 띤 진한 적색으로 단단하고 지방이 많다.
- 황다랑어(黃はだ鮪, 기하다마구로) : 여름이 제철이며, 살은 선명한 분홍색이다.
- 눈다랑어(眼撥鮪, 메바치마구로) : 흑다랑어를 닮았지만 눈과 머리가 크고 살이 분홍색이며, 여름이 제철이다.
- 날개다랑어(鬢長鮪, 빈나카마구로) : 여름이 제철이며, 가슴지느러미가 상당히 길다. 살은 백색에 가까운 담홍색으로 부드럽지만 초밥 재료나 회로는 적합하지 않고 통조림으로만 이용된다.

송어

송어(鱒, 마스) : 등은 담흑색으로 검은 반점이 있고 배는 은백색이다. 살은 적황색으로 연어와 비슷하여 구별이 쉽지 않다. 신선한 것은 회로 먹으면 아주 별미이고, 초에 절여서 초밥에 사용하거나 소금구이를 하기도 한다.

병어(眞名鰹, 마나가쓰오) : 입 주변이 둥글고 머리가 작으며 몸체가 편평하고 비늘이 눈에 띄지 않는다. 육질은 아주 부드럽고 냄새가 없으며 흰색을 띤다. 적당히 지방이 오른 병어는 간장 양념구이(데리야키)에 적합하다.

병어

볼락(目張, 메바루) : 눈이 아주 크고 체측에 5~6개의 검은 띠가 희미하게 보인다. 바다 냄새가 듬뿍 풍기는 생선이므로 선도가 좋은 것을 소금구이, 조림 요리로 하면 별미이다.

(2) 민물 생선(淡水魚, 단스이우오)

은어(鮎, 아유) : 몸빛은 어두운 녹황색인데 배 쪽으로 갈수록 은백색을 띤다. 어릴 때는 바다에서 지내고 이른 봄에 강을 거슬러 올라가 급류에서 살다가 하류로 가서 알을 낳는다. 밑손질하여 중간 뼈째 써는 세고시와 구이, 초밥에 적합하다.

은어

뱀장어(鰻, 우나기) : 뱀처럼 가늘고 길며 미끈미끈한데, 언뜻 보기에 비늘이 없는 것 같지만 껍질 밑부분에 잔잔한 비늘이 있다. 일반적으로 진한 간장 양념을 곁들여서 장어 양념구이(우나기가바야키)를 한다.

뱀장어

잉어(鯉, 고이) : 연중 양식되는데 아라이(洗い)에는 지방이 적은 여름철의 것이 좋고, 겨울철에 지방이 올라 있는 것은 조림 요리에 사용하면 좋다. 민물고기 특유의 흙냄새가 나므로 조미료와 향신료를 진하게 쓴다.

잉어

미꾸라지(泥鰌, 도조우) : 몸이 원통형으로 가늘고 긴데 크게 자라면 몸길이가 20cm 정도 되고, 입 주위에 10개의 수염이 있다. 지방이 적고 산뜻한 맛을 지니고 있지만 진흙 속에서 서식하여 흙냄새가 나므로 1~2일 동안 냉수에 담가 두어 냄새를 제거한다.

붕어(鮒, 후나) : 몸길이는 30cm를 넘지 않으며 등은 암녹색, 배 부분은 백색이다. 간

붕어

디스토마가 기생할 가능성이 있으므로 생식할 경우에는 반드시 식초를 사용한다.

빙어(公魚, 와카사기) : 몸길이는 10~15cm이고 몸은 은색에 등은 푸른빛을 띤 은백색이다. 뼈까지 먹기 위해 식초에 절이는 요리를 많이 하며, 간하지 않고 구워 니바이즈, 난반즈케, 간로니 등에 많이 사용한다.

(3) 조개류(貝類, 가이루이)

피조개

피조개(赤貝, 아카카이) : 해산의 2장 껍질조개로 껍데기에 42~43개의 방사상 주름이 있고 검은 털이 많이 나 있다. 살은 선홍색인데 피가 붉으며 육량은 크고 부드럽다. 생식에 적합하여 회, 초회, 초밥 등에 사용되며 가열하면 맛이 없다.

모시조개(淺蜊, 아사리) : 해산의 2장 껍질조개로 껍데기에 잔잔한 방사상의 주름이 있고 모양이 다양하다. 둥근 것보다는 가늘고 긴 것이 성장이 좋아 부드럽고 맛있다.

전복

전복(鮑, 아와비) : 해물의 1장 껍질조개로 껍데기 표면에 4~5개의 구멍(孔)이 있다. 살아 있지 않으면 요리에 사용하기에 가치가 없다.

굴

굴(牡蠣, 가키) : 살은 두껍고 광택이 있으며 유백색인 것이 좋다.

소라

소라(榮螺, 사자에) : 원통형의 고둥 껍질에는 두껍고 강한 관상(管狀)의 돌기물이 있으며 꽤 딱딱한 뚜껑을 가지고 있다. 내해에서 서식하는 소라는 돌기물이 없기도 하지만, 파도가 거친 외해에서 서식하는 소라는 돌기물이 길다.

가막조개(蜆, 시지미) : 바지락이라고도 하며, 담수에서 사는 2장 껍질조개로 흑갈색에 껍데기의 크기는 3cm 정도이다. 맛은 강하지만 다소 냄새가 있으므로 맑은국보다는 된장을 사용한 요리에 적합하다.

키조개

키조개(平貝, 다이라카이) : 해산의 2장 껍질조개로 껍데기의 크기가 30cm 정도로 크고 녹갈색의 장삼각형이다. 주로 조개관자를 식용하며 많이 익히면 질겨지므로 살짝 익힌다.

오분재기(常節, 도코부시) : 전복과에 속하며 작은 전복의 일종이다. 해산의 1장 껍질 조개로 전복과 비슷하나 껍데기의 크기가 5cm 정도로 작으며, 구멍은 6~19개로 전복보다 많다.

새조개(鳥貝, 도리카이) : 해산의 2장 껍질조개로 대부분이 흑자색이며, 발을 세로로 벌리고 뜨거운 물에 살짝 데쳐서 사용한다. 흑자색의 발이 새의 부리와 닮았다고 해서 새조개라는 이름이 붙었다.

새조개

대합(蛤, 하마구리) : 해산의 2장 껍질조개로 껍데기의 표면이 평골이고, 잿빛 바탕에 붉은 갈색 무늬가 있으며 변화가 풍부하다. 강한 맛을 지니고 있어 조개 그 자체가 지니고 있는 맛을 느끼기 위해서는 맑은국이나 소금구이, 술찜 등이 좋다.

대합

가리비(帆立貝, 호타테가이) : 해산의 2장 껍질조개로 해선이라고도 하며, 선상에 골이 25개 정도이고 큰 것은 20cm 정도까지 자란다.

가리비

(4) 연체류(軟體類, 난타이루이)와 갑각류(甲殼類, 고우카쿠루이)

오징어(烏賊, 이카) : 몸체, 머리, 10개의 다리(또는 발)로 되어 있고 지느러미는 종류에 따라 형태가 다르다. 등딱지가 있는 것과 없는 것이 있으며 등딱지의 두께도 종류마다 조금씩 다르다. 살은 유백색이며 씹으면 씹을수록 감칠맛이 난다.

오징어

- 물오징어(스루메이카) : 많이 잡히며 여름부터 가을까지가 제철이다. 신선한 것은 원만한 느낌과 맛이 있고 투명감이 있으며, 등 쪽에 흑갈색의 작은 반점이 보인다.
- 불똥꼴뚜기(호다루이카) : 몸길이가 4~5cm로 작고 밤에는 빛을 내며, 봄부터 여름에 걸쳐 잡힌다.
- 참오징어(마이카) : 먹오징어(스미이카)라고드 불릴 정도로 몸체에 비해 큰 먹

집(스미부쿠로)을 가지고 있다.

- 뼈오징어(고우이카) : 봄이 제철이며, 타원형 몸체의 양쪽에 얇은 지느러미가 있고 등딱지는 석회질로서 견고하고 배형이다.
- 야리이카, 겐사키이카, 사야나가이이카 : 봄부터 여름에 걸쳐 잡히며, 몸체가 가늘고 지느러미 끝이 급히 가늘어져 창끝과 닮았다.
- 아오리이카 : 파초오징어(바쇼우이카)라고도 불리며, 등은 연한 물색으로 갈색의 가느다란 반점이 밀집해 있고 배 쪽은 백색이다.
- 몬고이카 : 형태는 뼈오징어와 같지만 30cm 정도로도 자란다. 살은 두껍고 진한 단맛이 있으며 등딱지는 회백색으로 딱딱하다.

성게(ウニ, 우니) : 단단한 석회질의 껍질에 많은 가시가 나 있으며, 식용하는 부분은 산란기의 난소이다. 신선한 것은 난소의 형태가 견고하고 농후하며 강한 감칠맛과 향이 있다. 초밥 재료나 회 등으로 생식하는 경우가 많다.

왕새우

보리멸새우

새우(海老, 에비) : 딱딱한 껍질로 덮여 있는데, 살은 투명하고 냄새가 없으며 독특한 단맛이 있어서 어떤 요리에도 잘 어울린다.

- 대하 또는 왕새우(이세에비) : 가을부터 봄까지가 어획기이며, 등딱지가 아름답고 맛이 별미이다.
- 보리멸새우(구루마에비) : 늦가을에 살이 찌는데 맛이 별미이다. 소금구이, 초회, 맑은국 등 이용 범위가 넓다.
- 대정새우(다이쇼에비) : 보리멸새우의 일종이지만 줄무늬가 없고, 보리멸새우보다 맛이 조금 못하며 가격이 저렴하다.
- 보리새우(시바에비) : 비교적 소형이며 잘게 썬 조개관자, 새우, 야채 등의 재료를 밀가루 반죽에 버무려 튀기는 요리에 쓰이는 등 용도가 다양하다.
- 곰새우(구마에비) : 보리멸새우의 일종이지만 보리멸새우보다 조금 작으며 맛도 떨어진다.
- 팔이 긴 새우(데나가에비) : 담수산으로 긴 두 번째 가슴다리에 가위가 달려 있다.

게(蟹, 가니) : 등딱지가 잘 발달했고 5개의 발 중 하나는 큰 가위발이다. 가열하면 맛이 좋고 부드러워지지만 내장이 쉽게 부패되므로 신선한 것을 사용한다.

- 털게(게가니) : 전신에 갈색의 털이 많이 나 있으며, 살아 있을 때는 몸이 갈색이지만 익히면 주황색으로 변한다.
- 무당게(다라바가니) : 게족 중에서 크고 많이 어획된다. 발은 4개이고 그 중 하나에 가위가 달려 있다.
- 바다참게(즈와이가니) : 일본 후쿠이 이시가와켄의 깊은 바다에서 많이 잡힌다. 월전게라고도 불리는데 야마가게 지방에서는 솔잎게(마쓰바가니)라고 한다.
- 꽃게(와타리가니) : 흑자색에 푸른 무늬가 있으며, 등딱지나 앞발 가장자리에 날카로운 가시가 있다.
- 물맞이게(사와가니) : 작고 깨끗한 강에서 서식하는 게로서 주변의 색에 따라 몸빛이 다르다. 등딱지 그대로 튀김이나 조림을 한다.

털게

꽃게

갯가재(蝦蛄, 샤코) : 몸길이는 15cm 정도이며, 몸체가 편평하고 머리 부분이 작다. 몸빛은 담회갈색인데 익히면 적자색으로 변한다.

문어(蛸, 다코) : 담백하고 냄새가 없으며 감칠맛이 있다. 섬유의 방향이 없고 탄력이 있는 하나의 덩어리로 되어 있으며 가열하면 수축하여 단단해진다.

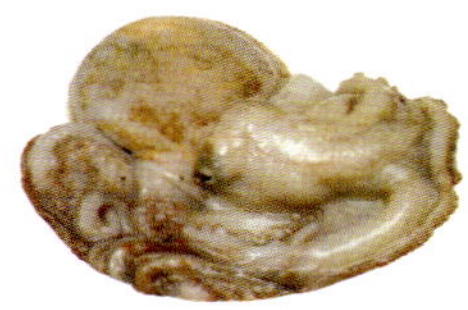
문어

해삼(海鼠, 나마코) : 육질이 단단하고 쫄깃쫄깃하며 감칠맛이 있다. 등에 작은 돌기가 있고, 내장은 고노와타라고 하여 별미이다.

해삼

(5) 채소(野菜, 야사이)

잎사귀류

배추(白菜, 하쿠사이) : 윤이 나고 뿌리 부분이 희며 잘 여문 것을 고른다. 중국의 결구배추, 치후 등 시금치류를 품종 개량한 것으로 냄새가 없으며 냄비 요리, 끓임 요리, 절임 요리 등에 사용된다.

갓(芥子菜, 가라시나) : 잎과 줄기에 향기와 매운맛이 있다. 일본식 김치에 적합하며, 씨는 겨자를 만드는 데 사용한다.

쑥갓(春菊, 슌기쿠) : 기쿠나라고도 하며 봄철의 것이 별미이다. 줄기의 길이가 5cm 이내로 뿌리가 붙어 있는 것을 고른다.

참나물(三葉, 미쓰바) : 신선하고 깨끗한 녹색의 것을 고른다. 국물 요리나 냄비 요리 등에 사용한다.

죽순

죽순(竹の子, 다케노코) : 선도가 좋고 껍질이 희며 솜털이 많은 것이 좋으며, 육질이 부드럽고 아쿠(식물이 함유한 떫은 액체)가 적다. 아침 해가 뜨기 전에 수확한 것이 최상품이다.

머위(蕗, 후키) : 잎줄기가 녹색이며 뿌리 부분이 단단한 것을 고른다. 머위대라 하여 새싹이 나오는 촉순도 식용된다.

땅두릅(獨活, 우토) : 순백색으로 처음부터 끝까지 같은 굵기이며 윤기가 나는 것을 고른다.

파

파(葱, 네기) : 흰 뿌리 부분이 곧고 녹색 부분이 명확하게 분리되어 있는 것이 좋다.

- 뿌리깊은파(네부카네기) : 도쿄네기라고도 불리며, 청엽은 짧고 흰 부분이 굵고 길다. 그 중에서도 센주네기는 품질이 좋고 부드럽다.
- 잎파(하네기) : 청엽 부분이 많고 줄기가 분리되어 있다. 그 중에서도 구조네기는 대가 짧고 굵으며 부드럽고 맛도 농후하다.

당파, 실파(淺葱, 아사쓰키) : 잎이 가느다랗고 흰 부분이 불룩한 것이 좋다.

셀러리(セロリ) : 잎줄기가 단단하고 육질이 두꺼운 것을 고른다. 잎이 흰색인 것과 푸

른색인 것이 있는데 푸른색이 향기가 강하다.

아스파라거스(アスパラカス) : 굵고 바르게 뻗은 것이 좋다. 선단의 비늘 조각이 명확한 것이 상품이며, 그린아스파라거스의 경우에는 녹색이 진한 것이 좋다.

파슬리(パセリ) : 신선한 녹색으로 잎사귀 끝이 수축되어 있으며 방향이 있는 것을 고른다.

무순(貝割, 가이와레) : 무의 새순으로 생선회의 곁들임이나 샐러드 등에 사용한다.

무순

뿌리류

무(大根, 다이콘) : 춘 · 하 · 추 · 동 무가 있으며, 야채 중에서 가장 많이 생산되고 여러 가지 용도로 사용되는 식재료이다.

순무(蕪, 가부라) : 무청이라고도 일컬으며 단맛이 매우 강하다. 색이 희고 결이 잔잔하며 광택이 있고 형태가 잘 갖추어진 것이 좋다.

당근(人參, 닌진) : 잎이 붙어 있고 너무 굵지 않으며 색이 선명하고 단단한 것을 고른다.

연근(蓮根, 렌콘) : 껍질이 백색 또는 회백색으로 표면에 상처가 없고 굵고 잘 영글어 들어 보았을 때 무거운 것이 좋다. 마디가 구부러지지 않은 것을 고른다.

양파(玉葱, 다마네기) : 널리 재배되고 있는 야채류의 하나로서 육질이 단단하고 싹이나 뿌리가 나 있지 않은 것을 고른다.

염교(菜芝, 락교) : 중국 원산의 백합과 다년초로 알이 짧고 동글동글하며 작고 단단한 것을 고른다. 장아찌(쓰케모노)에 적합하다.

마늘

마늘(大蒜, 닌니쿠) : 모양이 둥글고 알이 잘 갖추어진 것을 고른다.

우엉(牛蒡, 고보우) : 곧고 껍질에 상처가 없으며 마르지 않은 것을 고른다.

백합 뿌리(百合根, 유리네) : 육질이 두껍고 희며 표면에 상처가 없는 것을 고른다.

고추냉이(山葵, 와사비) : 굵고 싱싱한 것이 좋고, 잎줄기나 줄기에 검은 줄이 있는 것은 좋지 않다. 짜릿한 매운맛과 강한 향기가 특징이다.

감자, 고구마, 토란 등

고구마(薩摩芋, 사쓰마이모) : 껍질 색이 선명하며 단단한 것이 좋다. 뿌리 부분에 수염이 적고 밑부분이 벗겨지지 않은 것을 고른다.

감자(馬鈴薯, 자가이모) : 주름이 없고 둥글고 단단하며 껍질 부분에 녹색이 없는 것을 고른다.

토란(里芋, 사토이모) : 표피가 굵은 것이 좋으며, 잘라 보았을 때 순백색인 것을 고른다.

참마(山芋, 야마이모) : 약초로 재배하는데 뿌리는 육질이며 땅속 깊이 들어간다. 품종에 따라 긴 것, 손바닥처럼 생긴 것 등 여러 가지가 있다.

열매류

가지(茄子, 나스) : 가을에 더욱 별미이다. 보라색이 진하고 꽃받침과 과육의 경계 부분이 흰 것을 고른다.

오이(胡瓜, 규리) : 여름이 제철이며 색, 빛깔이 산뜻하고 녹색이며 구부러지지 않은 것이 좋다.

호박(南瓜, 난킨/カボチャ, 가보차) : 껍질이 단단하며 육질이 잘 여문 것을 고른다.

토마토(トマト) : 여름이 별미이며, 형태가 좋고 광택이 있으며 줄기의 잘린 부분이 녹색인 것이 좋다.

피망(ピマン) : 과육이 두껍고 특유의 향기가 있으며 매운맛은 없다. 선명한 녹색으로 윤기가 있는 것이 좋다.

고추(唐辛子, 도우가라시) : 색이 선명하고 윤기가 있는 것이 좋으며, 매운맛은 종류에 따라 다르다.

- 다카노쓰메 : 길이 3~4cm의 둥근형으로 성숙하면 연붉은 색이 된다. 줄기와 잎 모두 매운맛이 강렬하며 주로 건조품으로 사용된다.
- 야쓰보우 : 길이 7~8cm의 원철형으로 녹색이다. 매운맛이 다카노쓰메보다 못하다.
- 시시도우 : 길이 4~5cm의 막대기형으로 녹색이다. 매운맛이 거의 없다.

고추

초귤(酢橘, 스다치) : 과즙은 본즈로서는 최고급품이다. 푸른색일 때가 상품이며 노랗게 익으면 가치가 떨어진다.

레몬(レモン) : 남아시아 원산이며, 진한 녹색을 띠었을 때 수확하여 2~3주간 저장하면 노란색으로 변한다. 생선 요리 및 차(茶)에 사용한다.

아보카도(アボカト) : 미국, 남미, 남아프리카, 이스라엘, 이탈리아 등에서 자라는 열대 과일로서, 익으면 반으로 잘라 씨를 빼고 초밥이나 샐러드 등에 사용한다.

초귤

레몬

아보카도

버섯류(木の子類, 기노코루이)

송이버섯

송이버섯(松茸, 마쓰타케) : 버섯의 대가 굵고 짧으며 단단한 것을 선택한다. 우리나라의 강원도와 경북에서 많이 재배되며, 일본은 특히 긴기 지방을 중심으로 아카마쓰바야시에서 나는 것이 육질이 꿀과 같고 방향이 뛰어나 일본인의 기호에 잘 맞는다.

표고버섯

표고버섯(生椎茸, 나마시이타케) : 하우스에서 재배하기 때문에 연중 시판되고 있는데 가을, 겨울에 나는 것이 육질이 두껍고 향기도 좋다.

팽이버섯(榎茸, 에노키타케) : 대부분 재배된 것이며 탄력이 있는 신선한 것을 선택한다.

담자균 버섯

담자균 버섯(滑子, 나메코) : 갈색으로 점액질이 많다. 날것은 4~5일밖에 보존할 수 없으므로 통조림이나 병조림으로 만든 것이 많다.

기타 야채류

고사리(蕨, 와라비) : 4~7월에 나는, 잎줄기가 부드러운 부분을 식용하는데 조림, 무침 등에 적합하다. 소금이나 된장에 절여서 보존하면 좋다.

양하(茗荷, 묘우카) : 봄에는 새순(묘하타케), 가을에는 꽃이삭(묘가노코)에 방향과 매운맛이 있으며 초절임, 맑은국의 건더기로 적합하다.

차조기

차조기(紫蘇, 시소) : 자소라고도 하며, 향기가 있고 요리를 보기 좋게 하는 데 날것 그대로 쓰인다.

순채

순채(蓴菜, 준사이) : 형태는 작은 연꽃잎과 닮았고 둘둘 말려 있는 것을 고른다. 초여름의 것은 녹색으로 향기가 좋고 담백한 풍미를 즐길 수 있다.

두릅(楤の芽, 다라노메) : 봄철에 나며 회나 초밥, 샐러드, 튀김 등에 다양하게 사용된다.

(6) 기타 식재료

초밥용 다시마(磯の雪昆布, 이소노유키콘부) : 초밥용 다시마로 아주 얇게 밀어 눌러서 만든다.

대나뭇결 다시마(竹紙昆布, 지쿠시콘부) : 대나뭇결처럼 만든 다시마로 맑은국의 내용물 등으로 사용한다.

새웃살 그물(海老網, 에비아미) : 새웃살과 생선살로 그물망처럼 만든 것이다.

초밥용 다시마

대나뭇결 다시마

새웃살 그물

어란(唐墨, 가라스미) : 대개 참숭어나 농어의 알로 만들며, 일본의 3대 진미 중 하나이다.

파랫가루(靑海苔, 아오노리) : 청파래를 말려 잘게 가루로 만들어 놓은 것이다.

청매실 단조림(靑梅甘露煮, 아오우메칸로니) : 매실과 식용색소, 설탕 등을 달고 부드럽게 조린 것이다.

어란

파랫가루

청매실 단조림

생선살(糯身, 스리미) : 생선살을 곱게 갈아 점성이 좋게 만들어 놓은 것이다.

갈아 놓은 참깨

생강순

갈아 놓은 참깨(當胡麻, 아타리고마) : 참깨를 아주 곱게 갈아 놓은 것이다.

생강순(薑, 하지카미) : 생강의 어린뿌리를 초절임해 놓은 것이다.

납두(納豆, 낫토) : 납두균으로 발효시킨 일본의 발효 콩으로 우리나라의 청국장과 비슷하며, 여러 가지 재료와 무쳐 먹거나 뜨거운 밥과 같이 먹는다.

생선살

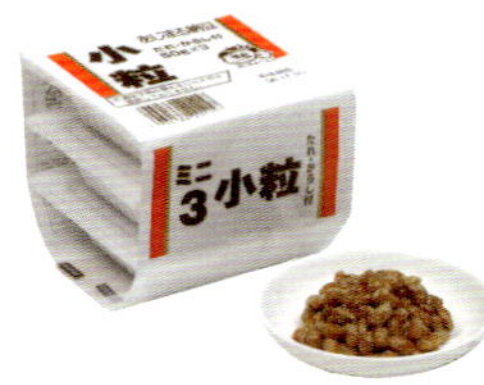

납두

닭의 볏 모양 해초(鷄冠海苔, 도사카노리) : 닭의 볏처럼 생겼으며, 청색 · 홍색 · 백색 등이 있다.

닭의 볏 모양 해초

매실 과육

매실 과육(梅實肉, 바이니쿠) : 매실을 곱게 걸러 설탕과 술을 넣고 약간 조린 것이다.

오이절임(胡瓜漬け, 규리즈케) : 오이를 소금과 간장에 절인 것이다.

반건조 우동(きねうち饂飩, 기네우치우동) : 반건조 우동으로 1인분씩 포장되어 있다.

가쓰오부시(鰹節) : 맛국물을 내는 재료로서 얇게 대패로 밀어 진공 포장되어 있다.

오이절임

반건조 우동

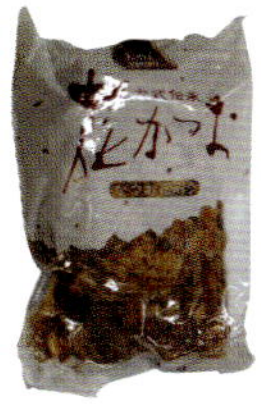

가쓰오부시

밀된장(もる味噌, 모로미소) : 주재료로 밀을 사용한 된장인데 야채 된장으로 적합하다.

차메밀(茶蕎麦, 자소바) : 녹찻가루를 섞어서 만든 메밀국수이다.

이나니와우동(いなにわ饂飩) : 오랜 역사를 가지고 있는 우동으로 일반 우동보다 가늘다.

밀된장

차메밀

이나니와우동

호마레우메보시(ほまれ梅干) : 부드럽게 완숙시켜 간든 우메보시로 일본 최고의 매실 산지인 기주산이다.

말린 단무지(せんぼん漬け, 센본즈케) : 가는 무를 꼬들꼬들 말려서 절여 놓은 단무지이다.

가지절임(しば漬け, 시바즈케) : 가지를 절여 놓은 것이다.

호마레우메보시

말린 단무지

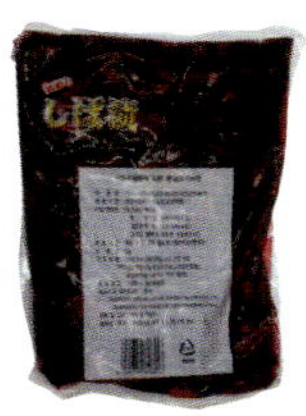

가지절임

자소 씨앗 절임(紫蘇の実, 시소노미) : 자소 씨앗을 절여 놓은 것으로 오이 등에 무쳐서 사용한다.

칠밋가루(七味唐辛子, 시치미도우카라시) : 고춧가루, 산촛가루, 흰깨, 진피, 삼씨 등 7가지 양념을 혼합한 것이다.

좁쌀 튀김가루(微塵粉, 미진코) : 찹쌀을 쪄서 건조한 후 잘게 부수어 튀긴 것이다.

자소 씨앗 절임

칠밋가루

좁쌀 튀김가루

혼다시

혼다시(本出し) : 가쓰오 풍미를 넣은 과립형 조미료이다.

후리카케(振り掛け) : 가쓰오 말린 것과 김가루 등을 섞어 밥 위에 뿌려 먹을 수 있도록 만든 것이다.

오색 솔잎형 튀김옷(五色松葉, 고시키마쓰바) : 솔잎처럼 가늘게 만든 것으로 5가지 색을 넣었다.

칡 전분(葛粉, 구즈코) : 칡으로 만든 전분으로 고급 녹말이다.

후리카케

오색 솔잎형 튀김옷

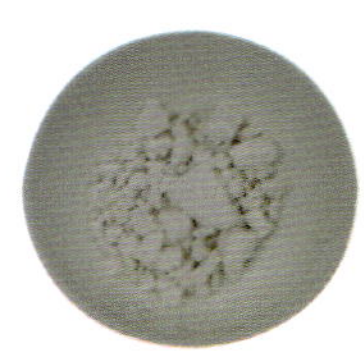
칡 전분

한천(寒天, 간텐) : 굳힘 요리 등을 할 때 불려서 사용한다.

청어알(数の子, 가즈노코) : 1마리에 2개의 알집이 들어 있으며, 겉의 얇은 막을 벗기고 사용한다.

날치알(飛魚子, 도비우오코) : 입자가 작은 날치알에 여러 가지 색을 입힌 것으로 다양하게 사용된다.

연어알(イクラ, 이쿠라) : 성숙한 연어알을 가공한 것이다.

다랑어 젓갈(酒盜, 슈토우) : 신선한 가다랑어의 내장을 소금과 같이 혼합하여 숙성시킨 젓갈로, 담백한 생선과 무침 요리 등에 사용하며 독특한 풍미가 있다.

날치알

연어알

다랑어 젓갈

참다랑어 도로(本鮪とろ, 혼마구로도로) : 참치 뱃살로 대리석처럼 마블링이 잘 되어 있어 아주 고소하고 가격도 비싸다.

참다랑어 도로

생선살 만두(饅頭, 만주) : 생선살과 달걀흰자, 산마 등으로 부드럽게 만든 만두이다.

4. 기본 조미료와 양념

(1) 조미료

조미료는 요리의 맛을 더해 주는 식재료로서 단맛을 내는 것, 감칠맛을 내는 것, 신맛을 내는 것, 짠맛을 내는 것, 촉감을 좋게 하는 것, 풍미를 좋게 하는 것 등으로 나눌 수 있다. 조미 순서는 분자량이 큰 조미료에서 분자량이 작은 순서로 넣는다. 세포막을 통해 조미료가 침투할 때 분자량이 작은 것이 빨리 들어가기 때문이다. 만약 분자량이 작은 소금을 먼저 넣는다면 침투압이 높아서 재료의 수분이 빠져나와 나중에 넣은 설탕이 스며들기 어렵게 된다.

일본 요리에서는 일본어 히라가나의 음절 순서처럼 さ(사토우 : 설탕), し(시오 : 소금), す(스 : 식초), せ(쇼유 : 간장), そ(미소 : 된장)에 따라 조미하는데, 야채류는 설탕-소금-간장-식초-된장의 순서로 맛을 내고 생선류일 때는 청주-설탕-소금-식초-간장 등의 순서로 맛을 낸다.

이 중에서도 주식이나 부식 이상으로 잊어서는 안 되는 것이 간장, 된장이다. 특히 간장은 조미료의 으뜸이라고 할 수 있을 정도인데 대부분의 요리의 맛을 내기에 알맞다. 일본 요리가 여기까지 발전한 것도 간장의 역할이 컸다고 할 수 있다. 중국의 간장, 동남아시아의 생선 간장 등도 있지만 이것들과 일본의 간장은 맛, 향기가 전혀 다르다.

또한 된장은 간장 정도는 아니지만, 된장국을 시작으로 구이 요리, 무침 요리 등의 조미료로 중요한 역할을 한다.

된장(味噌, 미소)

된장의 유래 : 보리 또는 쌀의 코우지에 찐 대두, 식염, 물을 섞어 발효 · 숙성시킨 것으로, 그 액즙은 간장이다. 된장의 원형은 중국 대륙에서 한국을 거쳐 일본으로 전해져 그 후 각 지방의 원재료 공급 사정, 기후, 풍토, 식습관, 기호 등의 요인에 따라 독특한 제조 기술이 개발되어 오늘날에 와서는 다품종, 다용도의 된장이 생산되고 있다.

된장의 분류 : 원료, 색상, 소금량, 지방 등의 다양한 분류 방법이 있는데, 일반적으로는 조미료로 사용하는 보통 된장, 부식 또는 가공용으로 사용하는 나메미소(그냥 반찬으로 먹을 수 있도록 조리한 된장)로 크게 나눌 수 있다. 보통 된장은 원료에 따라서 쌀된장, 보리된장, 콩된장으로 분류되며, 나메미소에는 양조 나메미소와 가공 나메미소가 있다.

된장의 제법 : 일반적인 쌀된장을 보면, 정백미를 세정, 침지해서 쪄서 쌀에 맞는 쌀코지를 만들고, 대두는 씻어 침지하고 쪄서 이것들과 식염 중수를 합하여 발효 · 숙성시킨다. 공업 생산한 것과 자가 양조로 만들어진 것을 소비하고 있다.

간장(醬油, 쇼유/むらさき, 무라사키)

볶은 밀과 찐 콩에 종균을 뿌리고 제국실에 혼합해 넣고 효소를 생산한다. 이렇게 제국 후 6개월 이상 정제된 소금 용해와 함께 발효 탱크에서 숙성시킨 것을 압착기로 눌러 짜서 살균 포장한 것이 간장이다. 간장의 종류로는 진한 간장, 연한 간장, 대두를 주원료로 한 다마리 간장, 대두의 사용량을 줄인 흰 간장 등이 있다.

진한 간장(濃口醬油, 고이쿠치쇼유) : 일반적으로 말하는 간장으로, 특유의 방향이 있고 향기가 좋아 생선회나 구이 등을 찍어 먹거나 뿌려 먹는 데 많이 사용한다. 또한 재료를 단단하게 조이는 역할을 하여 끓임 요리에도 사용한다.

연한 간장(薄口醬油, 우스쿠치쇼유) : 색이 연하고 방향이 없어 재료가 가지고 있는 색, 맛, 향기를 살리는 요리에 적합하다. 감칠맛이 없으므로 감칠맛 성분이 풍부한 맛국물을 사용하여 조리해야 한다. 염분의 함유량(16%)이 진한 간장(15%)보다 높다.

다마리 간장(たまり醬油, 다마리쇼유) : 전분 원료를 거의 사용하지 않고 대두 또는 탈지대두와 식염수로 만들며 일본의 아이치, 미에 지방의 특산품이다. 다마리를 뽑고 난 나머지는 다마리미소라고 하여 식용하고, 또 나머지를 이용해 다시 만든 간장을 나이라다마리라고 하는데 2등품이다. 다마리 간장은 색을 내는 데 많이 사용한다.

백간장(白醬油, 시로쇼유) : 주로 밀로 만들어지는데, 소량의 대두에 밀을 첨가한 것을 간장 누룩곰팡이로 발효시킨 것으로 제조 공정에서 색의 농도를 억제한다. 따라서 간장 중에서 색은 가장 흐리지만 향과 단맛이 강하여 재료의 색을 살리는 조림 요리나 향을 살리는 맑은국에 적합하다. 식염의 함량은 15%이며, 백간장은 3개월 이상 두면 흑변하므로 주의해야 한다.

생간장(生醬油, 나마쇼유) : 향이 좋고 오랜 시간 끓여도 향이 날아가지 않는 것이 특징이다. 저온에서 보관한다.

식초(酢, 스)

3~5%의 초산을 주성분으로 하는 산성 조미료로서 영어로는 'vinegar' 라고 하는데, 그 어원은 프랑스 어의 'vin(와인)' 과 'aigre(시다)' 이다. 식초의 산뜻하고 상쾌한 산미는 식욕을 돋우고, 입맛을 깔끔하게 정리하는 데 최적이다. 또한 단백질의 응고를 빠르게 하고, 방부 작용과 살균력이 있어 오랫동안 사용이 가능하다.

식초는 크게 양조 식초와 합성 식초로 나뉘며, 스아라이(초회 등에 사용하는 재료를 조미하기 전에 식초를 첨가한 와리즈로 가볍게 씻는 작업)하거나 스지메(생선을 소금에 절인 후 소금을 씻어 내고 식초에 담가 신맛이 들게 하고, 살을 단단하게 하며, 비린내를 제거하고, 보존성을 높여 장기간 보관 가능하게 절임하는 것)에 많이 사용하며, 그 밖에도 음식 조리시 신맛을 내기 위하여 사용한다.

미림

미림(味醂, 미린)

소주나 40% 정도의 알코올에 찐 맵쌀과 찹쌀 코우지를 혼합한 것을 40~60일간 숙성시켜서 당화시키고 건더기를 압착시켜 얻은 술이다. 알코올 용액 중에서 코우지에 따르는 완만한 효소 반응에 의해 생성되고, 효모에 의한 알코올 발효가 관여하지 않으므로 재제주로 분류된다. 옛날에는 독특한 단맛이 있는 음료로 이용되었으나 지금은 조미료로 많이 이용되고 있다. 요리에 맛을 내는 역할 외에 광택을 내는 효과도 있다.

미림은 혼미린과 혼나오시미린으로 구분되는데, 일반적으로 미림이라고 하면 혼미린을 말하며 혼나오시미린은 생산량이 점차 감소하고 있다. 혼미린의 주성분은 알코올이 14%, 당질이 약 42%이고, 이외에 유기산류, 아미노산류, 페놀 화합물 등이 미량 들어 있다. 반면 혼나오시미린의 주성분은 알코올이 22%, 당질이 약 14.5%이다.

소금(塩, 시오)

식용하는 소금은 염화나트륨이 주성분인데, 생리적으로 우리 몸에서 없어서는 안 되는 물질이고, 역사적으로도 가장 오래 전부터 사용된 식재료 중의 하나이다. 식염 제조의 자원으로는 해수, 암염, 염호 등이 있으며 주로 해수에서 소금을 얻고 있다.

식염은 인체에서 체액의 항상성 유지에 필요한 물질이지만 과잉 섭취가 문제시되고 있다. 일반적으로 1일 섭취량은 10g 이하를 권장하고 있다. 소금은 짠맛을 낼 뿐만 아니라 다음과 같은 역할을 한다.

- 미생물 발생을 억제하여 부패를 방지한다.
- 단백질의 응고를 촉진한다.
- 글루텐의 점성과 탄성을 높인다.
- 침투압에 따른 탈수 작용을 한다.
- 클로로필의 녹색을 안정되게 유지시킨다.
- 효소 작용을 억제하여 갈변을 방지한다.
- 글로불린계 단백질의 용해성을 높인다.

폰즈(ポンズ)

다이다이, 영귤(스다치), 유자, 가보스, 레몬 등의 신맛이 나는 과일의 즙을 짜낸 것이다. 계절에 맞게 간장과 배합해서 사용한다.

폰즈

(2) 향신료와 양념

일본 요리에서 향신료(香辛料, 코우신료)는 식품에 향미를 주기 위하여 첨가하는 식재료로서 좁게는 식품 첨가물, 넓게는 식품 재료 또는 식품으로 취급하고 있다. 요리에 약간의 향을 더하거나, 비린 맛 또는 잡맛을 없애 주는 역할을 하는 것으로 시소, 유자, 기노메, 산촛가루, 쓰다치, 미쓰바, 와사비 등이 있다. 일본 요리는 재료 그 자체의 맛을 살려서 조리하는 것이 특징이기 때문에 그 재료가 가지고 있는 고유의 맛을 잃을 정도로 향미료를 쓰지는 않는다.

고추냉이(山葵, 와사비)

유챗과에 속하는 다년생 반음지 식물로 깊은 산골에서만 자생하는데 환경에 민감하여 생육 범위가 상당히 좁다. 경사도 5~15% 정도의 깊은 산간 계곡에서 잘 자라며, 가장 적당한 표고는 400~500m이다. 매운맛과 단맛을 갖고 있는 와사비는 물 속에 산소가 녹아 있어야 뿌리가 썩지 않기 때문에 물이 혼탁하거나 부유물이 들어가면 안 되며, 물이 많을수록 재배하기에 좋다. 1년 내내 균일하게 수확되는 지역에서 상품성 있는 와사비가 재배된다.

생와사비 : 가공하지 않은 와사비 뿌리를 강판에 갈아서 사용하며 향이 신선하다.

분말 와사비

분말 와사비 : 서양 와사비(horseradish)를 가공하여 가루로 만든 것으로 찬물에 개어서 사용한다.

차조기(紫蘇, 시소)

꿀풀과의 일년초로 동인도, 중국, 아시아의 온대 지방에서 폭넓게 재배되고 있다. 잎의 색에 따라 잎의 양면이 홍자색인 아카시소, 청록색인 아오시소, 겉이 녹색이고 안쪽이 자색인 편면시소가 있다.

산초(山椒, 산쇼)

일본의 홋카이도와 규슈의 산야에 자생하며 한국과 중국에도 분포한다. 잎과 열매에 특유의 향과 매운맛이 있어 예로부터 향신료로 사용되고 있다.

산초잎 : 산초의 잎은 기노메(木の葉)라 하는데 장어 요리나 생선 조림 등에 많이 사용한다.

산초꽃 : 꽃봉오리가 완전히 피기 전에 채취하여 가공한 것으로 장어 요리 등에 사용한다.

산초 열매 : 청색으로 미완숙된 것은 조림, 초절임 등에 사용하고, 완숙되면 차적색이 되는데 껍질이 둘로 갈라지고 검은 열매가 나온다.

산촛가루 : 산초 열매를 건조하여 가루로 만든 것으로 장어 요리, 시치미도우가라시 등에 사용한다.

생강(生姜, 쇼가)

원산지는 열대 아시아 지방이지만 현재는 전세계에서 재배되고 있다. 뿌리, 싹생강, 잎생강 등을 사용하는데 냄새 제거의 효과가 커서 육류, 어류의 냄새를 없애는 데 쓰이며 식용, 약용, 향신료 등으로 폭넓게 이용되고 있다.

생강

생강즙 : 생강을 강판에 갈아 만든 즙으로 각종 요리에 다양하게 이용된다.

초밥 생강 : 생강을 종이처럼 얇게 썰어 조미한 후 초밥에 곁들여 낸다.

하지카미 : 풋생강의 뿌리와 줄기를 손질하여 끓는 물에 데친 후 단식촛물에 담갔다가 사용한다.

하리쇼가 : 생강을 바늘처럼 곱게 채 썰고 찬물에 헹궈 강한 향을 제거한 다음 장어 요리나 조림 등에 사용한다.

유자(柚子, 유즈)

유자는 가을의 계절감을 대표하며 초여름에는 유자꽃(花柚子, 하나유즈), 여름에는 열매 유자(実柚子, 미유즈), 초가을에는 청유자(青柚子, 아오유즈), 늦가을에서 초겨울에 걸쳐서는 황유자(黃柚子, 기미유즈) 등 계절에 따라 사용하는 방법이 변화한다.

열매 유자는 반달썰기하여 맑은국에 넣어 부드러운 풍미를 즐길 수 있다. 열매 유자가 자라 청유자가 되는데, 과피는 울퉁불퉁하고 두껍고 향기가 풍부하며 과육은 부드럽고 즙이 많다. 껍질을 얇게 벗기고 채 썰어(하리유즈) 덴모리나 맑은국에 향을 내는 데 사용한다. 과즙은 짜서 식초로 쓰기도 한다.

깨(胡麻, 고마)

씨를 이용하는데 지질, 단백질이 풍부하고 각종 필수 아미노산이 들어 있어 식물성 단백질로서 더없이 좋으며 그 외에도 비타민, 칼슘, 철, 비타민B_1, B_2를 많이 함유하고 있다. 정재된 깨 자체는 외피가 단단해 소화 흡수가 어렵고 깨 특유의 냄새가 있으므로 볶아서 사용한다.

영귤

영귤(酢橘, 스다치)

유자에 가까운 종으로 일본 도쿠시마 현의 특산품이며 우리나라 제주도에서도 생산되고 있다. 유자보다 작은 열매는 과피 색깔이 녹색인 미숙과 상태일 때 가장 향이 좋고 쓴맛이 없다. 영귤은 다른 감귤과 달리 완숙과가 되면 향이 소실되므로 푸른 미숙과일 때 수확하는 것이 특징이다. 송이 요리에 특히 잘 어울린다.

파(葱, 네기)

백합과의 엽채로서 중국 서부가 원산지라는 설이 유력하지만 야생종이 발견되지 않아서 정확하게 알 수 없다. 중국에서는 재배 역사가 오래된 야채의 하나로 알려져 있으며, 더위와 추위에 강하고 적응력이 좋아 곳곳에서 재배되고 있다.

파의 뿌리보다 잎 부분에 당질을 제외한 무기질과 비타민이 많으며, 파 특유의 자극취 성분은 알리신이다. 요리의 야쿠미나 구이, 조림, 튀김, 냄비, 볶음, 국물 요리 등에 널리 쓰이는데 주로 흰 부분인 줄기를 사용한다. 파의 흰 부분을 곱게 채 썰어 시라가네기(흰 머리카락 모양 파)를 만들어 국물 요리에 넣기도 하고 가늘게 채 썰어 샤부샤부에 사용하기도 한다.

양하(茗荷, 묘카)

생강과의 다년초로서 특유의 향기가 있으며 줄기와 꽃을 식용한다. 여름에 뿌리줄기에서 달걀 모양의 짧은 꽃이삭이 나오는데 이 꽃이삭을 하나묘카 혹은 묘가노코라 하여 식용하고, 연화 재배한 어린 싹의 줄기도 먹는다. 7~8월에 나타나는 꽃이삭을 여름 묘카, 9~11월에 나타나는 것을 가을 묘카라고 한다. 향기가 풍부한 향신료로 반찬, 야쿠미 외에 절임, 초회, 국물의 건더기, 튀김 등에 사용한다.

고추(唐辛子, 도우가라시)

가짓과의 식물로 열대 아시아 원산이다. 과실이 익으면 녹색에서 적색으로 변하며, 그 형태와 크기에 변이가 심하고 품종도 다양하다. 고추는 크게 신미종과 감미종으로 나뉘는데, 주로 향신료로 쓰이는 신미종은 다카노쓰메, 타바스코, 카이엔 등이고 감미종에는 피망과 꽈리고추 등이 있다. 또한 관상용으로 오색고추가 있다.

고추를 분말로 만든 것을 이치미라고 하며, 이치미과 다른 6종의 향미료를 합한 것이 시치미이다. 주로 우동이나 국물 요리에 곁들임으로 쓰이며 그 구성은 다음과 같다.

시치미토우가라시(七味唐辛子) : 고춧가루(一味, 이치미), 귤껍질(橘の皮, 미칸노가와), 검정깨(黒胡麻, 구로고마), 파래김(青海苔, 아오노리), 차조기 열매(紫蘇の実, 시소노미), 양귀비 씨(芥子の実, 게시노미), 산촛가루(粉山椒, 고나산쇼) 등의 7가지를 섞은 것을 말한다.

5. 다시(맛국물) 만들기

(1) 다시의 재료

일본 요리에서 다시는 기본적으로 다시마와 가쓰오부시로 만든 1번 다시를 가리키는데 다시마와 표고버섯, 박고지 등을 재료로 한 쇼진다시, 멸치, 고등어 말린 것, 자라, 닭 뼈 등 여러 가지 재료를 다시의 기본 재료로 사용한다.

(2) 1번 다시 뽑는 법

1번 다시는 다시마와 가쓰오부시의 맛과 향이 균형을 이룬 다시로 맑은국의 기본 국물로 많이 이용된다.

1 두껍고 검은 다시마 표면의 불순물을 젖은 행주로 깨끗이 닦아 낸 다음 찬물에 넣어 중불에 올린다.

2 물이 끓어오르면 다시마를 건져 낸다.

3 가쓰오부시를 넣는다.

4 표면이 끓지 않도록 불을 끈다.

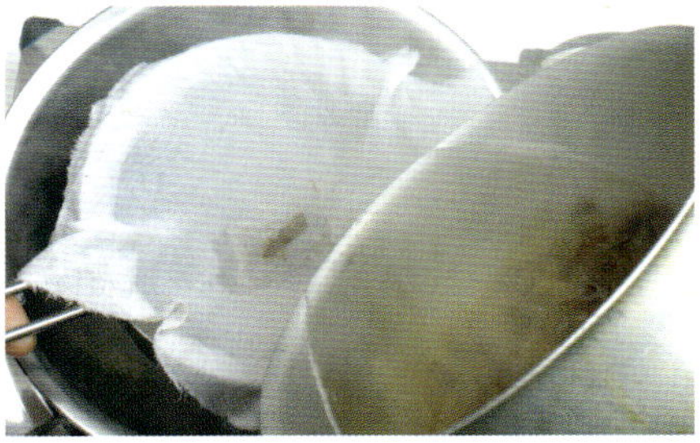

5 10분 정도 지난 후 가쓰오부시가 가라앉으면 체에 면포를 받혀 거른다.

Tip

다시마를 오래 끓이면 점액질이 나와 국물 맛이 깨끗하지 않으며, 가쓰오부시를 넣고 다싯물을 끓이면 국물이 탁해진다.

6. 생선 손질법

(1) 기본 오로시 방법의 종류

생선은 종류에 따라 크기나 외형, 육질, 뼈의 강약이나 형태, 내장의 크기 등이 다르므로 이러한 특징을 바탕으로 적절한 방법을 선택해서 오로시하는 것이 중요하다. 같은 종류라도 성장 정도나 산지에 따라서 크기나 육질의 변화가 있으므로 임기응변도 필요하다.

3장 뜨기(三枚おろし, 산마이오로시) : 가장 기본적인 오로시 방법으로 생선의 양쪽 살과 중간 뼈 3가지로 분리하는 방법이다.

5장 뜨기(五枚おるし, 고마이오로시) : 생선의 중앙에 길게 칼집을 넣어 배지느러미, 등지느러미 방향으로 살을 오로시하는 방법으로 배 쪽 살 2장, 등 쪽 살 2장, 중간 뼈까지 5장이 된다.

한칼 뜨기(大名おるし, 다이묘오로시) : 생선의 머리부터 꼬리까지 배 쪽 살과 등 쪽 살을 한 번에 오로시하는 방법으로, 산마이오로시나 고마이오로시와는 방법이 조금 다르다. 작은 생선이나 살이 약한 생선을 손질할 때 사용하는 방법이다.

(2) 생선 오로시 방법

도미 손질법

1 도미 머리 부분의 중앙에 칼집을 넣는다.

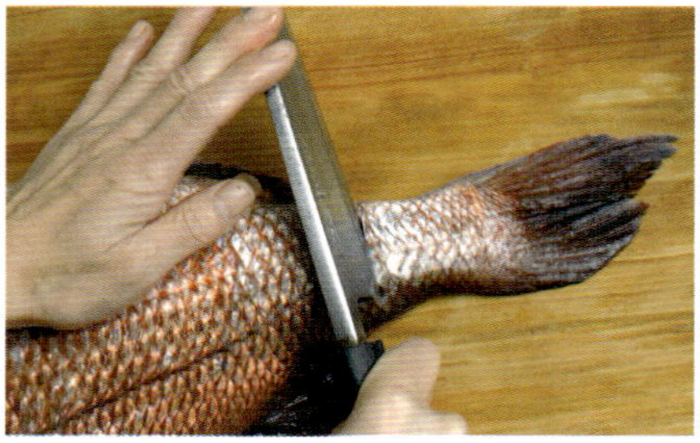

2 도미 꼬리 부분의 중앙 뼈를 데바칼 끝으로 절반쯤 잘라 내고 거꾸로 1~2분 들고 있어 몸속의 피를 완전히 빼낸다.

3 비늘칼로 꼬리에서 머리 방향으로 비늘을 벗겨 낸다.

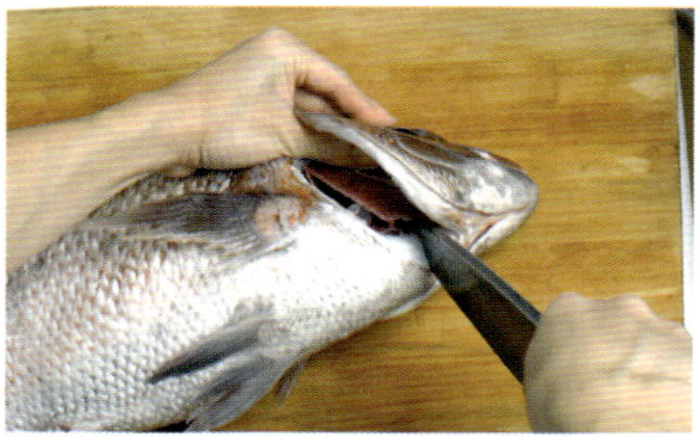

4 머리와 아가미의 연결 부위를 칼끝으로 분리한다.

5 턱밑에서 항문까지 배에 길게 칼집을 넣는다.

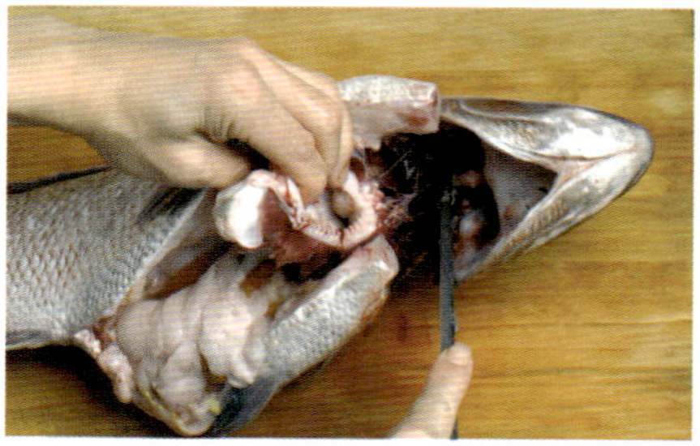

6 아가미, 내장과 몸체의 연결 부위를 떼어 낸 후 분리시킨다.

7 몸에서 분리된 내장과 아가미

8 배지느러미와 옆 지느러미 바로 밑으로 칼을 넣어 머리가 삼각형이 되도록 절반을 자르고 반대편으로 돌려 완전히 잘라 낸다.

9 도미 표면의 물기를 깨끗이 닦아 낸 다음, 중간 뼈 위로 칼을 넣어 위에서 아래로 당기면서 볼록한 가운데 중간 뼈까지 포를 뜬다.

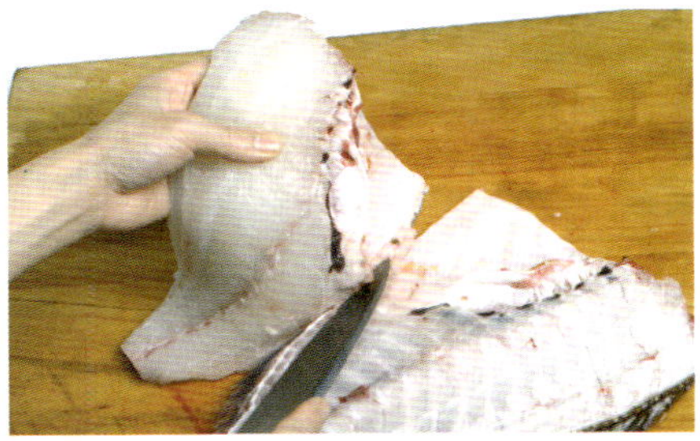

10 가운데 중간 뼈를 칼날이 타고 넘듯이 넘어가며 포를 뜬다 갈비뼈가 붙어 있는 부분은 뼈를 자르고 나머지 살도 마저 포를 뜬다. 반대쪽도 같은 요령으로 작업한다.

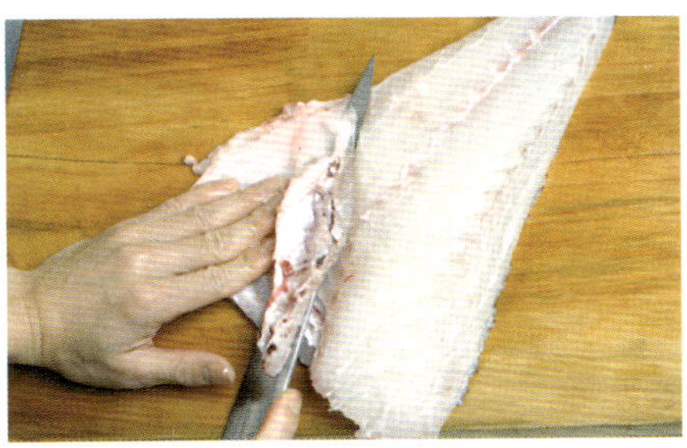

11 배 쪽 살이 상하지 않도록 갈비뼈에 칼을 최대한 붙여서 갈비뼈를 분리한다.

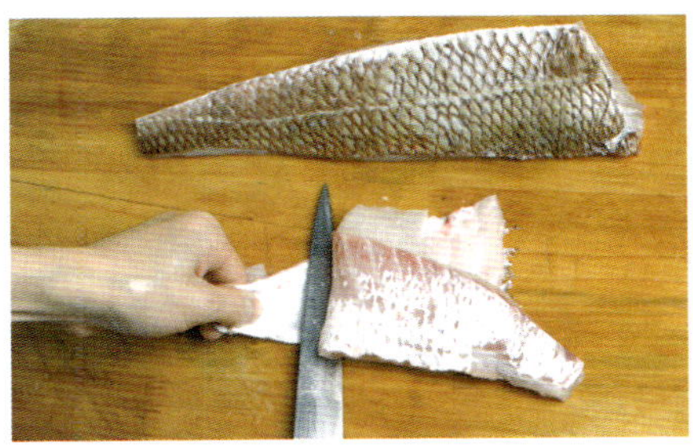

12 포뜨기한 도막살을 껍질이 바닥 쪽으로 가게 놓은 뒤, 끝부분을 왼손으로 잡고 오른손으로 칼날을 밀면서 왼손은 당겨 껍질을 벗겨 낸다.

13 도밋살을 껍질이 위로 가도록 체에 올리고 뜨거운 물을 부어 껍질 쪽만 데쳐 곧바로 얼음물에 식힌다.

14 도밋살(마쓰가와)를 얼음물에서 건져 마른 행주로 닦은 다음 행주로 말아 놓는다.

Tip

참도미, 감성도미 등은 등지느러미와 배지느러미가 날카로워 찔리면 통증이 오래 가므로 손질할 때 조심하고, 찔렸을 때는 찔린 부분의 피를 약간 짜내어 독을 제거한다.

광어 손질법

광어에는 양 옆 지느러미에 약 1~2cm 폭의 엔가와라고 부르는 지방이 많은 부분이 있는데, 그곳에 칼을 집어넣어 엔가와와 살이 잘 떨어지도록 한다.

1 광어의 머리가 오른쪽을 향하게 놓고 밤솔로 겉의 점액질을 씻어 낸 후, 데바칼을 왼쪽으로 뉘어서 잡고 칼날을 위아래로 움직이면서 꼬리 쪽부터 머리 쪽으로 칼날을 전진하여 비늘을 얇게 벗겨 낸다. 머리 쪽의 우묵한 부분까지 비늘을 깨끗이 벗겨 낸 다음 뒤집어서 배 부분도 똑같이 벗겨 낸다.

2 머리를 왼쪽을 향하게 놓고 옆면의 지느러미와 배지느러미 바로 밑으로 칼날을 넣어 중간 뼈를 자른 다음 뒤집어서 지느러미 밑으로 칼집을 넣어 자른다.

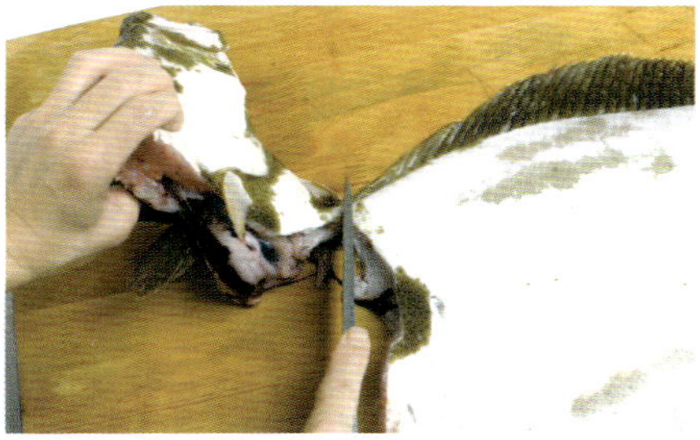

3 데바칼을 왼쪽으로 뉘어서 뒷면의 가맛살부터 항문까지 칼집을 넣는다. 데바칼을 세워서 내장과 맺힌 피를 칼로 긁어낸다. 내장을 떼어낸 곳을 대솔로 문질러 가며 흐르는 물에 깨끗이 씻는다.

4 날개지느러미 옆에서 중앙 뼈에 바짝 칼날을 붙여 꼬리에서 머리 쪽으로 칼집을 길게 넣어 준다. 반대쪽도 같은 요령으로 칼집을 넣어 준다.

5 중간 뼈 위로 칼집을 넣은 곳으로 위에서 아래로 칼을 넣어 포를 뜬다. 반대쪽도 같은 요령으로 포를 뜬다.

6 지느러미와 몸체를 분리한다.

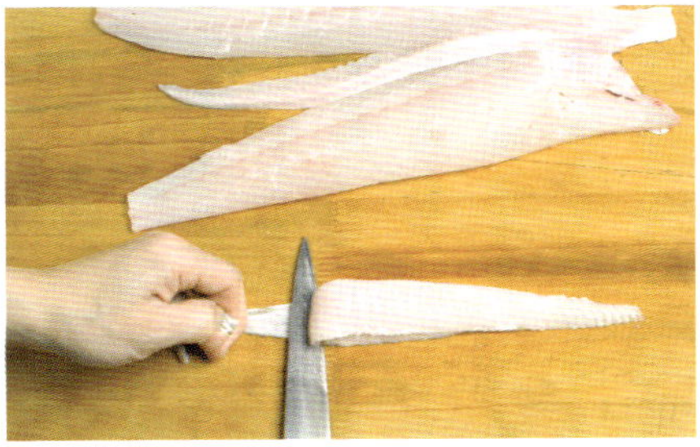

7 칼로 꼬리 부분에 살짝 칼집을 넣어 왼손으로 껍질을 당기고 오른손으로 칼을 밀면서 껍질을 벗겨 낸다.

학꽁치 손질법

1 칼날로 배 쪽의 지느러미를 안쪽의 심까지 완전히 제거한다.

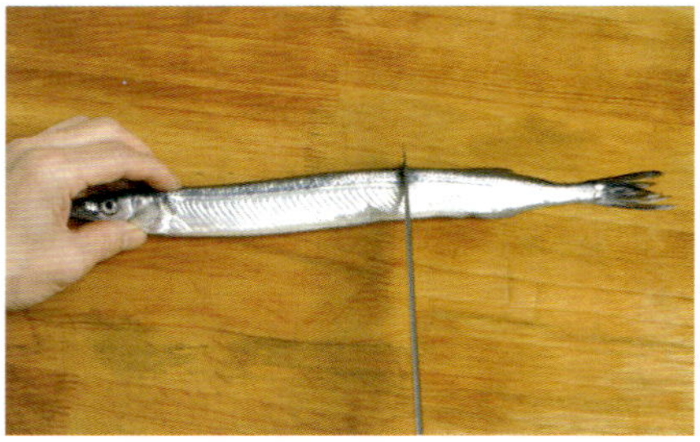

2 꼬리 쪽에서 머리 쪽으로 비늘을 제거한다.

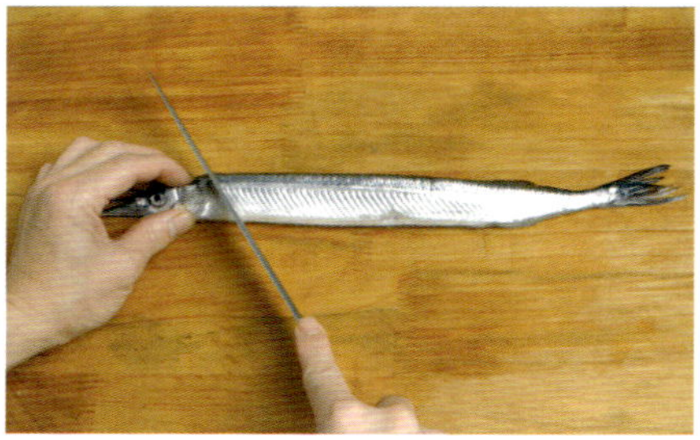

3 옆 지느러미 밑으로 칼집을 넣어 머리를 잘라 낸다.

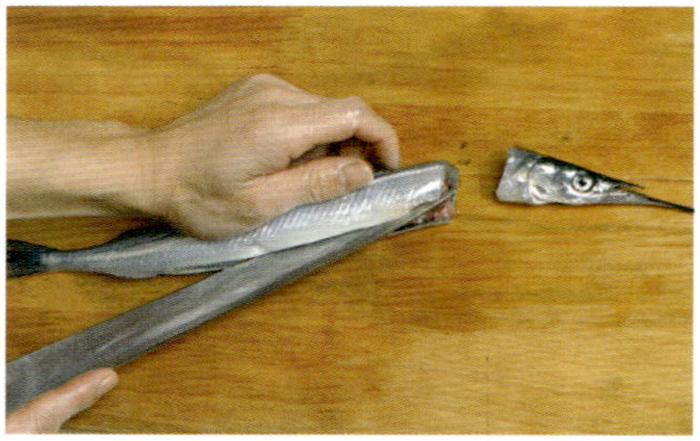

4 머리 쪽에서 항문까지 배에 칼집을 넣어 내장을 분리한다.

5 검은 막을 깨끗하게 씻어 낸다.

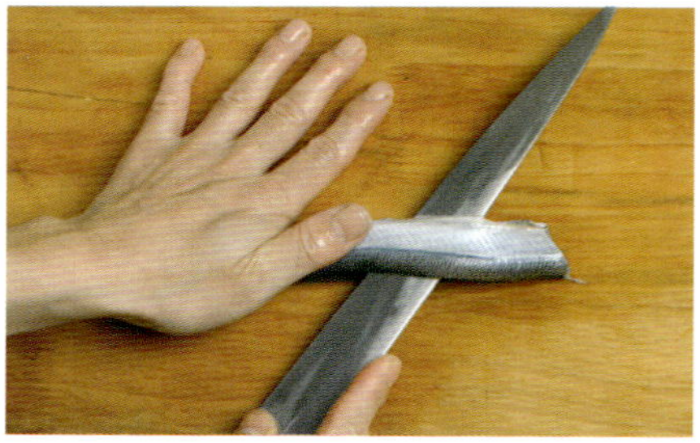

6 머리 쪽에서 꼬리 쪽으로 한 번에 포를 뜬다.

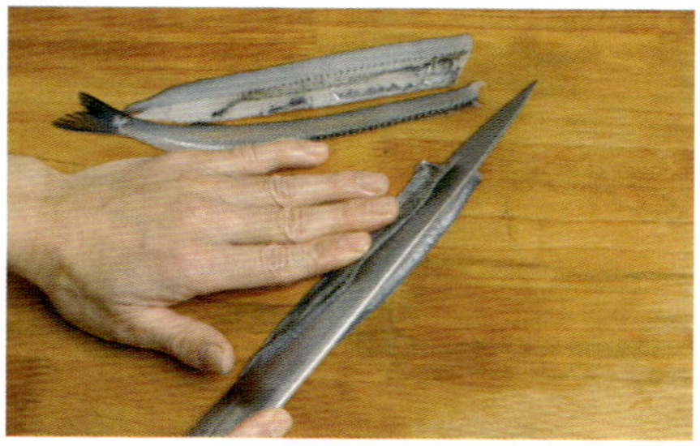

7 잔가시(갈비뼈)를 도려 낸다.

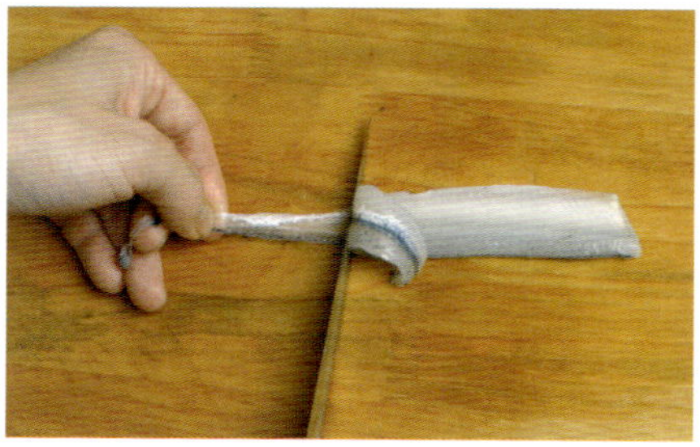

8 꼬리 쪽 살에 살짝 칼집을 넣고 칼등으로 밀어 껍질을 완전히 분리한다.

농어 손질법

1 비늘칼로 꼬리 쪽에서부터 머리 쪽으로 비늘을 깨끗이 긁어 낸다.

2 가맛살부터 항문까지 배 부분에 칼집을 길게 넣어 배를 가른다.

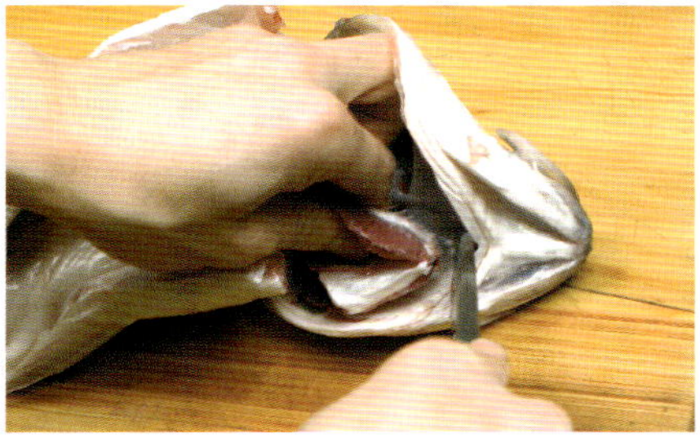

3 아가미와 턱밑에 붙어 있는 부분을 칼끝으로 분리한다.

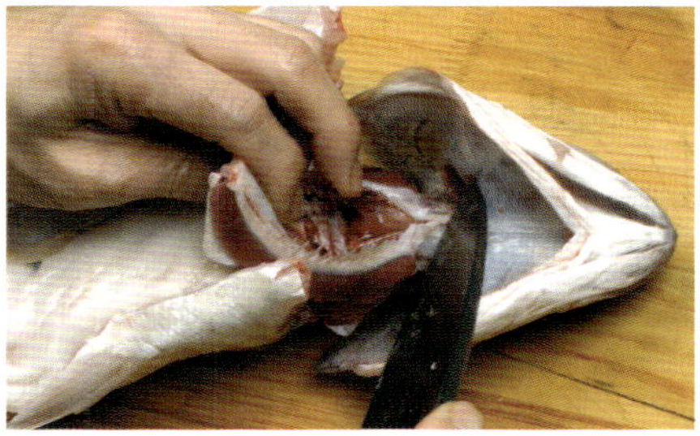

4 아가미와 안쪽의 살이 붙어 있는 부분을 떼어 낸다.

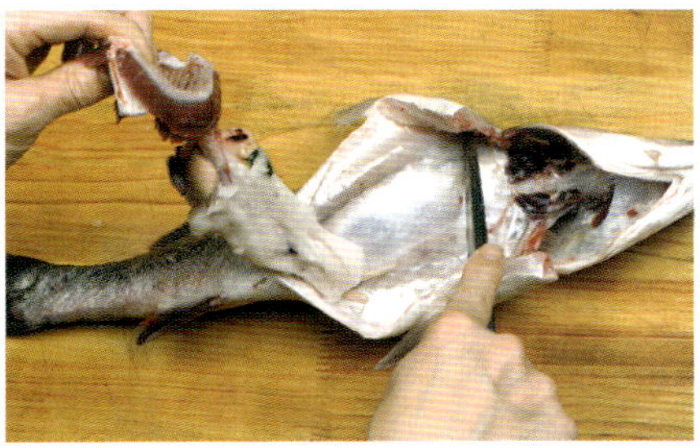

5 왼손으로 아가미를 잡고 오른손으로는 칼로 머리 쪽 뼈를 누르면서 아가미와 내장을 분리한다.

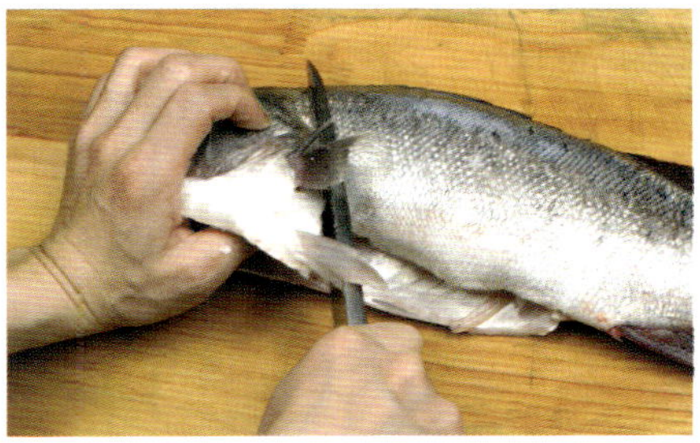

6 옆 지느러미와 배지느러미 밑으로 칼집을 넣는다.

7 반대쪽도 옆 지느러미와 배지느러미 밑으로 칼집을 넣어 머리를 잘라 낸다.

8 등 쪽의 가운데 뼈 위로 칼집을 넣어 오로시 한다.

9 몸을 반대로 돌려 배 쪽에 칼집을 넣고 중앙 뼈와 꼬리 쪽 살 사이로 칼을 넣는다.

10 왼손으로 꼬리 쪽 살을 움켜쥐고 오른손의 칼로 몸체를 잡고 살을 분리한다.

11 칼날을 반대로 하여 갈빗살과 뼈의 연결 부위에 칼집을 넣는다.

12 뼈에 칼날을 바짝 붙여 갈비뼈를 도려 낸다.

13 살을 얇게 떠낸다.

14 청주와 레몬즙을 넣은 얼음물에 얇게 뜬 농어회를 넣고 젓가락으로 휘저어 조직을 수축시킨다(농어 아라이 만들기).

15 깨끗한 행주로 물기를 제거한다.

Tip

농어는 머리 쪽의 중앙 뼈가 매우 단단하고 강하므로 중앙 뼈까지 칼집을 넣고 10과 같이 손으로 분리한다.

병어 손질법

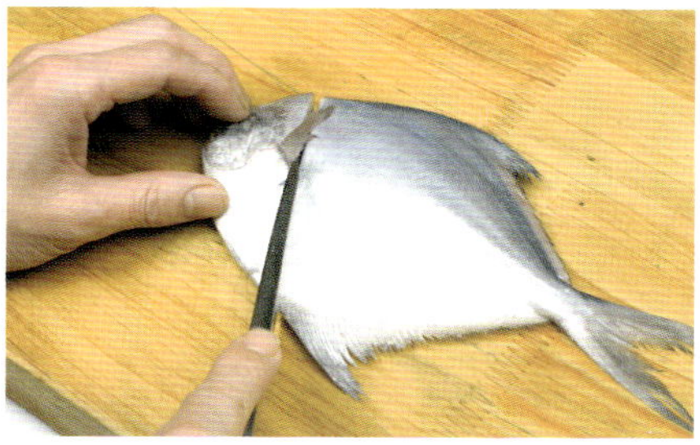

1 데바칼 끝을 90˚로 세워서 꼬리 쪽에서 머리 쪽으로 비늘을 긁어 제거한다.

2 머리 옆 지느러미 바로 밑으로 칼을 넣어 머리를 자르고 머리와 내장, 살을 분리시킨다.

3 세고시(뼈째 썰기)용이나 구이용으로 옆 지느러미를 잘라 낸다.

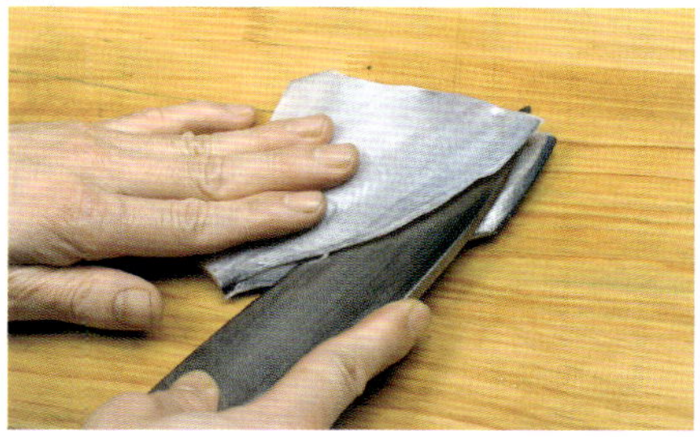

4 옆면으로 칼을 넣어 오로시한다.

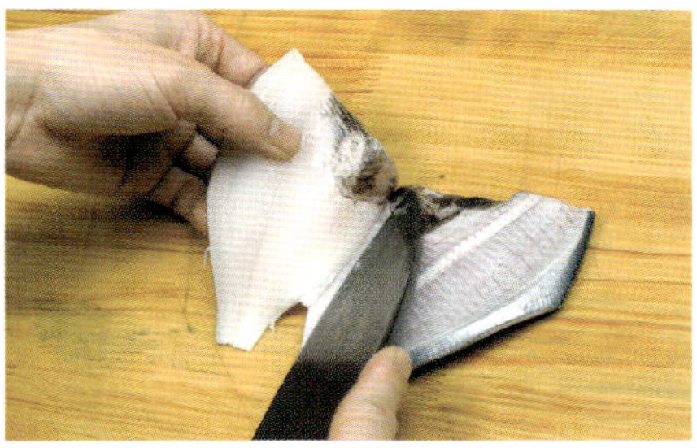

5 2장 뜨기 한 병어

6 갈비뼈를 도려 낸다.

Tip

병어는 중앙 뼈가 매우 약해서 칼이 뼈 밑으로 들어가 밑쪽의 살까지 파고들어갈 수 있으므로 주의해야 한다.

전갱이 손질법

1 등 한가운데의 한 줄의 비늘을 칼날을 이용해서 꼬리 쪽에서 머리 쪽으로 벗겨 낸다.

2 턱과 아가미가 붙어 있는 막을 분리한다.

3 아가미와 내장을 몸체에서 분리한다.

4 배 쪽의 불순물을 깨끗이 씻어 낸다.

5 2장 뜨기를 한다.

6 반대쪽의 살도 오로시한다.

고등어 손질법

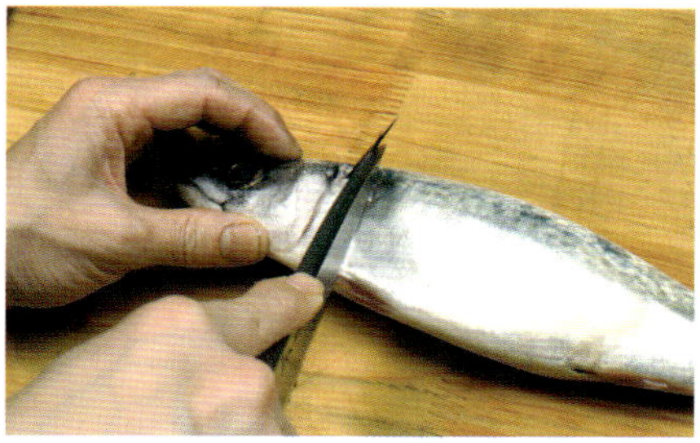

1 데바칼 끝을 90˚로 세워서 고등어의 꼬리 쪽에서 머리 쪽으로 비늘을 긁어 제거한 후, 머리에 칼집을 넣어 머리를 잘라 낸다.

2 배 쪽 지느러미를 칼끝으로 뽑아 낸다.

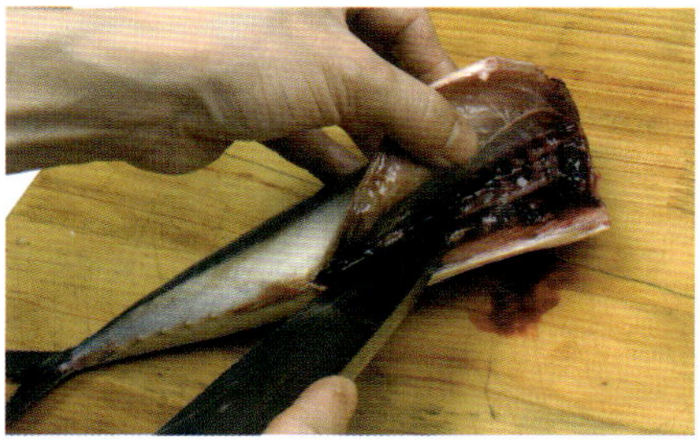

3 배 쪽의 내장과 불순물을 제거하고 깨끗이 씻어 낸다.

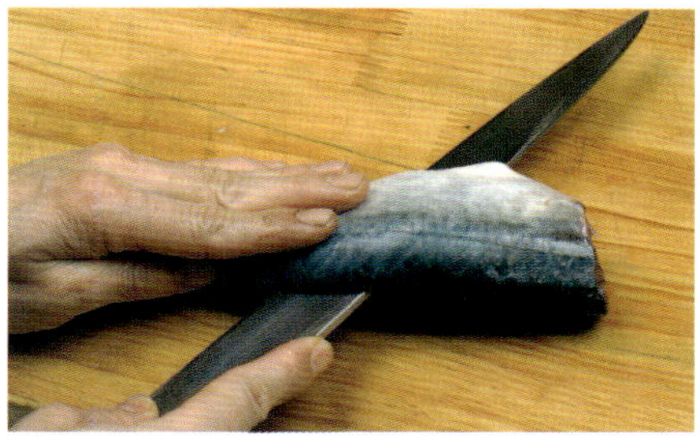

4 머리 쪽부터 꼬리 쪽으로 한 번의 칼질로 오로시한다.

5 반대쪽도 똑같이 한 번의 칼질로 오로시한다.

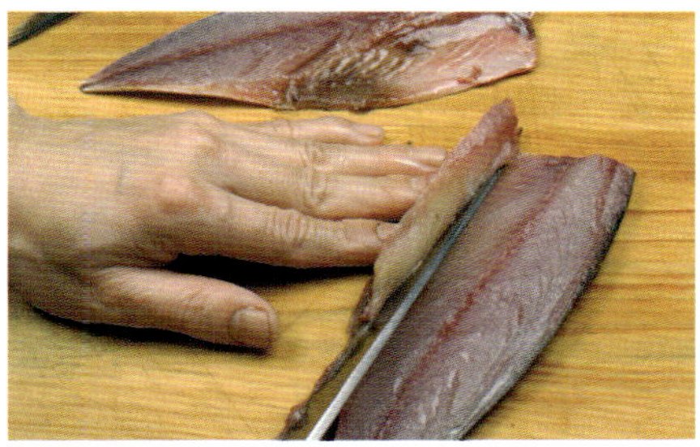

6 바 쪽의 갈비뼈를 도려 낸다.

7 소금에 절인 후 식촛물에 담근다.

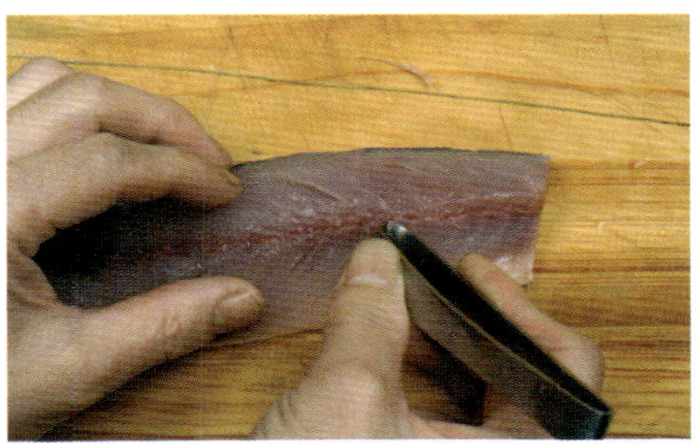

8 작은 가시 뽑기용 족집게로 중앙의 잔가시를 뽑아 낸다.

Tip

고등어는 살이 부드러워 깨지기 쉬우므로 한 번의 칼질(다이묘 오로시)로 오로시한다.

갈치 손질법

1 머리 쪽의 옆 지느러미 밑으로 칼집을 넣어 머리를 잘라 낸다.

2 꼬리 부분의 가는 부분을 잘라 낸다.

3 등지느러미 위쪽으로 칼끝을 조금 넣어 꼬리에서 머리 쪽까지 칼집을 넣는다.

4 갈치를 뒤집어 머리 쪽에서 꼬리 쪽까지 칼집을 넣는다.

5 칼끝으로 등지느러미를 잡고 갈치를 당겨 등지느러미 가시만 제거한다.

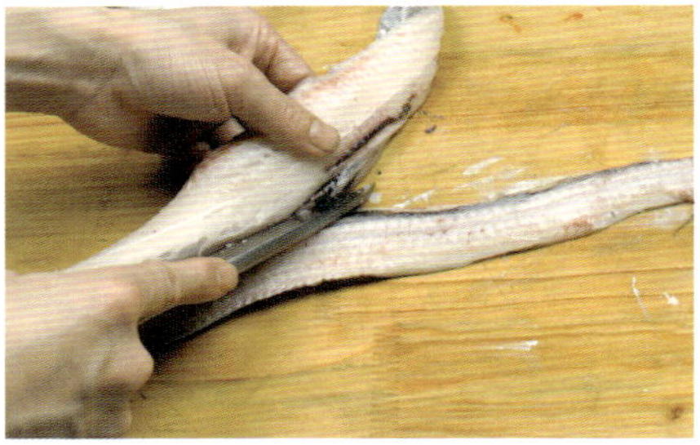

6 뼈를 완전히 제거할 경우 칼을 깊게 넣어 포뜨기를 한다.

붕장어 손질법

1 소금으로 표면의 점액질을 제거한 붕장어를 등이 위로 오도록 하여 도마에 올리고 머리를 송곳으로 고정시킨다.

2 머리의 지느러미 바로 밑부분에서 시작하여 중앙 뼈 위로 길게 칼집을 넣는다.

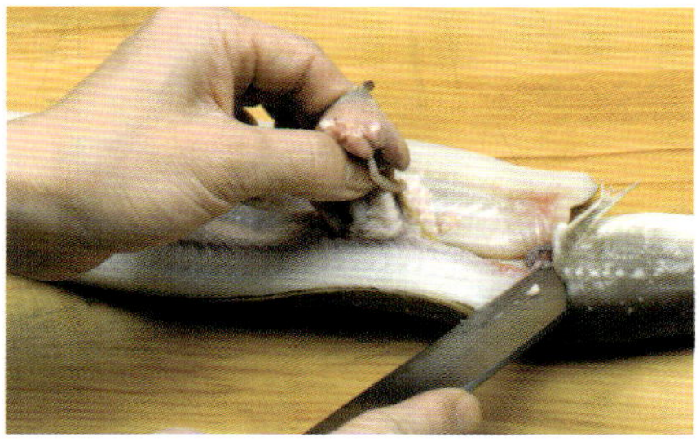

3 왼손으로 내장을 제거한다.

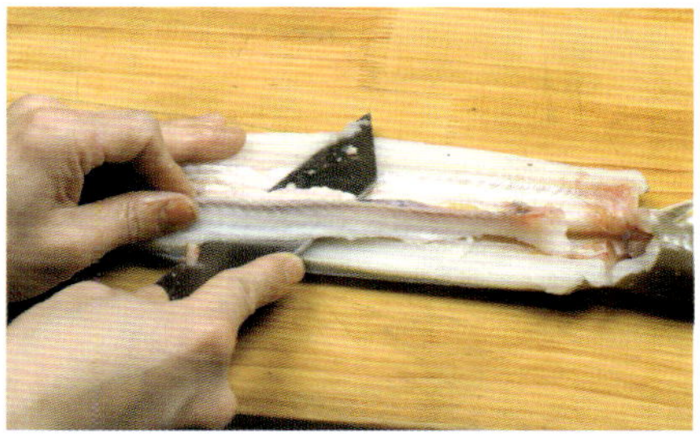

4 머리 쪽의 중앙 뼈를 끊고 뼈 밑으로 칼을 넣어 뼈를 잘라 낸다.

5 미끄러지지 않도록 왼손에 소금을 조금 묻힌 다음 꼬리를 잡고 옆 지느러미를 잘라 낸다.

6 중앙의 지느러미를 자르고 머리를 자른다.

갯장어 손질법

1 소금으로 표면의 점액질을 제거한 갯장어를 등이 위로 오도록 하여 도마에 올리고 머리를 송곳으로 고정시킨다.

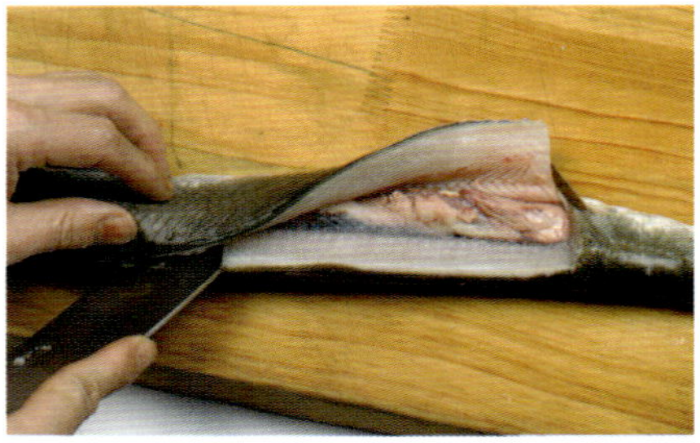

2 머리의 지느러미 바로 밑 부분에서 시작하여 중앙 뼈 위로 길게 칼집을 넣는다.

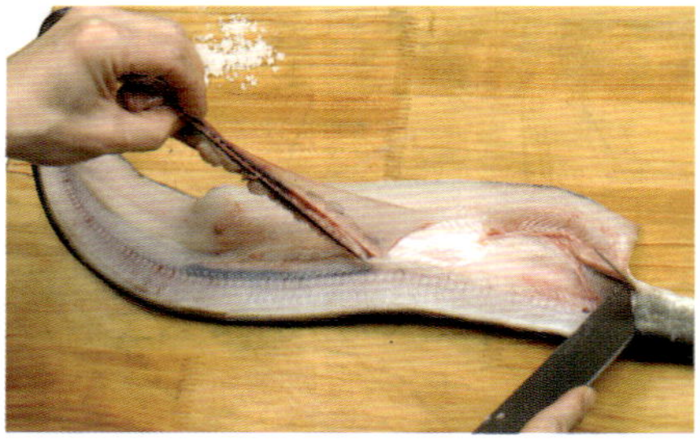

3 왼손으로 내장을 제거한다.

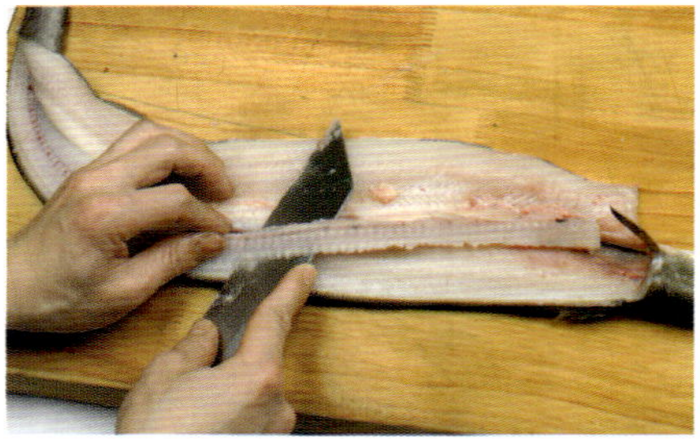

4 머리 쪽의 중앙 뼈를 끊고 뼈 밑으로 칼을 넣어 뼈를 잘라 낸다.

5 손질한 갯장어를 껍질이 도마에 닿도록 놓고 껍질 바로 밑까지 잔 칼집을 넣어 잔가시를 잘라 낸다.

6 잔 칼집을 넣은 부분에 붓으로 전분을 고루 묻히고 끓는 물에 살짝 데친다.

7 얼음물에 바로 식힌다.

갑오징어 손질법

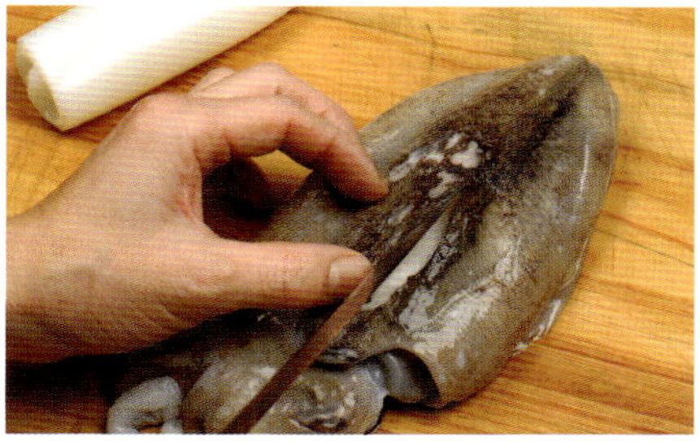

1 갑오징어의 등에 칼집을 넣는다.

2 등 쪽의 뼈를 제거한다.

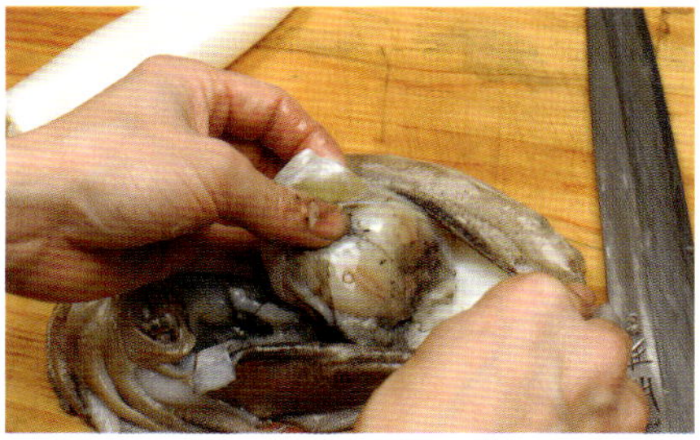

3 내장과 먹물이 터지지 않도록 내장과 몸통을 분리한다.

4 안쪽의 두툼한 부분을 잘라 낸다.

5 겉껍질과 살 사이에 엄지손가락을 넣어서 겉껍질을 밀어 낸다.

6 겉껍질을 분리한다.

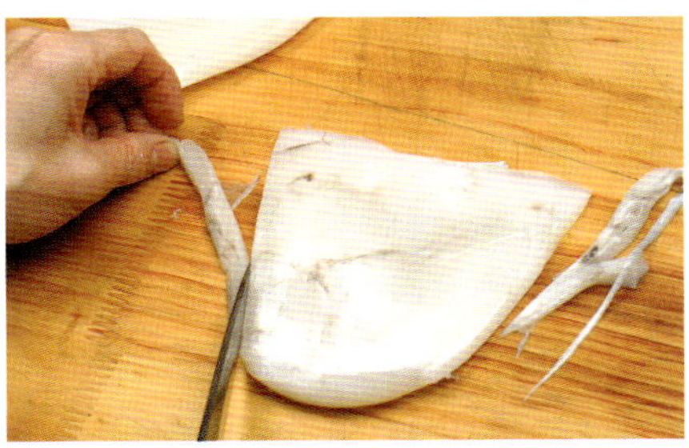

7 양 옆의 가장자리 살을 잘라 낸다.

8 끝부분의 살에 칼집을 2/3만 넣는다.

9 칼집을 넣은 부분을 뒤집어 밀면서 속껍질을 벗겨 낸 후, 반대쪽도 같은 방법으로 벗겨 낸다.

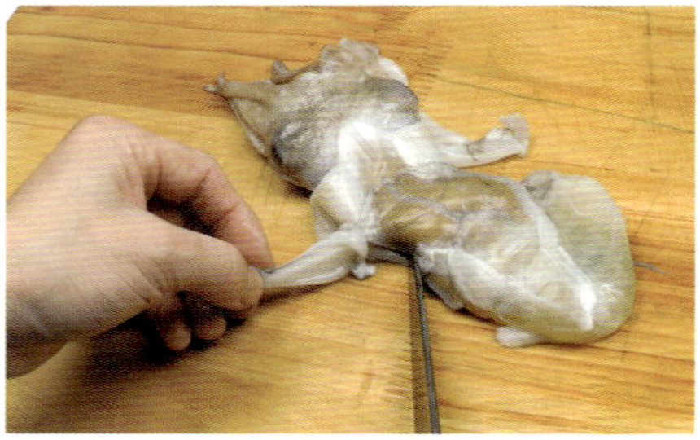

10 다리의 내장 옆의 살을 잘라 낸다.

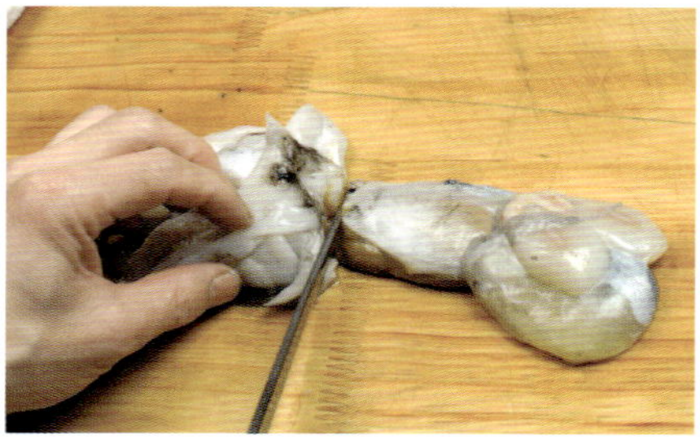

11 내장과 다리의 살을 분리한다.

12 다리의 중간에 칼집을 넣어 주둥이를 잘라 낸다.

13 다리를 양 옆으로 펼쳐 눈을 따낸다.

14 다리 쪽의 겉껍질을 벗겨 낸다.

15 소금을 뿌리고 주물러 먹물과 점액질을 제거한 다음 물에 씻는다.

피조개 손질법

1 피조개의 밑부분을 옆으로 비틀어 벌리거나 밑동의 약한 부분을 깨뜨린다.

2 조개 옆의 기둥을 잘라 낸다.

3 껍질을 분리한다.

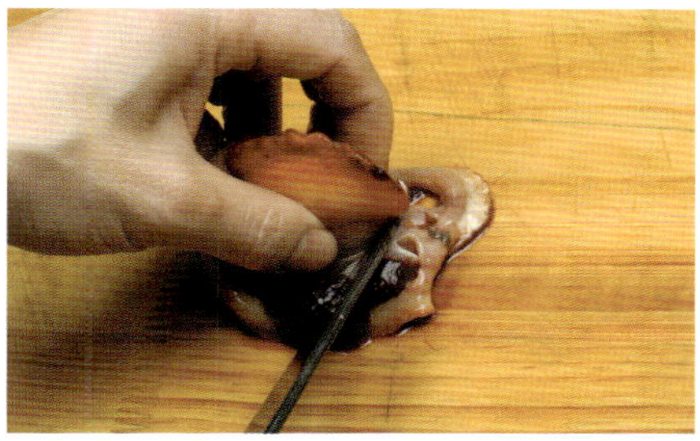

4 조개와 히모를 분리한다.

5 히모를 손질한다.

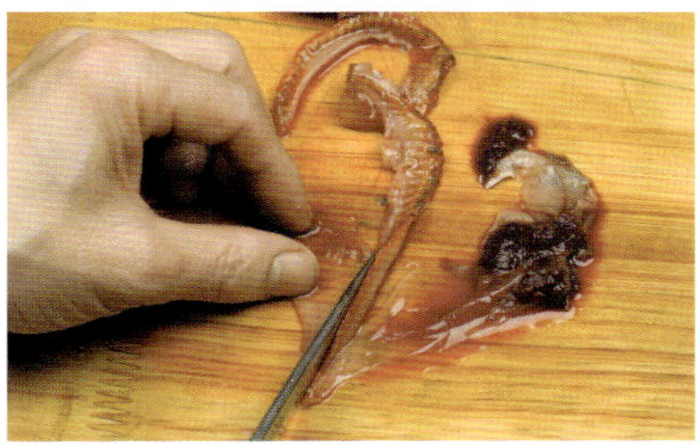

6 히모의 가장자리를 다듬는다.

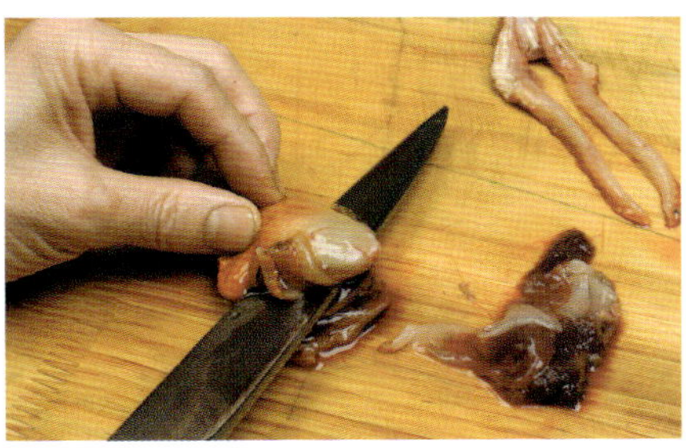

7 조갯살의 가운데 부분에 칼을 넣어 양쪽으로 벌려 준다.

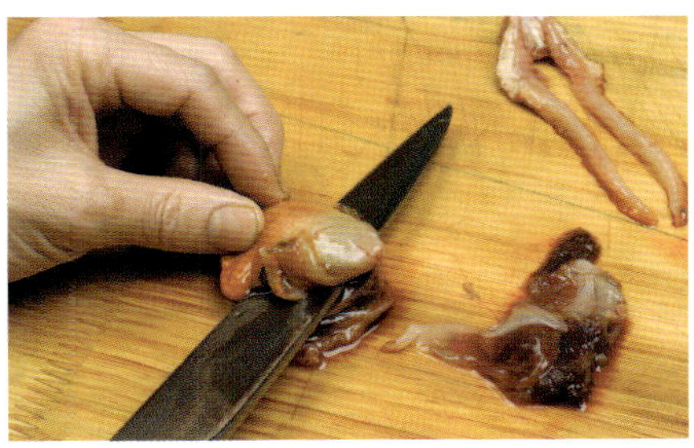

8 내장을 깨끗이 따낸다.

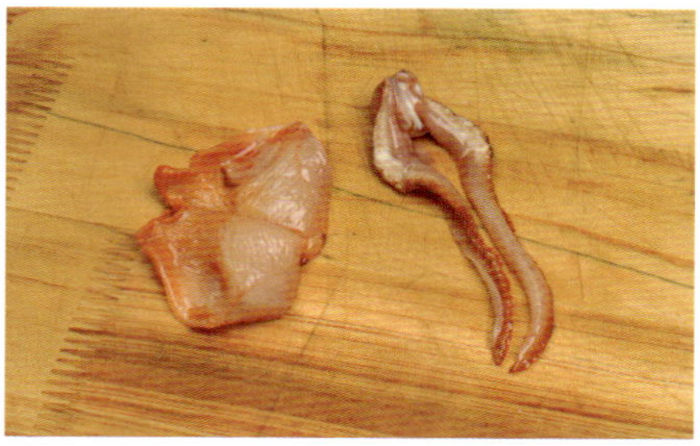

9 손질된 피조개 살과 히모

전복 손질법

1 주둥이와 표면에 소금을 뿌려 살을 수축시킨 후 밤솔로 표면의 점액질과 이물질을 깨끗이 씻어 낸다.

2 살과 껍질 사이에 강판의 손잡이나 조개 분리기를 껍질 쪽으로 바짝 붙여서 집어넣어 살과 껍질을 분리한다.

3 내장을 몸체와 분리한다.

4 내장의 모래집을 잘라 낸다.

가리비 손질법

1 조개껍질에 붙은 관자를 칼로 떼어 낸다.

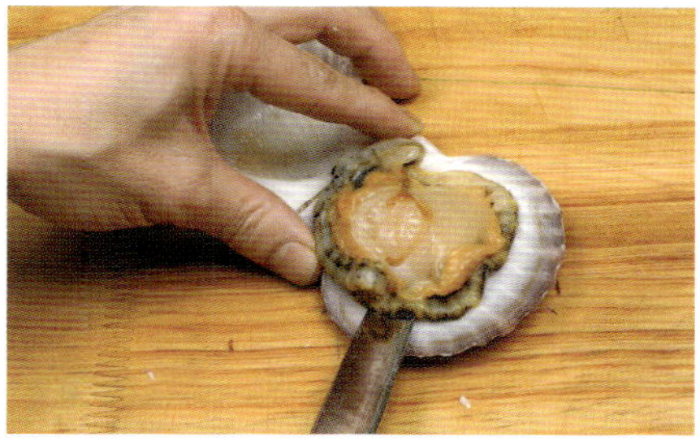

2 반대쪽에 붙은 관자도 떼어 낸다.

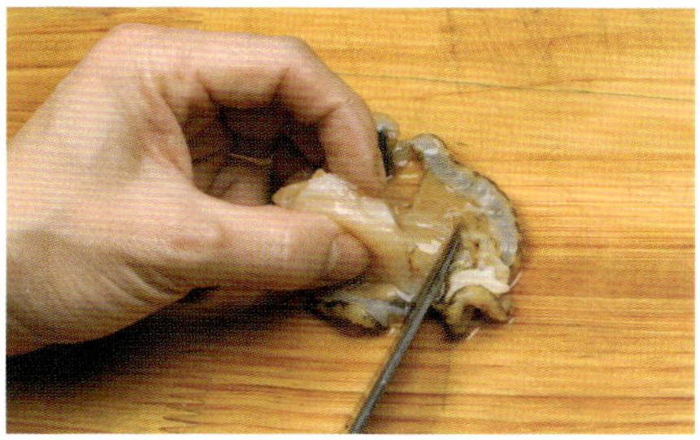

3 관자와 히모 등을 분리한다.

개불 손질법

1 배 쪽에 칼집을 넣어 갈라 준다.

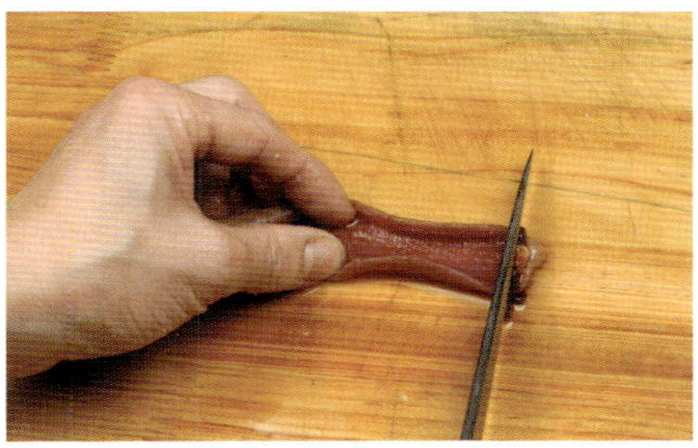

2 칼날로 안쪽을 긁어내면서 주둥이를 자른다.

3 반대쪽의 끝부분도 잘라 낸 다음 소금을 뿌리고 주물러 점액질을 제거한다.

Chapter 03
회석요리와 여러 가지 일본요리

1. 회석 요리

(1) 회석 요리의 개요

회석 요리는 연회용 요리로서 에도 시대부터 이용되었으며 본선 요리(本膳料理)를 개선한 것이라고 한다. 처음에는 한상 차림의 진행 방법으로 제공되었으나 차츰 변하여 현재와 같이 코스 형식으로 발달했으며, 이러한 요리 형식은 밥을 먹으려는 목적이 아니라 술을 마시기 위한 것이다. 조리 방법도 반찬과는 조금 다르게 간을 싱겁게 하고, 식사는 일반적으로 마지막에 된장국, 절임류(쓰케모노)와 함께 제공된다.

(2) 회석 요리의 구성 및 종류

고바치(小鉢), 쓰키타시(突出し)

회석 요리에서 가장 처음에 나오는 요리로서 일품일 때도 있고 이품, 삼품으로 내는 경우도 있다. 소량으로서 뒤에 계속 나오는 요리에 영향을 줄 수 있는 농후한 맛과 향이 강한 것은 바람직하지 않으며, 무침 요리나 진미를 조금 내기도 한다. 요리가 나오기 전 술안주의 의미가 있으므로 술맛과 조화를 이루도록 하는 것이 중요하다.

전채(前菜, 젠사이)

원래 일본 요리에는 없던 항목으로 다른 나라의 영향을 받아서 생겨났으며, 고바치와 더불어 식전에 내는 안주이다. 전채 그릇에 3가지, 5가지 등 홀수로 음식을 조금씩 담아낸다. 오늘날에는 가장 화려하게 기교를 부리는 부분으로 계절을 알 수 있는 식재료를 사용하며, 어류, 패류, 채소 등 재료가 중복되지 않고 조화를 이루어야 한다.

먹는 방법

진미나 전채 요리는 대개 작은 그릇에 담겨 있으므로 그릇을 손으로 들고 술과 교대로 먹는다.

맑은국(吸い物, 스이모노)

맑은국은 조리사의 요리 솜씨와 계절감을 어느 정도 응용했는지를 알 수 있는 요리로, 식기의 뚜껑을 열었을 때 코에 와 닿는 향, 계절적인 색의 아름다움, 담백한 맛이 특징이다. 밥을 먹기 위한 국물이 아니기 때문에 짜지 않아야 한다.

국의 3요소

- 주재료(椀種, 완타네) : 주재료를 말하며 담백한 맛의 흰살 생선이나 조개류, 가금류, 계란두부 등을 사용한다.
- 부재료(椀妻, 완쓰마) : 주재료와 조화를 이루고 색과 맛을 보완할 수 있는 재료를 말하며 채소, 버섯, 해초 등을 많이 사용한다.
- 향이 나는 재료(吸い口, 스이쿠치) : 계절의 향을 느낄 수 있는 재료를 말하며 산초잎, 유자 껍질, 미쓰바 등을 사용한다.

먹는 방법

왼손으로 그릇을 잡고 오른손으로 뚜껑을 열어 오른쪽에 놓는다. 국물에 떠 있는 산초잎, 유자 껍질 등을 젓가락으로 자기 앞으로 가볍게 끌어당기듯 하여 계절의 향기를 만끽한다. 국물을 한 모금 마신 다음 건더기를 젓가락으로 집어 먹고 다시 국물을 마시는 방법으로 국물과 건더기를 교대로 먹는다.

생선회(刺身, 사시미)

생선회는 관동 지방에서는 사시미, 관서 지방에서는 쓰쿠리(造り)라고 부르며, 일본 요리를 대표하는 가장 전형적인 요리이다. 신선한 생선과 조개류 등을 그대로

사용하며, 아름답고 품격이 있는 요리라고 할 수 있다.

먹는 방법

생선회 옆에 곁들인 무갱이나 무순은 입 안의 생선 맛을 돋우어 주는 역할을 하므로 생선과 교대로 먹는다.

구이 요리(焼き物, 야키모노)

구이 요리는 굽는 방법이 가장 중요하지만 밑손질, 자르기, 꼬챙이 꿰기 등도 중요하다. 구이는 굽는 방법에 따라 크게 직접구이와 간접구이로 나누고, 양념 방법에 따라 소금구이, 양념구이, 된장구이 등으로 나눌 수 있다. 일반적으로 구이 요리는 센불에서 멀리 떨어져서 굽는데, 된장절임 구이나 간장 양념구이는 잘 타기 때문에 불을 조금 약하게 해서 오래 굽는 것이 좋다.

먹는 방법

생선구이는 왼쪽 아가미에서 꼬리 쪽으로 먹고, 윗부분을 다 먹고 나면 생선 중앙의 뼈를 젓가락으로 들어올려 옆으로 옮긴 후 밑부분의 살을 먹는다. 생선을 뒤집어서 먹지 않도록 주의한다.

튀김 요리(揚げ物, 아게모노)

튀김 요리는 고온의 기름에 재료를 익히는 것이다. 단시간에 익히므로 재료의 영양분과 맛이 밖으로 빠져나가지 않고 수분만 증발하여 바삭하게 튀겨진다.

조림 요리(煮物, 니모노)

재료를 다시나 물에 양념과 같이 넣고 가열하여 부드럽고 소화되기 쉽게 하거나 맛있게 변화시키는 조리법이다. 썰기, 굽기와 같은 여러 가지 조리 작업과 비교했을 때 가장 앞자리에 놓이는 기술로서, 간단하지만 재료 하나하나의 특성을 파악하는 안목, 그 특성에 따라 조리는 방법이나 간을 하는 방법 등을 결정하는 심오한 지식이 필요하다.

먹는 방법

그릇을 손으로 들고 먹으며, 그릇의 뚜껑을 덜어 먹는 접시로 사용하거나 국물이 없는 경우 직접 젓가락으로 먹는다.

찜 요리(蒸し物, 무시모노)

수증기를 매개체로 재료를 가열 조리하는 방법으로, 재료의 형태가 살고 재료가 가지고 있는 맛과 영양이 밖으로 흘러 나가지 않는다는 것이 특징이다.

먹는 방법

뚜껑이 있는 그릇을 사용하며, 젓가락으로 재료를 저어 가며 깨뜨려 먹는다.

초회(酢の物, 스노모노)

제철의 어패류와 야채를 여러 종류의 초로 무치는 초회는 신맛이 식욕을 촉진하고 입 안을 개운하게 해 주므로 고바치나 젠사이 또는 식사의 앞에 제공한다. 주요리는 아니지만 메뉴의 중간에 위치하여 앞뒤 요리의 균형을 맞추는 역할을 하기도 한다.

먹는 방법

대개 그릇을 손으로 들고 먹는다. 초회는 작은 그릇에 담아 나오는데, 한 번에 먹지 않고 두세 번에 나누어 먹는다.

식사(御飯, 고항)

회석 요리 마지막의 실제적 코스인 식사의 기본은 흰밥이지만, 식사류는 다른 메뉴와 비교했을 때 화려한 인상이 부족하기 때문에 고객의 만족감을 높이기 위해 버섯밥, 죽순밥, 죽류, 오차즈케, 초밥 등을 내기도 한다.

먹는 방법

밥과 된장국, 절임이 함께 제공된다. 밥그릇은 왼손에 들고 먹으며, 상 위에 그릇을 놓고 먹는 것은 예의에 어긋난다. 밥이 모자랄 때에는 밥을 더 달라는 표시로 밥그릇에 한 숟가락 정도 밥을 남겨 두고, 밥을 남기지 않고 먹어 버리면 오차를 달라는 의미이다.

마지막 국물(止椀, 도메완)

밥을 먹기 위한 국물로서 일반적으로 된장국(味噌汁)인데, 된장국일 때는 안에 넣는 건더기를 양념해도 된다. '도메완'이란 끝났다는 것을 의미한다.

절임(香の物, 고우노모노)

밥, 된장국과 같이 제공되는 반찬으로 단무지, 된장절임, 가지절임, 오이절임 등을 3~4가지를 담아낸다.

과일(果物, 구다모노)

멜론, 사과, 배, 감 등 계절 과일을 사용하나 양갱, 셔벗, 아이스크림 등을 내기도 한다.

먹는 방법

감이나 포도같이 씨가 있는 과일은 종이 냅킨을 접어 입 가까이에 대고 씨를 뱉고, 다 먹은 후에는 종이에 싸서 접시 위에 놓는다. 멜론이나 수박은 한 입 크기로 잘라 먹는다.

고바치(小鉢)

갑오징어 낫토무침

烏賊納豆和え
いかなっとうあえ
이카낫토우아에

재료

낫토 30g, 갑오징어 20g, 실파 10g, 와사비 5g, 무순 5g, 진간장 1/3작은술

만드는 법

1 갑오징어는 밑손질을 한 후 속껍질을 제거하고 얇게 포를 떠서 가늘게 채 썰어 놓는다.
2 낫토는 발효가 잘된 것을 준비하여 칼로 가볍게 다진다.
3 실파는 파란 부분만 송송 썰어 물에 살짝 헹궈 매운맛을 제거한 후 체에 걸러 놓는다.
4 와사비는 찬물을 넣어 젓가락으로 개어 놓는다.
5 낫토를 볼에 담고 나무젓가락으로 한쪽 방향으로 저어 주어 균사가 많이 나오도록 하고 갑오징어와 실파, 와사비, 진간장을 넣어 잘 섞는다.
6 그릇에 담고 위에 무순을 가지런히 올린다.

전채(前菜)

1. 은어 간장조림
2. 곶감 크림치즈말이
3. 찹쌀떡 대나무 잎 묶음
4. 생선살 야채 찜
5. 훈제연어 봉서말이
6. 숭어알 어란
7. 매실 단조림
8. 생선 껍질 굳힘

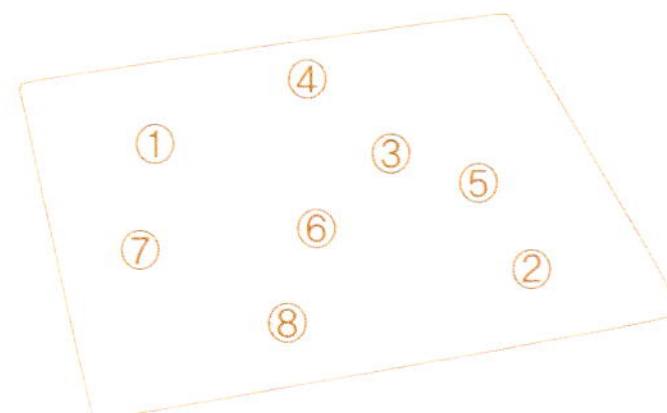

은어 간장조림

鮎正油煮、あゆしょゆに、아유쇼유니

재료

은어 5마리, 미림 500cc, 청주 500cc, 진간장 20cc, 설탕 50g

만드는 법

1 은어는 한 번 구운 다음 큰 냄비에 가지런히 펼쳐 놓고 그 위에 무거운 그릇을 올려 움직이지 않게 고정시킨다.
2 설탕, 간장, 미림, 청주를 넣고 약한 불에서 3~4시간 동안 조린다.
3 거의 조려지면 국물을 은어 위에 끼얹어 가면서 국물이 거의 없어질 정도까지 조린다.

찹쌀떡 대나무 잎 묶음

餅竹の皮包、もちたけのかわつつみ
모치타케노가와쓰쓰미

재료

찹쌀가루, 대나무 잎

만드는 법

1 찹쌀가루에 물을 조금씩 넣어 섞어 가면서 농도를 조절한다.
2 설탕을 조금 넣고 반죽한 다음 찜통에 넣고 10분간 찐다.
3 묶기 좋게 자른 대나무 잎 안에 찹쌀떡을 넣고 끈으로 만다.

곶감 크림치즈말이

干柿クリームチーズ巻
ほしがきとクリームチーズまき
호시가키토구리무치즈마키

재료

곶감 5개, 크림치즈 200g, 눈꽃 다시마 2장

만드는 법

1 곶감은 손질한 후 곱게 갈아서 사각 막대 모양으로 만들어 놓는다.
2 크림치즈는 사각 모양으로 자른다.
3 눈꽃 다시마를 깔고 곶감과 크림치즈가 서로 교차되게 놓은 다음 김발로 말아 준다.

생선살 야채찜

擂り身野菜蒸し、すりみやさいむし
수리미야사이무시

재료

생선살 간 것 50g, 두부 20g, 청피망 10g, 당근 10g, 호박 10g
산마 10g, 새웃살 그물 1/2장, 매실 과육 소량

만드는 법

1 생선살 간 것과 산마를 넣고 곱게 갈아 준다.
2 야채(당근, 호박, 청피망)는 잘게 다져 놓는다.
3 두부는 찐 다음 물기를 제거하고 소금으로 간을 하여 체에 내린다.
4 1, 2, 3을 잘 섞어 준다.
5 랩을 깔고 새웃살 그물을 놓은 후 4를 넣고 말아 10분간 찐다.
6 식은 후 먹기 좋게 잘라 가운데에 매실 과육을 점찍듯이 올린다.

훈제연어 봉서말이

燻製の鮭奉書巻き
くんせいのさけほうしょまき
군세이노사케호우쇼마키

재료

훈제연어, 무 100g
단식초(물 200cc, 설탕 70g, 식초 100cc)

만드는 법

1 훈제연어를 사각형으로 자른다.
2 무는 돌려 깎기 하여 소금물에 절였다가 단식초에 담가 둔다.
3 무를 꺼내어 물기를 제거한 다음 훈제연어를 말아 준다.
4 먹기 좋은 크기로 썬다.

매실 단조림

梅甘路煮, うめかんろに, 우메칸로니

재료

완숙 매실 100g, 설탕 100g, 물 300cc

만드는 법

1 시럽의 농도보다 묽게 물과 설탕을 섞고 매실을 넣어 끓인다.
2 식힌 후 병에 넣어서 사용한다.

숭어알 어란

唐墨, からすみ, 가라스미

재료

숭어알 200g, 소금 500g, 참기름 100cc

만드는 법

1 숭어알은 얇은 막이 터지지 않도록 조심스럽게 꺼내어 표면의 실핏줄을 제거하고 깨끗이 씻는다.
2 쟁반에 수북이 펼쳐 놓은 소금 위에 숭어알을 놓고 숭어알 위에도 소금을 수북이 뿌려 하룻동안 재워 놓는다.
3 숭어알을 물에 담가 소금기를 뺀 다음 물기를 제거한다.
4 공기가 통하는 사각 바구니에 숭어알을 올려놓고 붓으로 참기름을 고루 바른다.
5 얇은 피막이 들뜨지 않도록 하루에 3~4번씩 참기름을 발라 주면서 건조시킨다.

생선 껍질 굳힘

魚皮煮凝, さかなかわにこごり
사카나가와니코고리

재료

복껍질 100g, 실파 10g, 생강 10g, 가쓰오다시 2컵, 젤라틴 6장

만드는 법

1 복껍질을 끓는 물에 데치고 찬물에 헹궈 식혀 굳힌 후 물기를 제거하고 가늘게 잘라 준다.
2 찬물에 젤라틴을 넣고 흐물흐물하게 녹인다.
3 스이지(맑은국 국물)보다는 조금 진하게 간을 맞춘 가쓰오다시에 젤라틴과 복껍질을 넣고 약한 불에서 5분 동안 끓인다.
4 생강은 가늘게 채 썰어 물에 헹궈 놓고, 실파는 곱게 채 썰어 놓는다.
5 굳힘틀에 3을 붓고 50℃ 정도로 식으면 생강채와 실파를 고루 펼쳐 놓는다.
6 냉장고에서 완전히 굳혀 먹기 좋은 크기로 썰어 낸다.

맑은국(吸い物)

도미 맑은국

鯛吸い物
たいすいもの
다이스이모노

재료

도밋살 50g, 차새우 1마리, 실파 1뿌리, 대나뭇결 다시마 10g, 가쓰오다시 1컵
유자 껍질, 매실 과육, 전분 소량

만드는 법

1 손질한 도밋살은 껍질을 바닥 쪽으로 놓고 사시미 칼로 껍질이 잘리지 않게 껍질 바로 위까지 2mm 두께로 칼집을 넣고, 도밋살 사이사이에 요리용 붓으로 전분을 얇게 바른다.
2 차새우는 머리를 떼어 내고 등 내장을 제거하며, 등 쪽에 절반만 칼집을 넣고 뒤집어 꼬리침으로 머리 쪽을 꽂고 붓으로 전분을 얇게 바른다.
3 실파는 끓는 물에 데친 다음 찬물에 헹궈 푸른 부분만 5cm 길이로 잘라 놓는다.
4 유자 껍질은 노란 부분만 아주 가늘게 채 썰어 놓는다.
5 냄비의 물이 끓어오르면 불을 줄인 후 소금과 전분을 조금 뿌려 넣고 도밋살과 차새우를 넣어 익힌다.
6 가쓰오다시를 불에 올려 끓으면 간장으로 색을 내고 소금으로 간을 하며 청주를 넣는다.
7 국그릇에 도밋살과 차새우를 하나씩 넣고 도밋살 위에 젓가락으로 선홍색 매실을 조금만 찍어서 놓으며, 도밋살 옆에 다시마를 조금 찢어 넣고 실파와 유자 껍질을 올린다.
8 6의 국물을 내용물이 흐트러지지 않게 8부 정도 부어서 낸다.

생선회(刺身)

두 종류의 생선회

재료

붉은살 참치 60g, 갯장어 50g, 레디쉬 1개, 오이 20g

만드는 법

1 붉은살 참치는 사방 3cm의 막대 모양으로 썰어 끓는 물에 넣었다 바로 꺼내어 얼음물에 담가 식힌 후 마른 행주에 싸 놓는다.
2 갯장어는 손질하여 껍질이 도마 쪽으로 가도록 놓고 칼로 껍질이 잘리지 않을 정도로 깊고 가늘게 칼집을 넣은 다음, 끓는 물에 넣었다 바로 꺼내어 얼음물에 담가 식힌 후 마른 행주에 싸 놓는다.
3 오이는 돌려 깎기 하다가 가운데 씨 부분이 나오면 그대로 멈추고 2mm 폭으로 썬다.
4 레디쉬는 1mm 이하의 두께로 둥글게 썰어 물에 헹궈 놓는다.
5 참치를 깍두기 모양으로 3등분해서 흰 부분과 붉은 부분이 조화를 이루도록 밑에 2쪽, 위에 1쪽을 그릇에 담는다. 그 앞에 준비한 갯장어 데침 회를 놓고 오이와 레디쉬로 장식한다.

구이 요리(焼き物)

은어 소금구이

鮎塩焼き
あゆしおやき
아유시오야키

재료

은어 2마리, 연근 30g, 어린 생강 뿌리 1개, 자소 5장, 매실 과육, 소금 소량
단식초(물 200cc, 설탕 70g, 식초 100cc)

만드는 법

1 은어는 지느러미에 소금을 고르게 발라 꼬챙이에 끼우고 돌려 가며 노릇노릇하게 굽는다.
2 연근은 절반을 갈라 둥글게 돌려 깎고 단식초에 담가 맛을 들인다.
3 자소는 가늘게 채 썰어 180℃의 기름에 바삭하게 튀겨 놓는다.
4 그릇에 구운 은어를 놓고 앞에 연근과 튀긴 자소, 어린 생강 뿌리로 장식한 후 연근 위에 매실 과육을 조금 묻힌다.

재료

붕장어 100g, 우엉 80g, 두릅 1개, 새웃살 그물 1장, 적피망 20g

만드는 법

1 붕장어는 밑손질을 하여 등 쪽을 뜨거운 물에 데치고 점액질을 칼등으로 긁어낸다.
2 우엉은 칼등으로 겉껍질을 벗긴 다음 세로로 잘라 간장과 미림을 넣고 조린다.
3 붕장어 안쪽에 잔 칼집을 넣어 펼치고 속에 우엉 조린 것을 넣어 둥글게 말아 이쑤시개로 고정시킨다.
4 두릅은 딱딱한 밑동을 잘라내고, 피망은 삼각형으로 썰어 물에 씻은 다음 물기를 제거한다.
5 찬물에 박력분과 달걀노른자를 넣어 튀김옷을 만들어 둔다.
6 새웃살 그물은 160℃의 기름에 튀겨 모양을 잡아 준다.
7 붕장어는 튀김옷을 입혀 튀기고, 두릅은 밀가루를 살짝 묻힌 다음 튀김옷을 입혀 튀기며, 피망은 색이 변하지 않게 기름에 넣었다 바로 건진다.
8 그릇에 새웃살 그물 튀긴 것을 깔고 위에 붕장어튀김을 3등분하여 놓은 다음, 두릅과 피망 튀긴 것으로 장식한다.

튀김 요리(揚げ物)

붕장어 우엉말이 튀김과 두릅튀김

穴子牛蒡巻揚げ
あなごごぼうまきあげ
아나고고보우마키아게

조림 요리(煮物)

해삼 새웃살말이 조림

干し生子海老巻煮
ほしなまこえびしんじょうまきに
호시나마코에비신조우마키니

재료

새웃살 60g, 건해삼 100g, 두릅 1개, 백합 뿌리 꽃잎 20g, 산마 10g
앙소스(가쓰오다시 10 : 미림 1 : 간장 1의 비율로 넣고 끓여서 약간 흐를 정도의 농도로 전분을 풀어 준다.)

만드는 법

1 건해삼은 5일간 끓였다 식혔다 해서 불려 놓는다.
2 새우는 껍질과 등 내장을 제거한 후 소금을 조금 넣고 가볍게 주물러 불순물을 제거한다.
3 산마는 껍질을 제거하여 새우와 함께 곱게 갈아 놓는다.
4 손질한 해삼의 물기를 제거한 다음 안쪽에 전분을 가볍게 뿌리고 갈아 놓은 새우와 산마를 채워 넣어 10분간 찜통에 찐다.
5 두릅은 살짝 데쳐 니모노다시로 간을 들여 놓는다.
6 4를 먹기 좋은 크기로 썰어 그릇에 담고 두릅과 백합 뿌리 꽃잎을 보기 좋게 장식한 후 앙소스를 만들어 끼얹는다.

재료

갑오징어 30g, 갑오징어 다리 20g, 문어 30g, 개불 20g, 갈래곰보 10g, 레몬 1/8개
니하이스(가쓰오다시 300cc, 간장 100cc, 식초 100cc를 살짝 끓였다 식힌다.)

만드는 법

1 갑오징어는 깨끗이 손질하여 속껍질을 벗겨 놓는다.
2 갑오징어 다리는 소금을 넣고 주물러 씻은 후 끓는 물에 데쳤다 식혀 놓는다.
3 문어는 빨판은 소금을 뿌려 깨끗이 문질러 씻은 후, 녹차를 조금 넣은 끓는 물에 삶아 놓는다.
4 갈래곰보는 소금기를 제거하여 짜지 않게 준비한다.
5 개불은 손질하고 소금을 뿌려 깨끗이 문질러 씻은 다음 잘라 놓는다.
6 준비된 재료를 그릇에 예쁘게 담고 레몬을 곁들이며, 니하이스를 뿌려서 낸다.

초회(酢の物)

모듬초회

酢の物盛り合せ
すのものもりあわせ
스노모노모리아와세

식사(御飯)

고등어 초밥

鯖寿司
さばずし
사바즈시

재료

고등어 1마리, 희고 얇은 다시마 1장, 초밥 100g, 소금 1컵, 식초 1컵, 와사비 5g
레디쉬 1개

만드는 법

1 고등어는 밑손질을 하여 3장 뜨기를 한다.
2 쟁반에 소금을 수북이 펼쳐 놓고 고등어를 껍질이 밑으로 가면서 겹치지 않게 놓은 다음, 고등어 위에도 소금을 수북이 뿌려 냉장고에 1시간 동안 넣어 둔다.
3 소금에 절인 고등어를 물에 씻어 식초가 담긴 용기에 껍질이 밑으로 가면서 위까지 고루 잠기도록 하여 20분간 담가 둔다.
4 고등어의 잔가시를 뼈뽑게로 뽑아내고 겉껍질을 벗기며, 살이 너무 두꺼운 부분은 얇게 잘라 놓는다.
5 김발에 얇은 다시마를 놓고 그 위에 다듬어 놓은 고등어를 껍질이 밑으로 가게 놓은 다음, 와사비를 바르고 초밥을 올려 사각으로 모양을 잡아 말아 준다.
6 그릇에 담고 레디쉬로 장식한다.

메뉴

고바치(小鉢)

큰실말 초무침

水雲酢和え
もずくすあえ
모즈쿠스아에

재료

염장 큰실말 30g, 나메코 10g, 팽이버섯 10g, 생강 5g
무침초(가쓰오다시 1/2컵, 식초 1큰술, 미림 1큰술, 진간장 1큰술)

만드는 법

1 염장 큰실말은 깨끗이 씻은 후 먹기 좋은 길이로 잘라 미지근한 물에 살짝 데친다.
2 팽이버섯은 밑동을 잘라 내어 가로로 3등분해서 갈라 놓고, 나메코는 체에 부어 찬물로 점액질을 약간 제거한 후 끓는 물에 살짝 데쳐 놓는다.
3 생강은 가는 실처럼 채 썰어 물에 헹궈 물기를 빼 놓는다.
4 무침 그릇에 1, 2, 3과 무침초 2큰술을 넣고 골고루 섞어 준다.

※ 염장품은 소금을 약간 넣은 미지근한 물에 헹구면 염분이 빨리 씻겨 나간다.

전채(前菜)

1. 전복 성게알찜
2. 붕장어 두부찜
3. 검은깨 감자 굳힘
4. 훈제연어 꽃
5. 매화형 계란 치즈

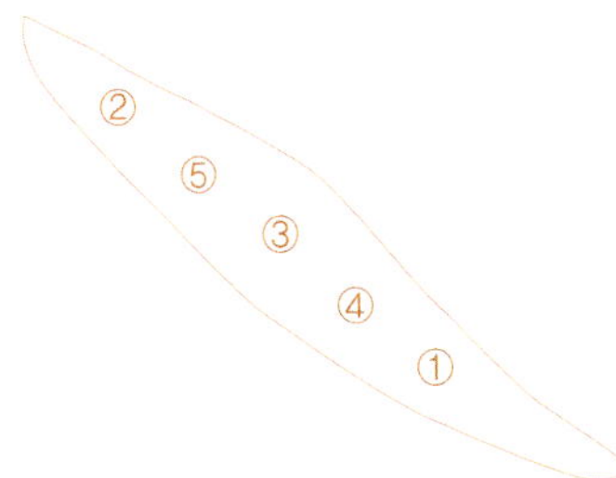

전복 성게알찜

鰒うに蒸し, あわびうにむし, 아와비우니무시

재료

전복 1개, 성게알 1팩, 곱게 다진 생선살 50g, 무 50g
조림 다시(물 300cc, 다시마 사방 5cm, 진간장 1큰술, 청주 1큰술, 소금 소량)

만드는 법

1. 전복은 깨끗이 손질하고, 무는 껍질을 벗기고 사방 2cm 크기로 잘라 가장자리를 다듬어 준다.
2. 조림 다시에 전복과 무를 넣고 불에 올려 끓어오르면 불을 줄여 약한 불에서 1시간 동안 삶는다.
3. 성게알은 김이 오르는 찜통에 넣고 10분간 찐다.
4. 곱게 다진 생선살에 소금, 청주를 넣어 부드럽게 하고 찐 성게알을 넣어 섞는다.
5. 전복을 식힌 다음 표면에 전분을 얇게 바르고 4를 그 위에 바른다.
6. 5를 10분간 찐다.

붕장어 두부찜

穴子豆腐蒸, あなごとうふむし
아나고토우후무시

재료

붕장어 1마리, 두부 1모, 오이 10g, 당근 10g, 호박 10g

만드는 법

1. 붕장어는 손질한 후 우마미 다시에 넣고 조린다.
2. 오이, 당근, 호박은 잘게 다져 놓는다.
3. 두부는 찐 다음 물기를 제거하고 소금으로 간을 하여 체에 내린다.
4. 2와 3을 잘 섞어 준다.
5. 랩을 깐 다음 붕장어와 4를 넣고 말아 10분간 찐다.

검은깨 감자 굳힘

黑胡麻馬鈴薯, くろごまじゃかいも, 구로고마자카이모

재료

검은깨 100g, 감자 50g, 한천 50g, 물 300cc, 소금, 청주 소량

만드는 법

1. 검은깨는 물과 함께 믹서에 곱게 간다.
2. 감자는 삶아 적당히 자르고 1과 함께 믹서에 간다.
3. 냄비에 물에 불린 한천과 2를 넣고 불에 올려 한천이 완전히 녹으면 팬에 넣어 굳힌다.

훈제연어 꽃

燻製鮭花, くんせいさけはな, 군세이사케하나

재료

훈제연어 50g

만드는 법

1. 훈제연어를 얇게 자른다.
2. 훈제연어를 3~4장 겹쳐서 꽃 모양을 만든다.

매화형 계란 치즈

梅型玉子チーズ, うめかたたまごチーズ
우메카타타마고치즈

재료

계란 10개, 크림치즈 100g, 설탕 10g, 젤라틴 8장

만드는 법

1. 계란을 삶아 노른자만 고운체에 내린다.
2. 크림치즈에 설탕과 젤라틴을 넣어서 굳힌다.
3. 굳힘틀에 2를 넣고 굳힌 다음, 1을 넣고 살며시 눌러 준다.
4. 굳은 다음 적당한 크기로 자르고 매화틀로 찍는다.

맑은국(吸い物)

이색 대합 맑은국

二色蛤吸い物
にしょくはまぐりすいもの
니쇼쿠하마구리스이모노

재료

대합 4개, 죽순 10g, 오이 5g, 당근 5g, 곱게 다진 생선살 30g, 다시마(사방 5cm) 1장
가쓰오다시 1컵, 매실 과육, 전분, 청주 소량

만드는 법

1 해감한 대합과 다시마에 물을 붓고 불에 올려 끓어오르면 다시마는 건져 내고, 대합이 익으면 살만 발라 잘게 다져 놓는다.
2 죽순은 빗살무늬 사이의 석회질을 제거하고 끓는 물에 살짝 데쳐 두께 2mm로 썰어 놓는다.
3 오이와 당근은 가로 1mm 두께로 썰어 씨 부분을 둥글게 파내고 끓는 물에 데쳤다가 찬물에 헹궈 둔다.
4 곱게 다진 생선살을 절반은 소금을 약간 넣어 분마기에 곱게 갈고, 나머지 절반은 매실 과육을 조금 섞어 분홍빛을 들인 다음 곱게 간다.
5 다진 대합은 물기를 제거하고 밀가루를 아주 조금만 넣고 반죽하여 마른 조개껍질에 채워 넣고, 표면에 4를 덧씌워 찜통에 10분간 찐다.
6 가쓰오다시를 불에 올려 끓으면 간장으로 색을 내고 소금으로 간을 하며 청주를 넣는다.
7 국그릇에 흰색 대합과 분홍색 대합을 하나씩 넣고, 죽순을 앞쪽에 세우고 오이와 당근은 고리 모양으로 끼워 올리며, 6의 국물을 내용물이 흐트러지지 않게 8부만 부어서 낸다.

생선회(刺身)

세 종류의 생선회와 피조개

三種類刺身
さんしゅるいさしみ
산슈루이사시미

재료

참치 뱃살 40g, 도밋살 30g, 갑오징어 20g, 피조개 20g, 무 100g, 무순 5g, 자소 2장
갈래곰보 10g, 와사비 5g

만드는 법

1 참치 뱃살은 소금물에 해동시켜 행주에 싸 놓는다.
2 도밋살과 갑오징어, 피조개는 깨끗이 밑손질을 해 놓는다.
3 무는 돌려 깎기 하고 가늘게 채 썰어 물에 헹궈 놓는다.
4 갈래곰보는 물에 헹궈 소금기를 제거하고 체에 받쳐 물기를 빼 놓는다.
5 무순과 자소는 물에 헹궈 놓는다.
6 그릇에 무로 만든 겡을 놓고 앞에 자소를 세운 다음, 참치 뱃살을 4mm 두께로 썰어 놓고 도미는 2장을 떠서 옆에 겹쳐 놓는다.
7 갑오징어는 가늘게 채 썰어 가지런히 앞쪽에 놓고, 피조개는 가늘게 십자로 칼집을 넣어 앞쪽에 담은 후 무순과 갈래곰보, 와사비를 곁들인다.

구이 요리(焼き物)

도미와 키조개 소금구이

鯛と平貝塩焼き
たいとたいらがいしおやき
다이토다이라가이시오야키

재료

도밋살 100g, 키조개 30g, 어린 생강 뿌리 1개, 레몬 1/4개, 생강 20g, 소금 소량

만드는 법

1 도밋살에 소금을 약간 뿌려 둔다.
2 키조개는 손질하여 조개관자만 남기고 겉의 얇은 막을 제거한다.
3 도밋살 표면에 칼집을 넣어 노릇하게 굽는다.
4 키조개는 쇠꼬챙이에 꽂아 센불에서 노릇하게 굽는다.
5 생강은 돌려 깎기 하고 가늘게 채 썰어 물에 헹군 다음 물기를 제거하고 기름에 바삭하게 튀겨 낸다.
6 그릇에 구운 도밋살과 키조개를 담고 생강 뿌리와 레몬으로 장식하며, 앞쪽에 생강채 튀긴 것을 곁들인다.

튀김 요리(揚げ物)

새웃살 아스파라거스 말이튀김

海老アスパラガス巻揚げ
えびアスパラガスまきあげ
에비아스파라가스마키아게

재료

새웃살 60g, 아스파라거스 1개, 자소 2장, 연근 30g, 산마 10g

만드는 법

1 새우는 껍질과 등 내장을 제거한 후 소금을 조금 넣고 가볍게 주물러 불순물을 제거한다.
2 아스파라거스는 딱딱한 껍질을 필러로 얇게 깎아 낸 다음 끓는 물에 살짝 데쳐 찬물에 식힌다.
3 연근은 얇게 돌려 깎기 하여 물에 헹궈 놓는다.
4 산마는 껍질을 제거하여 새우와 함께 곱게 갈아 놓는다.
5 기름을 살짝 묻힌 비닐에 새웃살을 3mm 두께로 얇게 펼친 다음, 가운데에 아스파라거스를 놓고 둥글게 말아 준다.
6 박력분과 달걀노른자, 찬물을 섞어 튀김옷을 만든다.
7 5는 튀김옷을 입혀 튀기고, 자소는 뒷면에만 밀가루와 튀김옷을 차례로 살짝 묻혀 튀기며, 연근은 오그라들지 않게 펼쳐서 튀긴다.
8 새우 튀긴 것을 잘라 접시에 담고 튀긴 연근과 자소로 장식한다.

찜 요리(蒸し物)

매실 모양이 들어간 만두찜

梅饅頭蒸し
うめまんじゅうむし
우메만주무시

재료

우메만주 1개, 오쿠라 1개, 쇠귀나물 1개, 백합 뿌리 꽃잎 소량
앙소스(가쓰오다시 10 : 미림 1 : 간장 1의 비율로 넣고 끓여서 약간 흐를 정도의 농도로 전분을 풀어 준다.)

만드는 법

1 쇠귀나물의 뿌리를 모양 내어 깎아 간장, 미림을 넣은 가쓰오부시에 맛을 들여 놓는다.
2 오쿠라는 밑동을 자르고 끓는 물에 살짝 데쳐 놓는다.
3 우메만주는 찜통에서 7분간 찐다.
4 그릇에 만주와 쇠귀나물을 담고, 오쿠라는 색이 변하지 않게 뜨거운 앙소스에 잠깐 담갔다가 바로 만주 앞에 세우고 앙소스를 끼얹는다.
5 백합 뿌리 꽃잎을 조금 뿌려 준다.

초회(酢の物)

초된장을 곁들인 이색 새우초회

二色海老酢の物
にしょくえびすのもの
니쇼쿠에비스노모노

재료

차새우 2마리, 레디쉬 2개, 당근 30g, 무 30g, 식초 1큰술
초된장(흰 된장 100g, 미림 10cc, 청주 15cc, 달걀노른자 1개, 설탕 5g을 넣고 약한 불에서 되직하게 끓이고 겨자 갠 것 5g과 식초 15cc를 넣는다.)

만드는 법

1. 차새우는 허리가 휘지 않도록 이쑤시개를 다리 쪽에 꽂고 삶아서 식힌 후 껍질을 벗겨 놓는다.
2. 무와 당근은 돌려 깎기 하여 소금물에 담가 숨을 죽인 다음 단식초에 담가 맛을 들인다.
3. 레디쉬는 가늘게 채 썰어 놓는다.
4. 도마에 무를 깔고 그 위에 새우 2마리를 서로 반대로 놓은 다음 단단히 말아 준다.
5. 당근 위에 4를 놓고 같은 요령으로 단단히 말아 준다.
6. 그릇에 초된장을 한 숟가락 담고 위에 5를 잘라 담은 다음 레디쉬를 장식해서 낸다.

식사(御飯)

생선 초밥

握り寿司
にぎりずし
니기리즈시

재료

참치 뱃살 15g, 도밋살 30g, 도미 등살 30g, 갑오징어 20g, 와사비 5g, 초밥 150g

만드는 법

1 참치 뱃살은 미지근한 물에 해동해서 15g, 8cm 정도 크기로 초밥 다네를 뜬다.
2 도밋살은 15g, 8cm 정도 크기로 길게 초밥 다네를 뜬다.
3 도미 등살은 껍질 쪽만 끓는 물에 데쳤다가 얼음물에 식혀 15g, 8cm 크기로 초밥 다네를 뜬다.
4 갑오징어는 밑손질하여 12g, 8cm 크기로 초밥 다네를 뜬다.
5 물 100cc와 식초 20cc에 레몬을 한 조각 짜 넣어 손식초를 만든다.
6 손에 밥알이 붙지 않도록 손식초를 조금 묻히고 준비된 초밥을 오른손으로 쥔 다음, 왼손에 생선살을 놓고 와사비를 찍어 생선살에 바른 후 초밥을 얹어 모양을 잡는다.
7 접시에 초밥을 담고 산우엉을 곁들인다.

손쉽게 만드는
일본요리

성게알과 날치알을 곁들인 산마즙

雲丹と飛子山芋
うにとびこところ
우니토비코토로로

재료

성게알 20g, 날치알 10g, 산마 50g, 소금, 진간장, 와사비 소량

만드는 법

1 산마는 껍질을 벗겨 강판에 곱게 간 다음 소금을 약간 넣고 젓가락으로 휘저어 섞어 준다.
2 냉동된 날치알은 해동한 후 고운체에 받쳐 물기를 빼고 행주에 싸서 다시 한 번 물기를 짜내어 고슬고슬하게 만든다.
3 그릇에 산마를 담고 그 위에 성게알과 날치알을 올린 다음 와사비를 곁들인다.
4 간장을 약간 섞어 먹어도 좋다.

해삼 창자젓

재료

해삼 창자젓 50g, 청주, 소금 소량

만드는 법

1 해삼의 입을 칼로 따내고 내장을 꺼낸다.
2 내장을 손으로 약하게 훑어 모래를 제거한다.
3 소금을 조금 넣고 절인다.
4 소금에 절인 해삼 내장을 칼로 다지고 청주를 조금 섞어 준다.
5 4를 그릇에 담고 위에 메추리알 노른자나 파랫가루 또는 잘게 썬 김을 올린다.

※ 해삼 창자젓은 성게알, 어란과 함께 일본의 3대 진미로 일컬어지며, 특유의 향과 맛이 있어 여러 가지 무침 요리에도 많이 사용된다.

갑오징어 해삼 창자젓 무침

文甲烏賊子の腸和え
もんこういかこのわたあえ
몬코우이카코노와타아에

재료

갑오징어 40g, 해삼 창자젓 20g, 청주, 무순 소량

만드는 법

1 갑오징어는 밑손질한 후 양면의 속껍질을 모두 벗겨 낸다.
2 얇게 포를 뜬 갑오징어를 여러 장 겹쳐 놓고 칼끝으로 당기면서 가늘게 채 썰어 놓는다.
3 해삼 창자젓은 모래를 제거하고 잘게 다져 놓는다.
4 갑오징어와 해삼 창자젓에 청주를 조금 넣고 무친다.
5 작고 오목한 그릇에 담고 위에 무순을 올린다.

참치 산마 곁들임

鮪山芋掛け
まぐろやまかけ
마구로야마카케

재료

붉은살 참치 60g, 산마 40g, 와사비 5g, 진간장 1큰술

만드는 법

1 산마는 껍질을 조금 두껍게 벗기고 강판에 곱게 갈아 놓는다.
2 냉동된 참치는 바닷물 정도 염도의 미지근한 물에서 절반 정도 해동한 후 물기를 닦아 마른 행주에 싸 놓는다.
3 참치를 사방 1.5cm 정도의 정사각형으로 자른다.
4 진간장에 와사비를 풀고 참치를 무쳐 그릇에 담는다.
5 참치 위에 산마를 살짝 덮듯이 붓고, 위에 무순이나 채 썬 김을 올린다.

도미 머리 소금구이

鯛兜塩焼き
たいかぶとしおやき
다이가부토시오야키

재료

도미 머리 1개, 레몬 1/4개, 소금 소량

만드는 법

1 도미 머리를 도마 위에 세워 왼손으로 흔들리지 않게 꼭 잡고, 오른손에 잡은 데바칼로 도미 윗이빨 4개 중 한가운데에 세게 칼을 넣어 두 조각으로 나눈다.
2 끓는 물에 도미 머리를 살짝 담갔다가 바로 건져 찬물에 식힌다.
3 숟가락으로 도미 머리의 불순물과 잔 비늘을 깨끗이 벗겨 낸다.
4 도미 머리의 양면에 도미 무게의 3%에 해당하는 소금을 골고루 뿌리고, 지느러미가 타지 않게 소금을 많이 발라 준다.
5 석쇠에 도미 머리의 껍질이 위로 가도록 올리고 노릇노릇하게 구워 낸다.
6 도미 머리를 뒤집어 반대쪽도 노릇노릇하게 구운 다음, 접시에 껍질이 위로 가도록 담고 레몬으로 장식한다.

※ 도미 머리는 생김새가 전장의 투구(兜, かぶと)와 같이 단단하게 생겼다고 해서 도미 머리 요리에 가부토란 명칭을 사용한다.

은대구 된장구이

재료

은대구 180g, 흰 된장 100g, 청주 1큰술, 미림 1큰술, 설탕 1/2큰술, 소금 소량

만드는 법

1 은대구는 비늘칼로 비늘을 벗겨 60g 크기로 자르고 양면에 소금을 가볍게 뿌려서 30분 정도 냉장고에 넣어 둔다.
2 흰 된장, 청주, 미림, 설탕을 잘 섞어 놓는다.
3 은대구를 2에 잘 버무려 놓았다가 12시간 뒤에 건져 내어 표면을 물로 살짝 씻는다.
4 중불에서 은대구의 껍질이 타지 않으면서 노릇노릇하게 굽고 뒤집어 반대쪽도 굽는다.
5 그릇에 담고 곁들임을 올린다.

※ 된장은 세 번까지 쓸 수 있으나 두 번째는 20시간, 세 번째는 새로운 된장을 조금 섞어서 30시간 담그는데, 담그는 시간은 재료의 두께에 따라서 가감된다.

민물장어구이

鰻蒲焼き
うなぎかばやき
우나기카바야키

재료

민물장어 250g, 생강 5g, 양념장(미림 360cc, 설탕 100g, 장어 5마리의 뼈를 구운 것을 약한 불에서 끓이다 진간장 300cc를 넣고 약간 걸쭉하게 될 정도로 조린다.)

만드는 법

1 장어는 뼈와 머리를 제거한 후 옆 지느러미를 잘라 낸다.
2 장어에 소금을 뿌리고 주물러 표면의 점액질과 불순물을 씻어 낸다.
3 장어를 석쇠에 노릇노릇하게 굽고 뒤집어 반대쪽도 구운 다음, 찬물에 담가 기름기와 지저분한 부분을 씻어 낸다. 이렇게 하면 기름기가 빠져 담백하고 부드러워진다.
4 김이 오르는 찜통에 3을 넣고 20분간 찐다. 찜통에서 꺼낼 때 뜨겁고 부드럽기 때문에 조심해야 한다.
5 생강은 아주 가늘게 채 썰어 물에 헹궈 놓는다.
6 석쇠에 호일을 깐 다음 찐 장어를 껍질 쪽이 위로 가도록 놓고, 준비한 양념장을 3~4회 바르면서 타지 않게 굽는다.
7 장어를 뒤집어 양념장을 발라 가며 윤기 나게 굽는다.
8 산촛가루를 조금 뿌려 주고 생강을 곁들인다.

튀긴 두부와 버섯

揚げ出し豆腐
あげだしとうふ
아게타시토우후

재료

두부 1/2모, 표고버섯 1개, 팽이버섯 10g, 무 10g, 실파 5g, 생강 5g, 진간장 1큰술
미림 1큰술, 가쓰오다시 120cc, 전분, 식용유

만드는 법

1 도마 2개 사이에 두부를 놓고 무거운 것으로 눌러 두부의 수분이 빠져 나오게 한 다음 표면의 물기를 제거하고, 먹기 좋은 크기로 잘라 전분을 골고루 묻혀 둔다.

2 표고버섯은 잘게 썰고, 팽이버섯은 밑동을 제거한 후 3등분해서 가닥가닥 흩뜨려 놓는다.

3 실파는 송송 썰고, 무와 생강은 강판에 곱게 갈아 놓는다.

4 가쓰오다시, 미림, 진간장에 표고버섯과 팽이버섯을 넣고 끓인다.

5 170°C 정도의 기름에 두부를 튀기는데 두부가 다 익어 떠오르면 건져 내고 기름을 제거한다.

6 그릇에 튀긴 두부를 담고 5를 부은 다음 실파와 무, 생강즙을 곁들인다.

※ 소스에 무즙을 같이 넣고 끓여 걸쭉하게 만들어 부어 먹어도 좋다.

모둠생선회

刺身盛り合わせ
さしみもりあわせ
사시미모리아와세

재료

광어 60g, 도미 등살 데침 60g, 붉은살 참치 60g, 갑오징어 30g, 전어 1마리, 무 200g
자소 6장, 무순 5g, 레몬 1/4개, 오이 1/4개, 당근 1/2개, 와사비 10g

만드는 법

1 무는 돌려 깎기 하여 채 썰어 물에 헹궈 놓는다.
2 생선 종류는 밑손질하여 포를 떠 놓는다.
3 냉동된 참치는 미지근한 소금물에 해동시켜 마른 행주에 싸 놓는다.
4 오이와 당근으로 꽃 모양을 만들어 놓는다.
5 무를 왼손으로 한 움큼 잡아 손아귀 힘으로 물기를 뺀 다음 접시에 세워 놓는다.
6 광어는 옆으로 포를 뜨듯 썰고, 참치는 두툼하게 썰며, 도미는 썰어 놓은 살 사이에 레몬을 끼워 놓는다.
7 오징어는 칼날을 세워 당기면서 가늘게 썰어 가지런히 무 앞에 놓는다.
8 전어는 등 쪽에 길게 칼집을 넣어 잔가시를 잘라 안쪽으로 반을 접어 세워 놓는다.
9 와사비와 무순을 곁들인다.

도미 원형 회

鯛姿造り
たいすがたつくり
다이스가타쓰쿠리

재료

광어 100g, 도미 2kg, 붉은살 참치 200g, 갑오징어 60g, 무 200g, 갈래곰보 50g
레몬 1개, 자소 20장, 무순 10g, 오이 1/4개, 당근 1개, 와사비 10g

만드는 법

1 도미는 머리 안쪽과 꼬리 쪽에 칼집을 넣어 피를 빼고, 칼이 들어가는 쪽만 비늘칼로 비늘을 제거한다. 형태가 흐트러지지 않게 포를 뜨는데, 내장을 건드리지 않으면서 갈비뼈의 위로 포를 뜬다.
2 도미 등살은 뜨거운 물에 껍질만 데쳤다가 식힌다.
3 무를 도미의 머리와 꼬리에 이쑤시개로 고정시킨다.
4 무는 돌려 깎기 하여 채 썰어 물에 헹궈 놓는다.
5 도미 위에 무를 놓고 그 위에 자소를 1장씩 깐 다음, 회를 떠서 위에 올린다.
6 광어는 옆으로 포를 뜨듯 썰고, 참치는 두툼하게 썰며, 오징어는 칼날을 세워 당기면서 가늘게 썰어 가지런히 한쪽에 놓는다.
7 오이와 당근으로 꽃 모양을 만들어 장식하고 와사비를 곁들인다.

도미 얇은 회

鯛薄造り
たいうすつくり
다이우스쓰구리

재료

도미 1kg, 무순 10g, 실파, 무, 레몬
폰즈(가쓰오다시, 간장, 식초를 같은 비율로 넣고 레몬즙을 조금 짜 넣는다.)
야쿠미(무는 강판에 갈아 고춧가룻물을 들이고, 실파는 송송 썰어 물에 살짝 헹궈 물기를 제거하며, 얇게 썬 레몬을 곁들인다.)

만드는 법

1 도미는 머리 안쪽과 꼬리 쪽에 칼집을 넣어 피를 빼고, 비늘칼로 비늘을 제거하고 밑손질을 한 다음 물기를 제거한다.
2 포를 떠서 등 안쪽의 붉은색 부분이 벗겨지지 않도록 조심해서 껍질을 벗긴다.
3 도미의 등 쪽이 도마에 가도록 놓고 꼬리 쪽부터 얇게 포를 떠서 접시의 한쪽부터 돌려 가며 놓는다.
4 안쪽에 한 줄을 더 돌리고, 도밋살에 무순을 넣고 말아 가운데에 세워 놓는다.
5 폰즈와 야쿠미를 곁들인다.

※ 생선회를 얇게 떠서 폰즈에 찍어 먹으면 색다른 맛을 즐길 수 있다.

전복회

鮑刺身
あわびさしみ
아와비사시미

재료

전복 2개, 무 100g, 레몬 1개, 자소 20장, 무순 10g, 오이 1/4개, 당근 1개
와사비 10g, 갈래곰보 50g

만드는 법

1 전복은 입과 표면에 소금을 올려놓았다가 1분 후에 주먹솔로 깨끗이 문질러 씻어 낸다.
2 전복 껍질과 살을 분리시켜 내장을 제거한다.
3 전복 껍질에 무로 만든 겡을 채운 후 시소를 놓는다.
4 전복의 조개관자를 잘라 내고, 세로로 잘게 칼집을 넣고 가로로 잘라 3의 위에 올린다.
5 조개관자를 어슷하게 썰어 전복 위에 올린다.
6 전복 한 마리는 가로로 가늘게 칼집을 넣고 옆으로 저며 껍질 위에 올려놓는다.
7 접시에 무를 깐 다음 전복을 담고 주위에 오이와 당근 등으로 장식한다.

※ 전복의 입에 소금을 올려놓으면 수축하여 단단해진다.

모듬초밥

寿司盛り合わせ, すしもりあわせ
스시모리아와세

재료

광어 60g, 도미 등살 데침 40g, 붉은살 참치 40g, 갑오징어 50g, 연어 40g
단새우 2마리, 청어알 1개, 학꽁치 1마리, 계란말이 40g, 실파 10g, 생강 5g
김 1/4장, 레몬 1/4개, 와사비 20g, 초밥 200g, 아보카도 1/4개

만드는 법

1. 생선은 밑손질을 하여 초밥 다네를 떠 놓는다.
2. 갑오징어는 손질하여 1쪽은 사선으로 비스듬히 칼집을 넣어 겉면만 살짝 데쳐 찬물에 식혀 놓고, 2쪽은 초밥 다네를 떠 놓는다.
3. 단새우는 꼬리만 남기고 껍질을 벗겨 소금물에 살짝 씻어 놓는다.
4. 아보카도는 씨를 제거하고 껍질을 벗겨 놓는다.
5. 청어알은 흐르는 물에서 짠맛을 뺀 후 겉의 얇은 막을 제거하고 스이지(맑은국 정도로 간을 한 국물)에 담가 맛을 들인다.
6. 생강은 곱게 갈고, 실파는 곱게 썰어 놓는다.
7. 김은 폭 5mm, 길이 15cm로 잘라 놓는다.
8. 준비된 초밥을 오른손으로 쥔 다음, 왼손에 생선살을 놓고 와사비를 찍어 생선살에 바른 후 초밥을 얹어 모양을 잡는다.
9. 청어알, 계란말이 등 표면이 매끄러워 분리되는 재료는 중간에 김으로 띠를 둘러 준다.
10. 학꽁치와 고등어 등 등 푸른 생선으로 만든 초밥 위에는 생강 간 것과 채 썬 실파를 올리고 레몬즙을 조금 뿌린다.

※ 등 푸른 생선은 살균을 하고 비린내를 제거하기 위해 소금에 30분 동안 절였다가 식초에 20분 정도 담근 후 사용한다.

새우 초밥

에비스시

재료

차새우 5마리, 레몬 1/4개, 와사비 20g, 초밥 100g

만드는 법

1 새우는 머리 쪽이 검게 변하지 않은 싱싱한 것을 골라 이쑤시개를 꼬리 쪽에서부터 배 쪽의 다리 사이로 꿰어 구부러지지 않게 만든다.
2 소금과 레몬을 조금 넣은 끓는 물에 새우를 익힌 다음 완전히 식힌다.
3 새우는 꼬리만 남기고 껍질을 벗기고 배 쪽의 살을 반으로 가른다. 이때 등이 완전히 갈라지지 않도록 조심한다.
4 새우에 등 내장이 있으면 제거하고 꼬리를 가지런히 정리하여 자른다.
5 준비된 초밥을 오른손으로 쥔 다음, 왼손에 새우를 놓고 와사비를 찍어 새우의 안쪽에 바른 후 초밥을 얹어 모양을 잡는다.

※ 초밥은 사람의 체온 정도의 온도일 때 가장 맛있다.

구슬 초밥

茶巾寿司
ちゃきんすし
자킨스시

재료

광어 40g, 붉은살 참치 40g, 갑오징어 30g, 연어 40g, 실파 10g, 레몬 1/4개
와사비 10g, 초밥 150g

만드는 법

1 생선은 밑손질을 하여 포를 떠 놓는다.
2 냉동된 참치는 바닷물 정도 염도의 미지근한 물에서 반 정도 해동한 후 물기를 닦아 마른 행주에 싸 놓는다.
3 생선 종류는 초밥 다네를 떠 놓는다.
4 젖은 행주나 랩을 왼손에 놓은 다음, 붉은살 참치를 고운 쪽이 바닥으로 가게 놓고 와사비를 발라 밥을 둥글게 올린 뒤 랩의 가장자리를 비틀어 모양을 만든다.
5 다른 생선들로도 4와 같은 방법으로 초밥을 만든다.
6 보기 좋게 여러 가지 가니쉬를 위에 올린다.

※ 와사비나 연어알 등을 위에 올리면 모양이 예쁘다.

캘리포니아 롤

カリホニアロル
가리포니아로루

재료

차새우 2마리, 아보카도 1/4개, 계란말이 40g, 날치알 30g, 김 1장, 오이 20g, 레몬 1/4개
와사비 10g, 초밥 200g, 마요네즈

만드는 법

1 새우는 머리 쪽이 검게 변하지 않은 싱싱한 것을 골라 이쑤시개를 꼬리 쪽에서부터 배 쪽의 다리 사이로 꿰어 구부러지지 않게 만든다.
2 소금과 레몬을 조금 넣은 끓는 물에 새우를 익힌 다음 완전히 식혀 껍질을 벗겨 놓는다.
3 오이는 돌려 깎기 하여 채 썰어 놓는다.
4 아보카도는 씨를 제거하고 껍질을 벗겨 놓는다.
5 김발 위에 김을 깐 뒤, 김의 4/5 정도의 면적에 밥을 골고루 펴고 그 위에 날치알을 펼친다.
6 김발 위에 랩을 깔고 5를 뒤집어 올린 다음 그 위에 여러 가지 재료를 놓고 말아 준다.
7 6을 썰어 그릇에 담고, 짜주머니에 마요네즈를 넣어 롤 주위에 가늘게 짜서 올린다.

※ 새우 대신에 게살을 넣어도 맛있다.

차밥

お茶漬け
おちゃづけ
오차즈케

재료

연어 40g, 김 1/4장, 흰깨 10g, 와사비 10g, 밥 80g, 참나물 50g, 우메보시 1개
가쓰오다시 1컵

만드는 법

1 연어는 소금구이하여 잘게 다져 놓는다.
2 참나물은 다듬어 잘게 썰어 놓는다.
3 우메보시는 씨를 빼고 곱게 다져 둔다.
4 김은 살짝 구워 잘게 썰어 둔다.
5 와사비는 물에 개어 둔다.
6 가쓰오다시는 간장으로 색을 맞추고 소금으로 연하게 간을 한다.
7 고슬고슬한 밥을 그릇에 조금 담고 깨를 뿌린 후 6을 붓는다.
8 위에 준비한 재료들을 기호에 맞게 넣어 먹는다.

※ 구운 연어가 들어가면 연어 차밥, 매실만 들어가면 매실 차밥 등 차밥에 들어가는 재료에 따라 이름이 달라진다.

차메밀

재료

차메밀 100g, 실파 10g, 김 1/4장, 무 20g, 와사비 10g, 가쓰오다시 1컵, 미림 2큰술
진간장 2큰술, 메밀 다시(가쓰오다시 8 : 진간장 1 : 미림 1의 비율로 끓여 식힌다.)

만드는 법

1 무는 강판에 갈아 물기를 짜 둔다.
2 실파는 송송 썰어 물에 한 번 씻은 다음 물기를 제거한다.
3 와사비는 물에 개어 놓는다.
4 차메밀을 끓는 물에 7분간 삶고 찬물에 헹궈 물기를 빼 놓는다.
5 차메밀을 접시에 보기 좋게 담고 위에 김을 올린다.
6 메밀 다시와 양념(실파, 무즙, 와사비)을 곁들여 낸다.

샤브샤브

しゃぶしゃぶ

※ 국물에 고기와 야채를 번갈아 가며 데쳐 먹고, 폰즈에 깨 소스를 넣어 야채나 고기를 찍어 먹으면 맛이 좋다.

재료

등심 150g, 표고버섯 1개, 참나물 30g, 팽이버섯 30g, 죽순 20g, 당근 10g
배춧잎 3장, 두부 80g, 갓 30g, 대파 40g, 야쿠미(무 20g, 실파 10g, 레몬 1/8개)
폰즈(가쓰오다시 2큰술, 진간장 2큰술, 식초 2큰술)
깨 소스(갈아 놓은 깨 1큰술, 다시마 다시 1큰술, 폰즈 1큰술)

만드는 법

1 대파는 얇게 어슷썰기하고 물에 헹궈 물기를 빼 놓는다.
2 배추는 얇게 포를 뜨듯이 칼로 썰어 둔다.
3 표고버섯은 밑동을 자르고 칼로 표면에 무늬를 새긴다.
4 두부는 먹기 좋은 크기로 잘라 둔다.
5 당근과 죽순은 모양을 내어 준비한다.
6 무는 강판에 갈아 물기를 짠 다음 고운 고춧가루에 무쳐 물을 들인다.
7 실파는 송송 썰어 물에 한 번 씻은 다음 물기를 제거한다.
8 접시에 야채를 담고, 등심을 1mm 두께로 썰어 돌려 가며 담는다.
9 폰즈와 깨 소스를 곁들인다.
10 끓여서 데쳐 먹는 국물은 다시마 국물, 멸치 국물, 닭 국물, 쇠고기 국물 등 기호에 맞게 사용한다.

Chapter 04

일식조리사 대비 실기문제

文甲烏賊明太子和え
もんこういカめんたいこあえ

갑오징어 명란 무침

몬고우이카멘타이코아에

시험시간 20분

재료

갑오징어 70g, 명란젓 40g
무순 30g, 청주 30ml
소금 소량

요구사항

- 명란젓은 알만 빼내시오.
- 갑오징어는 손질한 후 잘게 썰어 무치시오.

체크포인트

★ 오징어를 데치는 물의 온도에 주의한다.

★ 명란젓 껍질 속의 붉은 양념을 모아서 같이 섞어야 색이 예쁘며, 고춧가루는 사용하지 않는다.

일식조리사 실기시험시 공통 유의사항

- 불을 사용하는 조리 작품은 작품 특성에 벗어날 정도로 타거나 익지 않으면 채점 대상에서 제외된다.
- 요구 작품이 2개인데 1개만 만들었을 경우 미완성으로 채점 대상에서 제외된다.
- 조리 작품을 만드는 순서가 틀리지 않아야 한다.
- 숙련된 기술로 맛을 내야 하므로 조리시 맛을 보지 않는다.
- 문제의 요구 사항대로 작품의 수량이 만들어지지 않을 경우는 미완성으로, 요리의 형태를 다르게 만든 경우는 오작으로 채점 대상에서 제외된다.
- 주어진 시간 내에 완성하지 못하면 채점 대상에서 제외된다.

수검자 유의사항

1. 갑오징어는 잘 손질하여 얇은 껍질도 없게 한다.
2. 무치기 좋도록 가늘게 썰어야 한다.
3. 명란젓은 껍질을 벗겨 내고 알만 사용하도록 한다.
4. 무친 후 알맞게 간을 한다.

만드는 법

1 갑오징어는 양쪽의 속껍질을 벗기고 5cm 길이로 얇게 채 썬다.
2 청주, 소금을 넣은 미지근한 물에 오징어채를 잠시 헹궈 체에 받친다.
3 명란젓에 칼집을 넣어 껍질 속의 알을 칼등으로 긁어낸다.
4 명란젓과 오징어, 소금, 청주를 섞어 버무리고 그릇에 무순과 같이 담는다.

白味噌汁
しろみそしる

된장국 시로미소시루

수검자 유의사항

1. 찬물에 다시마를 넣고 불에 올려 끓어오르면 불을 끄고 2~3분 정도 놓아 둔 후 고운체로 조심스럽게 걸러야 한다.
2. 야채는 알맞은 크기로 썰어야 한다.
3. 된장을 풀어 끓일 때 졸아들거나 타지 않게 한다.
4. 조리 순서가 바뀌지 않아야 한다.

만드는 법

1 물 2컵과 다시마를 냄비에 넣고 불에 올려 물이 끓으면 다시마는 건져 내고 가쓰오부시를 넣어 2~3분 후에 소창에 걸러 다싯물을 준비한다.

2 다싯물을 불에 올리고 된장을 체에 받쳐 풀어 주며, 끓어오르면 거품을 제거하고 청주와 조미료로 맛을 낸다.

3 두부는 0.8~1cm 크기로 깍둑썰기하여 소금물에 데친 다음 찬물에 헹궈 놓고, 미역은 소금물에 데친 다음 찬물에 헹궈 길이 3cm 정도로 자른다.

4 그릇에 미역, 두부, 송송 썬 실파를 담고 마지막에 뜨겁게 끓인 된장국을 8부 정도 부은 다음 산촛가루를 뿌려 낸다.

시험시간 20분

재료

적된장 40g, 판두부 30g
다시마(사방 5cm) 1장
실파 2뿌리, 미역 10g
가쓰오부시 15g
청주, 산촛가루 소량

요구사항

- 다시마와 가다랑어포로 국물을 만드시오.
- 파, 미역, 두부를 장국의 건더기로 사용하도록 알맞게 써시오.
- 다시마와 가다랑어포로 만든 국물에 된장을 풀어 간하시오.

체크포인트

★ 된장국은 오래 끓이면 신맛이 나므로 너무 오래 끓이지 않는다.

★ 적정량의 된장으로 맛을 조절하고 간장이나 소금으로 간을 보충하지 않는다.

蛤吸い物
はまぐりすいもの

조개 맑은국 하마구리스이모노

시험시간 **20분**

수검자 유의사항

1. 찬물에 조개를 넣고 끓여 국물이 잘 우러나게 한다.
2. 곁들일 야채를 밑손질하여 사용해야 한다.
3. 조개 국물에 간을 했을 때 약간 싱거워야 한다.
4. 다른 작품과 같은 시간에 뜨겁게 해서 완성한다.

만드는 법

1 쑥갓은 찬물에 담가 두어 싱싱하게 만들어 놓는다.
2 대합은 물에 씻은 후 소금물에 담가 두어 해감을 토해 내게 한다.
3 죽순은 석회질을 제거하고 소금물에 데친 다음 빗살 모양으로 얇게 썰어 2쪽을 준비하고, 레몬 껍질은 오리발 모양으로 만든다.
4 다시마와 대합을 물 1.5컵과 함께 불에 올려 끓으면 다시마는 건지고 조개도 벌어지면 건져 내며 국물만 소창에 거른다.
5 국물은 간장으로 약하게 색을 내고 소금과 청주로 간을 한다.
6 그릇에 대합과 죽순을 담고 국물을 8부 정도 부은 다음 레몬 껍질과 쑥갓을 띄워 낸다.

재료

중대합 2개, 쑥갓 2줄기
레몬 또는 유자 1/4개
다시마(사방 5cm) 1장
청주, 소금, 간장 소량

요구사항

- 대합이 싱싱한지를 확인한 다음 찬물에 앉혀 끓이시오.
- 주어진 재료를 밑손질한 뒤 삶아 간을 연하게 하시오.

체크포인트

★ 조갯살은 너무 오래 끓이면 질겨지므로 주의한다.
★ 조개는 2개를 서로 두들겨 보아 맑은 소리가 나면 좋은 것이고 탁한 소리가 나면 모래가 차 있거나 신선하지 않다.
★ 쑥갓 대신 대파가 나오면 흰 부분만 4~5cm 정도로 잘라 세로로 겹쳐서 가늘게 채 썬 것을 물에 헹궈 매운맛을 뺀 후 사용한다.

鯛吸い物
たいすいもの

도미 맑은국 다이스이모노

수검자 유의사항

1. 도미에 비늘이나 불순물이 없도록 손질해야 한다.
2. 다시마와 도미를 넣고 불을 적당히 조절해야 한다.
3. 곁들인 재료를 적당한 크기로 준비해야 한다.
4. 국물에서 비린내가 나지 않게 한다.
5. 다른 작품과 같은 시간에 뜨겁게 해서 완성한다.

만드는 법

1 밑손질한 도미의 머리를 둘로 자르고 소금을 뿌려 두었다가 끓는 물에 데친 다음 찬물에 헹궈 비늘과 불순물을 제거한다.

2 찬물 2컵에 도미와 다시마를 넣고 불에 올려 끓어오르면 다시마는 건져내고, 도미는 은근한 불에서 끓인다.

3 죽순은 데쳐서 손질하여 썰고, 대파는 가늘게 채 썰어 물에 담갔다가 면포로 싸서 꼭 짠다.

4 레몬 껍질은 오리발 모양으로 만들어 놓는다.

5 2의 국물에 간장으로 약하게 색을 내고 소금과 청주로 간을 한다.

6 도미와 죽순을 그릇에 담고 국물을 8부 정도 부은 다음 대파(시라카네기) 썬 것과 레몬 껍질을 띄워 낸다.

시험시간 30분

재료

도미 1마리(150g 내외)
대파(흰 부분) 1토막
죽순 30g, 레몬 1/4개
다시마(사방 5cm) 1장
소금, 간장, 청주 소량

요구사항

- 도미를 30~40g 정도 크기로 자르시오.
- 도미에 소금을 뿌려 놓았다가 20~30분 후 끓는 물에 데쳐 불순물을 제거하시오.
- 다시마와 도미를 넣고 은근하게 국물을 만들어 간을 하시오.
- 곁들일 재료를 넣고 국물을 부어 완성하시오.

체크포인트

★ 도미는 센불에서 끓이면 국물이 탁해지므로 끓어오르면 불을 줄여 중불에서 끓인다.

すきやき

전골 냄비 스키야키

수검자 유의사항

1. 쇠고기는 규격에 맞게 적당한 두께로 자른다.
2. 야채류는 깨끗이 손질하여 규격에 맞게 썰어 준비한다.
3. 양념장과 다싯물을 준비한다.
4. 익힐 때는 다른 작품과 함께 완성하고 날계란 1개를 같이 낸다.

만드는 법

1 쇠고기는 핏물을 제거하고 0.2cm 두께로 얇게 썰어 놓는다.
2 곤약은 얇게 채 썰고 배추는 5cm 길이로 채 설며, 대파는 어슷썰기하고 양파는 반달 모양으로 썰어 놓는다.
3 끓는 물에 곤약, 죽순을 차례로 데쳐 내고 찬물에 헹군 다음 죽순은 빗살 무늬를 살려 0.2cm 두께로 얇게 썰어 놓는다.
4 표고버섯은 칼집을 넣어 준비하고, 팽이버섯은 밑동을 잘라 놓으며, 우엉은 연필 깎기 해서 찬물에 담가 놓고, 쑥갓은 찬물에 담가 싱싱하게 만들어 놓는다.
5 두부는 프라이팬에 기름을 두르고 구운 다음 찬물에 식혀서 썰어 놓는다.
6 준비한 야채와 고기를 그릇에 보기 좋게 담아 놓는다.
7 전골 다레를 만들어 놓는다.
8 냄비에 기름을 두르고 두부, 배추, 표고버섯, 대파, 우엉 순으로 볶고 남은 재료와 쇠고기를 넣어 끓인다.
9 끓이는 도중에 생기는 불순물을 걷어 내고, 마지막에 은행과 쑥갓을 넣는다.
10 계란을 깨서 작은 그릇에 담아 함께 낸다.

시험시간 40분

재료

쇠고기 등심 100g, 두부 40g
대파 1/2개, 양파 100g
우엉 40g, 생표고버섯 1개
팽이버섯 30g, 배추 70g
실곤약 30g, 죽순 20g
다시마(사방 5cm) 1장
계란 1개, 쑥갓 2줄기, 식용유 10cc

전골 다레 : 다시 200cc
청주 45cc, 설탕 30g
진간장 30cc

요구사항

- 전골 양념장과 다싯물을 준비하시오.
- 쇠고기와 야채를 썰어 준비하시오.
- 재료를 순서대로 넣어서 익히시오.

체크포인트

★ 단단한 것부터 볶는데 재료가 심하게 흐트러지지 않게 하며 부재료는 뒤쪽에, 주재료는 앞쪽에 담아 전체적으로 조화롭게 볶아 낸다.
★ 모든 재료를 보기 좋게 접시에 담았다가(사라모리) 냄비에 익혀 낸다.

寄せ鍋
よせなべ

모둠냄비 요세나베

시험시간 50분

수검자 유의사항

1. 각 재료는 삶거나 데치고, 먼저 끓일 것과 나중에 마무리할 것으로 구분해 둔다.
2. 국물은 따로 간해서 두고 다른 준비가 다 되었을 때 끓인다.

만드는 법

1 다시마와 가쓰오부시를 이용해 국물을 만든다.
2 닭고기, 흰살 생선은 한 입 크기로 썰고, 새우는 등 내장을 제거한다.
3 갑오징어는 속껍질을 벗기고 칼집을 넣어 1cm 크기로 썰어 소금을 조금 넣은 끓는 물에 데친 다음 식힌다.
4 무, 당근, 죽순은 반 정도 삶아 찬물에 식혀 물기를 뺀 다음 각각 모양을 낸다.
5 배추와 쑥갓의 절반은 데쳐서 식힌 다음, 배추를 펼쳐 쑥갓을 넣고 말아서 썰어 놓는다.
6 어묵은 파도 썰기를 하고, 두부는 길이 5cm의 ㅈ사각형으로 썰며, 표고버섯은 갓 윗부분에 별 모양을 내고, 대파는 5cm 길이로 어슷썰기한다.
7 끓는 물에 소금을 조금 넣고 풀어 놓은 계란을 넣어 익으면 체에 받쳐 물기를 빼고, 김발로 말이를 해서 식으면 2cm 길이로 썰어 놓는다.
8 쑥갓을 제외한 모든 재료를 냄비에 보기 좋게 담고 국물을 부어 은근하게 끓이는데, 끓이는 도중에 생기는 거품을 걷어 내고 마지막에 쑥갓을 넣는다.

재료

닭고기 60g, 중새우 2마리, 무 60g
어묵 30g, 흰살 생선 50g, 중대합 1개
갑오징어 40g, 당근 1/4개, 대파 50g
두부 1/6모, 배추 80g, 팽이버섯 30g
생표고버섯 1개, 계란 1개, 죽순 30g
쑥갓 3줄기, 다시마(사방 5cm) 1장
가쓰오부시 10g, 청주 30cc
간장 15cc, 소금 소량

냄비 국물 : 가쓰오부시 다시 2컵
간장 15cc, 청주 15cc, 소금 소량

요구사항

- 재료는 규격에 맞게 썰고 삶거나 데치시오.
- 다시마와 가다랑어포로 다싯물을 준비하여 국물을 만드시오.

체크포인트

★ 새우는 꼬치를 이용해서 등 내장을 제거하고 머리의 수염과 꼬리를 정리한 뒤 데쳐 머리와 꼬리 쪽의 한 마디만 남기고 껍질을 벗긴다.
★ 해물과 생선을 끓는 물에 데쳐서 사용하면 해감이 없고 국물이 깨끗하다.

鯛ちり鍋
たいちりなべ

도미 냄비 다이치리나베

시험시간 30분

수검자 유의사항

1. 도미는 토막 내어 소금을 뿌려 두었다가 끓는 물에 데친 다음 식혀 불순물을 제거한다.
2. 무, 당근, 배추는 삶고 다른 야채도 밑손질한다.
3. 양념과 초간장을 만들어야 한다.

만드는 법

1 다싯물을 만든다.
2 도미는 비늘을 긁어내고 내장을 제거하여 깨끗이 씻은 뒤, 토막 내어 소금을 뿌려 놓았다가 끓는 물에 살짝 데친 다음 찬물에 식혀 남은 비늘과 피, 불순물을 제거한다.
3 무와 당근은 삶아 각각 은행잎과 매화꽃 모양으로 만들어 놓는다.
4 죽순은 데쳐서 썰고, 배추와 쑥갓 절반도 데친 다음 김발로 말아 어슷하게 썰어 놓는다.
5 대파는 어슷썰기하고, 두부는 도톰하게 썬다.
6 팽이버섯은 밑동을 자르고, 표고버섯은 갓 윗부분에 별 모양을 낸다.
7 대합은 소금물에 담가 해감을 시킨다.
8 냄비에 준비한 재료를 넣고 다싯물을 부어 끓인 다음 청주, 소금으로 간을 하고 쑥갓을 넣는다.
9 폰즈를 만든다.
10 무즙을 체에 내린 고춧가루와 버무려 단풍색의 모미지오로시를 만들고, 실파는 송송 썬다.
11 폰즈와 야쿠미를 곁들여 낸다.

재료

도미 1마리, 중대합 1개, 배추 70g
당근 2/1개, 대파 1토막, 두부 60g
팽이버섯 30g, 생표고버섯 1개
쑥갓 2줄기, 죽순 50g, 무 100g
다시마(사방 5cm) 1장
소금 10g, 청주 15cc

폰즈 : 가쓰오부시 다시 15cc
식초 15cc, 진간장 15cc
야쿠미 : 무즙 15g, 실파 1뿌리
고춧가루 5g, 레몬 1/4개

요구사항

- 도미를 4~5쪽으로 자르시오.
- 도미에 소금을 뿌려 놓고 다른 야채류를 준비하시오.
- 소스와 양념을 만드시오.

체크포인트

★ 도미는 비늘이 남지 않게 순서대로 손질하고, 센불에서 끓이다가 끓어오르면 중불에서 끓인다.
★ 요구사항에 따라 사라모리할 경우에는 뒤는 높게, 앞은 낮게 하고 부재료는 뒤쪽에, 주재료는 앞쪽에 놓아 모든 재료가 조금이라도 보이게 한다.
★ 무는 오로시용을 남기고 삶는다.

海苔巻
のりまき

김초밥 노리마키

수검자 유의사항

1. 박고지는 뜨거운 물에 담갔다가 잘 씻어야 한다.
2. 각 재료를 조리거나 소금에 절이고, 계란말이를 단든다.
3. 대발을 사용하여 김초밥을 말고, 곁들임을 준비한다.
4. 김초밥을 8~10개로 잘라 담고 곁들임을 놓아 다른 작품과 같은 시간에 완성한다.

만드는 법

1 배합초를 만들어 밥과 버무린 다음 젖은 면포로 덮어 놓는다.
2 박고지는 소금을 조금 넣고 문질러 씻어 헹군 뒤 삶아 손톱이 들어갈 정도가 되면 체에 거른 다음 다싯물, 간장, 설탕, 청주를 넣고 윤기 나게 조린다.
3 계란을 풀고 다싯물, 설탕, 소금을 넣어 계란말이를 만들고, 김발로 모양을 잡아 1cm 폭으로 자른다.
4 오이는 소금으로 문질러 씻고 씨를 제거한 후 소금을 뿌려 둔다.
5 생강은 얇게 썰어 소금물에 살짝 데친 후 남은 초밥초에 담가 둔다.
6 김발에 김과 초밥, 준비한 야채, 계란, 오보로를 놓고 단단히 말아 준다.
7 그릇에 초밥과 상추, 초생강을 담는다.

시험시간 25분

재료

김 1장, 밥 180g, 박고지 40g
생강 30g, 계란 1개, 상추 1장
오이 1/4개, 오보로 10g

배합초 : 소금 1작은술
식초 3큰술, 설탕 2큰술
박고지 조림장 : 다싯물 1/2컵
간장 2큰술, 설탕 1큰술, 청주 1큰술
계란말이 : 계란 1개, 소금 소량
다싯물 1큰술, 설탕 1작은술

요구사항

- 김초밥의 속재료를 만드시오.
- 김초밥을 적당한 두께로 마시오.
- 크기가 똑같게 8~10등분하여 담으시오.

체크포인트

★ 속재료가 가운데에 오도록 해서 김발로 단단히 만다.
★ 오보로 대신 당근이 나오면 간장, 설탕, 다싯물을 넣고 조려서 사용한다.
★ 김초밥을 만 후 시간을 두었다가 칼에 물기를 묻혀 일정한 크기로 자른다.
★ 손식초(데스)를 만들어 사용해야 밥알이 손에 달라붙지 않는다.

鉄火巻
てっかまき

참치 김초밥 뎃카마키

수검자 유의사항

1. 참치는 바닷물과 같은 온도와 염도에서 반 정도 녹인 다음 행주에 싸서 더 녹인다.
2. 김과 초밥은 적당량을 사용하도록 한다.
3. 곁들이는 재료를 준비해야 한다.
4. 김을 눅눅해지지 않게 보관하고 구워지지 않은 김은 한 번 굽는다.
5. 김초밥을 잘 썰어 접시에 담아 다른 작품과 같은 시간에 완성한다.

만드는 법

1 배합초를 만들어 밥과 버무린 다음 젖은 면포로 덮어 놓는다.
2 참치는 소금물에 2~3분 정도 담갔다가 물기를 제거하고 면포에 싸 둔다.
3 상추는 싱싱하도록 물에 담가 둔다.
4 생강은 얇게 썰어 소금물에 살짝 데친 후 남은 초밥초에 담가 둔다.
5 와사비는 찬물에 개어 놓는다.
6 참치는 폭 1cm 정도로 김 길이에 맞춰 사각으로 잘라 놓는다.
7 김은 반으로 자른다.
8 김발에 절반으로 자른 김을 깔고 밥을 김 면적의 전부와 세로 3/4이 되도록 고르게 편 다음 가운데에 길게 와사비를 바르고 잘라놓은 참치를 얹어 사각으로 말아준다.
9 말아놓은 참치 김초밥 두 롤을 한 롤에 6등분하여 12개를 그릇에 담고 초생강을 곁들인다.

시험시간 20분

재료

밥 120g, 참치 100g
김 1장, 와사비 15g
생강 30g, 상추 1장

배합초 : 소금 1작은술
식초 3큰술, 설탕 2큰술

요구사항

- 김을 반으로 자르시오.
- 참치를 폭 1cm로 김 길이에 맞춰 자르시오.
- 와사비와 초생강을 준비하시오.
- 초밥을 만들어 김말이할 준비를 하시오.
- 초밥은 12개를 만들어 내시오.

체크포인트

★ 김에 물이 묻어 눅눅해지지 않도록 한다.
★ 손식초(데스)를 만들어 사용해야 밥알이 손에 달라붙지 않는다.

握り鮨
にぎりずし

생선 초밥 니기리즈시

수검자 유의사항

1. 생선은 각각 깨끗이 밑손질하여 포를 뜬다.
2. 밥과 배합초를 섞어 사람의 체온 정도로 식혀야 한다.
3. 색상이 잘 어울리도록 접시에 담고 장식해야 한다.

만드는 법

1 배합초를 만들어 밥과 버무린 다음 젖은 면포로 덮어 놓는다.
2 참치는 소금물에 2~3분 정도 담갔다가 물기를 제거하고 면포에 싸 둔다.
3 새우는 꼬치로 내장을 뺀 다음 꼬치를 꽂고 삶아 완전히 식으면 꼬치를 빼고, 꼬리 쪽만 남기고 껍질을 벗긴 후 배 쪽에 칼집을 넣어 넓게 펼친다.
4 전어는 밑손질하여 소금에 절인 후 식촛물에 담가 두었다가 7cm 길이로 자르고, 등 쪽에 잔 칼집을 넣는다.
5 문어는 삶아 파도 썰기 하고 참치, 도미, 광어도 포를 뜬다.
6 와사비는 찬물에 개고, 생강은 얇게 썰어 소금물에 살짝 데친 후 남은 초밥초에 담가 둔다.
7 준비된 초밥을 오른손으로 쥔 다음 왼손에 생선살을 놓고 와사비를 찍어 생선살에 바른 뒤 초밥을 얹어 모양을 잡는다.
8 접시에 초밥을 담고 상추와 와사비, 초생강을 곁들인다.

시험시간 40분

재료

참치 30g, 광어 30g, 도미 30g
전어(꽁치 대체 가능) 1마리
차새우 1마리, 문어 50g, 밥 200g
생강 30g, 상추 1장, 와사비 20g

배합초 : 소금 1작은술
식초 3큰술, 설탕 2큰술

요구사항

- 생선과 야채를 초밥용으로 손질하시오.
- 만든 초밥초로 밥을 간하여 식히시오.
- 곁들일 초생강을 만드시오.
- 초밥의 색상이 조화를 이루도록 접시에 담으시오.

체크포인트

★ 흰색과 붉은색이 조화를 이루게 8개를 담는다.
★ 손식초(데스)를 만들어 사용해야 밥알이 손에 달라붙지 않는다.
★ 등 푸른 생선은 비린내를 제거하기 위해 소금에 30분 정도 절였다가 식초에 20분 정도 담가 사용한다. 그러나 시험에서는 잠깐 동안 담갔다가 사용한다.

蛸酢の物
たこすのもの

문어 초회 다코스노모노

수검자 유의사항

1. 오이를 용도에 맞게 손질한 다음 소금에 절여 사용한다.
2. 양념초와 레몬을 준비해야 한다.
3. 접시에 재료를 담고 다른 작품이 완성될 때 양념초를 끼얹어 완성한다.

만드는 법

1 다싯물을 준비한다.
2 문어는 소금으로 비벼 씻어 끓는 소금물에 삶아 건진 다음 식혀서 파도 썰기 한다.
3 오이는 소금으로 씻어 위아래에 어슷하게 칼집을 넣고 소금에 절였다가 2~3쪽으로 자른다.
4 미역은 끓는 물에 데쳐 물기를 제거한 후 김발을 사용해 둥글게 말아 4~5cm 정도 길이로 자르고, 레몬은 반달로 썬다.
5 접시에 오이, 미역을 담고 앞쪽에 문어를 보기 좋게 담은 뒤 레몬을 곁들이고 양념초를 끼얹는다.

시험시간 20분

재료

문어 70g, 건미역 5g
레몬 1/4개, 오이 1/2개
다시마(사방 5cm) 1장
소금 10g

양념초 : 다싯물 3큰술
식초 1큰술, 간장 1/2큰술
설탕 1/2큰술

요구사항

- 삶은 문어를 용도에 맞게 포를 떠서 사용하시오.
- 미역은 손질하여 4~5cm 정도로 잘라 사용하시오.
- 접시에 오이와 문어를 담고 장식한 다음 양념초를 끼얹어 완성하시오.

체크포인트

★ 오이를 한쪽 면은 2/3 깊이로 어슷썰기하고 반대쪽도 똑같이 어슷썰기한다. 이를 자바라규리라고 하는데, 뱀의 배처럼 흐느적거린다고 하여 붙은 이름이다.

海蔘酢の物
なまこすのもの

해삼 초회 나마코스노모노

수검자 유의사항

1. 해삼은 내장을 제거하고 모래가 없도록 손질한다.
2. 오이를 썰어 소금에 절인다.
3. 위에 얹을 무즙 무침과 실파를 준비해 둔다.
4. 미역을 잘 손질하여 푸른색이 살도록 한다.
5. 초와 간장을 잘 섞어 두었다가 다른 작품이 완성될 때 무쳐 완성한다.

만드는 법

1 다싯물을 만든다.
2 해삼은 소금으로 비벼 씻고 배에 칼집을 넣어 내장을 제거한 다음 씻어 먹기 좋게 자른다.
3 오이는 소금으로 문질러 씻고 자바라형으로 썰어 소금에 절였다가 자른다.
4 미역은 끓는 물에 데쳐 찬물에 씻은 다음 김발을 이용해 둥글게 말아 자른다.
5 무즙은 고운 고춧가루로 버무리고, 실파는 잘게 썰어 야쿠미를 만든다.
6 다싯물 1 : 식초 1 : 간장 1의 비율로 섞어 폰즈를 준비한다.
7 그릇에 해삼을 비롯한 모든 재료를 담고 폰즈를 골고루 뿌려 준다.

시험시간 20분

재료

해삼 1마리, 오이 1/4개
건미역 5g, 실파 1뿌리
무 20g, 다시마(사방 5cm) 1장
소금 5g, 가쓰오부시 10g

폰즈 : 가쓰오부시 다시 15cc
진간장 15cc, 식초 15cc
야쿠미 : 고춧가루 5g, 무즙 15g
실파 1뿌리, 레몬 1/4개

요구사항

- 오이를 둥글게 썰거나 얇게 어슷썰기하시오.
- 미역을 손질하여 4~5cm 정도로 써시오.
- 해삼을 손질하여 준비하고 양념초를 끼얹어 내시오.

체크포인트

★ 폰즈는 제출하기 직전에 끼얹는다.
★ 손질한 해삼이 축 늘어져 있으면 바닥에 몇 번 쳐서 탄력이 생기게 한다.
★ 시험장에서 건해삼이 나올 때는 끓는 물에 한 번 데쳐서 사용한다.

刺身盛り合わせ
さしみもりあわせ

생선 모둠회 사시미모리아와세

시험시간 30분

수검자 유의사항

1. 생선에서 비린내가 나지 않도록 밑손질한다.
2. 야채류를 먹기 좋으면서 보기 좋게 장식한다.
3. 생선회를 규격에 맞게 썬다.
4. 접시에 색상이 어울리도록 담는다.
5. 다른 작품과 같은 시간에 완성되도록 한다.

만드는 법

1 무는 껍질을 벗기고 얇게 돌려 깎기 한 후 가늘게 채 썰어 찬물에 담가 둔다.
2 참칫살은 연한 소금물에 담가서 녹여 마른행주로 물기를 제거하고 3쪽을 준비한다.
3 광어와 도미는 손질해서 3쪽으로 썬다.
4 학꽁치는 3장 뜨기 하여 등 쪽에 잔 칼집을 넣고 말아 반으로 썰어 놓는다.
5 당근, 오이는 모양을 내고 와사비는 찬물에 개어 준비한다.
6 접시에 채 썬 무를 세워 담고 상추를 깐 다음 참치, 광어, 학꽁치를 담는다.
7 오이, 당근, 무순으로 장식하고 와사비를 올린다.

재료

학꽁치 1/2마리, 참치 60g
광어 50g, 도미 50g
무 100g, 당근 1/4개
무순 5g, 오이 1/3개
와사비 10g, 상추 1장
간장, 소금 소량

요구사항

- 생선을 밑손질하시오.
- 무채를 가늘게 써시오.
- 장식을 하여 내시오.

체크포인트

★ 도미의 껍질을 벗기지 않고 뜨거운 물에 살짝 데쳐서 사용하는 것을 마쓰가와라고 한다. 이는 껍질 밑에 있는 지방질을 같이 먹을 수 있는 방법이다.

鰆塩焼き
さわらしおやき

삼치 소금구이 사와라시오야키

수검자 유의사항

1. 짜지 않게 소금을 적당히 뿌린다.
2. 다시마 국물을 만든다.
3. 무 초절임 국물을 만든다.
4. 곁들임의 간이 알맞도록 만든다.
5. 삼치의 표면이 타지 않도록 불을 잘 조절한다.

만드는 법

1 삼치는 밑손질해서 포를 떠 가운데 뼈와 갈비뼈를 제거한 다음 펼치고 알맞게 잘라 양면에 소금을 뿌린다.

2 우엉은 껍질을 벗긴 후 깨끗이 씻고 5cm 길이로 잘라 기름에 살짝 볶다가 한 번 씻어내고 간장, 청주, 설탕, 다싯물과 함께 약한 불에서 윤기나게 조리고, 마지막에 흰깨를 무친다.

3 무는 길이 3cm로 준비해 2/3 깊이까지 가로세로로 칼집을 넣고, 뒤집어서 가로세로 2cm 크기로 잘라 소금물에 절였다가 단식초(아마스)에 담가 맛을 들인 후 꽃 모양을 만든다.

4 삼치는 꼬챙이나 석쇠를 이용해 껍질 쪽부터 구운 다음 살 쪽을 익힌다.

5 접시에 무와 우엉, 삼치를 보기 좋게 담고 레몬을 곁들인다.

시험시간 30분

재료

삼치 160g, 소금 30g, 무 50g
레몬 1/4개, 상추 1장, 우엉 60g
다시마(사방 5cm) 1장, 흰깨
식용유 10cc

단식초 : 물 2큰술, 소금 소량
식초 2큰술, 설탕 1큰술
우엉조림 : 청주 1큰술, 간장 1큰술
다싯물 1/2컵, 설탕 1큰술

요구사항

- 삼치를 손질한 다음 소금을 뿌려 두었다가 20~30분 후 씻고 다시 소금을 뿌려 꼬챙이에 구이하시오.
- 곁들일 야채는 초담금 볶음을 하시오.
- 삼치구이와 곁들임을 담고 레몬을 올려 완성하시오.

체크포인트

★ 삼치가 석쇠에 붙지 않도록 먼저 석쇠를 뜨겁게 달군 후 기름을 바른다.
★ 접시에 담을 때 껍질 쪽이 위로 가게 해서 머리는 왼쪽, 배는 앞쪽으로 오게 담는다.

牛肉照り焼き
ぎゅうにくてりやき

쇠고기 간장구이

규니 쿠데리야키

수검자 유의사항

1. 소스와 생강채를 만든다.
2. 쇠고기를 잘라 두드리고 소금과 후추를 뿌려 둔다.
3. 프라이팬에 기름을 약간 둘러 달군 다음 적당히 구워야 한다.
4. 접시에 상추를 깔고 쇠고기 간장구이를 담아야 한다.

만드는 법

1 쇠고기는 핏물을 제거한 뒤 칼등으로 두드려 연화시키고 소금과 후추를 뿌려 둔다.
2 다싯물을 준비한다.
3 다시, 설탕, 청주를 약한 불에서 조려 데리야키 소스를 준비한다.
4 생강은 껍질을 벗기고 곱게 채 썰어 찬물에 헹궈 둔다.
5 쇠고기를 프라이팬에 초벌구이한 다음, 프라이팬에 데리야키 소스를 넣고 간장구이를 한다.
6 접시에 상추를 깔고 먹기 좋게 자른 쇠고기를 담은 다음 소스를 그 위에 덧바르며, 산촛가루를 뿌리고 생강채를 곁들여 낸다.

시험시간 **20분**

재료

쇠고기 160g, 생강 1쪽
다시마(사방 5cm) 1장
상추 1장, 식용유 100cc
산촛가루, 후춧가루, 소금 소량

데리야키 소스 : 청주 2큰술
다싯물 4큰술, 간장 2큰술
설탕 2큰술

요구사항

- 양념간장을 준비하시오.
- 쇠고기를 1.5cm 정도의 두께로 자르고 소금을 조금 뿌리시오.
- 프라이팬에 기름을 약간 두르고 달궈 구이를 한 다음 양념간장을 발라 완성하시오.

체크포인트

★ 쇠고기는 너무 바싹 익히면 질겨지므로 중간 정도로 익힌다.
★ 석쇠나 프라이팬에 굽는데, 석쇠를 사용할 때에는 소스를 좀더 조려 걸쭉하게 만든다.

鶏バータ焼き
にわとりバータやき

닭고기 버터구이

니와토리바타야키

수검자 유의사항

1. 닭살이 찢어지지 않도록 뼈를 발라내야 한다.
2. 닭고기의 양면을 노릇노릇하게 구워야 한다.
3. 덜 익거나 너무 타지 않도록 한다.
4. 버터나 소금, 후추, 청주로 간을 해야 한다.

만드는 법

1 닭은 씻어 뼈를 발라내고 한 입 크기로 잘라 소금, 후추로 밑간을 한다.
2 양파는 분리 후 2.5×3~5cm 크기로 자르고, 피망은 씨를 뺀 다음 양파와 같은 크기로 자른다.
3 프라이팬이 달궈지면 기름을 두르고 닭고기를 초벌구이한 다음 뜨거운 물을 끼얹어 기름기를 제거한다.
4 다시 프라이팬에 기름을 두르고 닭고기, 양파, 피망 순으로 넣고 볶다가 버터, 소금, 후추, 청주를 넣어 볶는다.
5 접시에 상추를 깔고 보기 좋게 담는다.

시험시간 30분

재료

닭다리 1개(200g), 양파 1/2개(100g)
상추 1장, 피망 20g, 버터 30g
식용유 1큰술, 청주 1큰술
후추, 소금 소량

요구사항

- 닭의 뼈를 발라내고 40g 정도의 크기로 자르시오.
- 초벌구이를 한 다음 한 번 삶으시오.
- 다시 볶으면서 야채와 함께 간하시오.

체크포인트

★ 닭고기는 살 쪽에서 칼집을 넣어야 한다.
★ 버터는 타기 쉬우므로 나중에 넣는다.
★ 닭고기와 야채의 껍질이 보이게 담는다.

牛肉空揚げ
ぎゅうにくからあげ

쇠고기 양념튀김

규니쿠가라아게

수검자 유의사항

1. 쇠고기는 손질을 잘하여 결과 반대로 썬다.
2. 양념이 밀가루, 전분과 잘 섞이도록 한다.
3. 다른 작품과 완성 시간을 맞출 수 있게 기름을 적당한 온도로 유지한다.
4. 장식품과 곁들일 재료를 준비한다.

만드는 법

1 쇠고기는 핏물을 제거하고 결과 반대로 잘게 채 썬다.

2 마늘은 잘게 다지고 실파는 송송 썰어 준비한다.

3 쇠고기에 소금, 마늘, 청주, 흰깨, 참기름을 넣고 잠시 재워 두었다가 같은 분량의 밀가루와 전분, 그리고 달걀노른자와 실파를 넣고 잘 버무려 놓는다.

4 3을 먹기 좋은 크기로 만들어 160℃ 정도의 기름에 튀긴 다음 당면을 튀긴다.

5 튀김을 건져 창호지에 올려놓아 기름기가 빠지도록 한 다음 그릇에 담고 당면튀김, 쇠고기튀김, 파슬리, 레몬을 보기 좋게 담는다.

시험시간 30분

재료

쇠고기 100g, 계란 1개
실파 1뿌리, 마늘 1쪽
전분 30g, 파슬리 5g, 밀가루 30g
당면 10g, 식용유 1,000cc
레몬 1/4개, 창호지 2장
참기름, 흰깨, 소금
후추, 청주 소량

요구사항

- 쇠고기를 결과 반대로 잘게 채 써시오.
- 쇠고기를 양념에 무친 다음 계란과 밀가루, 전분을 넣어 섞으시오.
- 기름의 온도를 잘 맞추시오.

체크포인트

★ 쇠고기는 핏물을 제거하고, 결과 반대로 썰어야 질기지 않고 부드럽다.

★ 반죽은 약간 질게 한다.

★ 당면은 180°C 이상에서 튀겨야 잘 튀겨지므로 쇠고기를 튀기고 나서 온도를 조금 올린 다음 튀긴다.

天婦羅盛り合わせ
テンプラもりあわせ

모둠튀김 덴푸라모리아와세

수검자 유의사항

1. 새우는 튀길 때 구부러지지 않도록 손질해야 한다.
2. 생선류는 밑손질하여 물기를 없앤다.
3. 야채류는 손질하여 자른 다음 물에 씻어 물기를 없앤다.
4. 기름이 타지 않도록 하고 적당한 온도에서 튀겨 낸다.

만드는 법

1 1번 다싯물을 만든다.
2 새우는 머리를 떼고 꼬리 쪽 한 마디만 남겨 껍질 벗긴 후 꼬치로 등 내장을 제거하고 소금물에 씻으며, 배 쪽에 칼집을 3~4번 넣어 반듯하게 펼친다.
3 오징어는 속껍질을 앞뒤로 벗기고 칼집을 넣어 썬다.
4 학꽁치는 3장 뜨기 하고 껍질을 벗겨 알맞게 썰고, 바다장어도 잔가시를 제거하고 사선으로 썬다.
5 깻잎은 다듬고, 피망은 한 입 크기로 썰며, 양파는 1cm 두께의 반달로 썰어 꼬치에 꽂고, 표고버섯은 갓 윗부분에 칼집을 넣는다.
6 레몬은 반달로 썰고, 실파는 푸른 부분만 송송 썰며, 무와 생강은 강판에 갈아 물기를 살짝 짜 놓는다.
7 냄비에 덴다시를 넣고 살짝 끓여 놓는다.
8 볼에 차가운 물과 달걀노른자를 먼저 섞고, 그것과 밀가루를 1 : 1의 비율로 해서 가볍게 섞어 튀김옷을 만든다.
9 준비한 재료에 밀가루를 골고루 묻히고 튀김옷을 입혀 170°C 정도의 기름에 튀긴다.
10 그릇에 보기 좋게 담고 덴다시와 야쿠미를 곁들여 낸다.

시험시간 40분

재료

차새우 2마리, 갑오징어(오징어 대체 가능) 1/4마리, 학꽁치(꽁치, 전어 대체 가능) 1/2마리, 바다장어 50g, 양파 1개, 피망 10g, 연근 30g 생표고버섯 1개, 밀가루 100g 실파 20g, 계란 1개, 무 30g 생강 1쪽, 식용유 1000cc, 가쓰오부시 20g, 청주 1큰술, 간장 1큰술 다시마(사방 5cm) 1장, 한지 2장

야쿠미 : 무즙, 생강즙, 실파
덴다시 : 청주 1큰술, 간장 1큰술 다싯물 5큰술, 설탕 1/2큰술

요구사항

- 생선을 튀길 수 있도록 손질하시오.
- 야채를 적당한 크기로 써시오.
- 적당한 온도로 튀기고 소스를 곁들여 내시오.

체크포인트

★ 튀기기 전에 수분을 제거한다.
★ 새우는 튀길 때 구부러지지 않게 배 쪽에 칼집을 넣는다.
★ 재료가 너무 되면 바삭하지 않고 너무 질면 튀김옷이 잘 묻지 않으므로 주의한다.
★ 튀김옷은 미리 만들어 두면 바삭거리지 않으므로 직전에 만들고, 푸른 야채는 안쪽에만 튀김옷을 묻힌다.

茶椀蒸し
ちゃわんむし

계란찜 자완무시

수검자 유의사항

1. 각 재료는 알맞은 크기로 자르거나 손질하여 밑간을 한다.
2. 가다랑어포로 다싯물을 뽑아 적당한 계란찜 국물을 만들어야 한다.
3. 찔 때 불 조절을 잘하고 표면이 부풀어 오르지 않도록 해야 한다.
4. 다른 작품과 같은 시간에 뜨겁게 해서 완성한다.

만드는 법

1 다싯물을 만들어 식힌 다음 계란과 섞어 고운체에 내리고 청주와 소금으로 간을 한다.
2 새우는 등내장 제거 등 밑손질을 하고 생선은 껍질을 제거하고 소금 간을 하며 닭고기는 간장 간을 해놓는다.
3 끓는 물에 생선, 새우, 닭고기를 데쳐낸다.
4 밤은 구워 4등분하고, 어묵은 얇게 썰며, 레몬 겉질은 오리발 모양으로 자르고, 표고버섯은 칼집을 넣는다.
5 은행은 기름에 볶아 껍질을 벗긴다.
6 찜 그릇에 쑥갓과 레몬 껍질을 제외한 나머지 재료를 넣고 계란찜 국물을 8부 정도 부어 찜통에서 약 10분 동안 은근히 찐다.
7 계란이 응고되면 꺼내어 쑥갓과 레몬 껍질을 얹고 뜸을 들인다.

시험시간 30분

재료

계란 1개, 잔새우 1마리
어묵 15g, 생표고버섯 0.5개
흰살생선 10g, 닭고기 20g
밤 1개, 은행 2개, 죽순 10g
가쓰오부시 10g, 레몬 1/4개
다시마(사방 5cm) 1장
쑥갓 1줄기, 진간장 10ml

계란찜 국물 : 다싯물 100cc
계란 1개, 청주, 소금 소량

요구사항

- 찜의 속재료는 각각 따로 간을 하시오.
- 나중에 넣을 것과 처음에 넣을 것을 구분하시오.
- 가다랑어포로 다싯물을 만들어 식혀서 계란과 섞으시오.

체크포인트

★ 재료의 크기는 2cm 정도로 한다.
★ 다싯물의 양은 계란의 2~2.5배 정도로 한다.
★ 계란의 거품을 제거하고 중불에서 쪄야 표면이 매끄럽게 완성된다.
★ 찜통이 없을 때에는 냄비에 중탕해서 찐다.

蛤酒蒸し
はまぐりさかむし

대합 술찜 하마구리사카무시

수검자 유의사항

1. 대합의 눈을 따내어 벌어지는 것을 방지해야 한다.
2. 다싯물과 술을 적당량 혼합해서 찐다.
3. 큰 칼로 대합의 입을 벌리고 데친 쑥갓과 레몬을 곁들여 다른 작품과 같이 완성한다.

만드는 법

1 대합은 소금물에 해감시켜 놓는다.
2 다시마로 다싯물을 끓인다.
3 배추와 당근은 전부 데치고 무와 쑥갓은 재료의 절반만 데친다.
4 배추를 펼치고 쑥갓을 넣어 김발로 말아 4cm 길이로 썰고, 당근은 꽃 모양, 무는 은행잎 모양으로 만들며, 대파는 어슷썰기한다.
5 해감을 뺀 대합의 눈을 제거한다.
6 찜 그릇에 배추, 무, 대파, 당근, 대합을 담고 다싯물 1큰술, 청주 1큰술, 소금을 약간 넣어 찜통에서 10분 정도 찐다.
7 재료가 익으면 대합의 입을 벌리고 얇게 썬 레몬과 쑥갓을 넣어 뜸을 들이고, 폰즈와 야쿠미를 곁들여 낸다.

시험시간 **25분**

재료

대합 2마리
무 80g, 다시마(사방 10cm) 1장
배추 50g, 당근 1/4개
레몬 1/4개, 대파 1/2개, 소금 5g
쑥갓 2줄기, 청주 50ml

술찜 소스 : 다싯물 1큰술
청주 1큰술, 소금 소량
폰즈 : 다싯물 2큰술
진간장 2큰술, 식초 2큰술
야쿠미 : 무즙 15g, 고춧가루 5g
실파 1뿌리, 레몬 1/4개

요구사항

- 대합의 밑쪽 눈을 따내시오.
- 다시마 국물을 만들어 두시오.
- 술을 뿌려 찌시오.

체크포인트

★ 대합의 손질 방법에 유의한다.
★ 찔 때 중간에 자주 열어 보면 시간이 더 걸리므로 주의한다.

甘鯛酒蒸し
あまたいさかむし

도미 술찜 타이사카무시

⏰ 시험시간 30분

수검자 유의사항

1. 도미에 가시가 없도록 손질한다.
2. 곁들일 야채를 삶거나 데쳐서 적당한 크기로 자른다.
3. 다싯물을 만들고 술의 알코올을 제거해야 한다.
4. 양념초와 양념장을 만들어서 곁들여야 한다.

만드는 법

1 도미는 비늘과 내장 등을 제거하고 소금을 뿌려 놓는다.
2 다싯물을 준비한다.
3 배추와 당근은 전부 데치고 무와 쑥갓은 재료의 절반만 데친다.
4 배추를 펼치고 쑥갓을 넣어 김발로 말아 4cm 길이로 썰고, 당근은 꽃 모양, 무는 은행잎 모양으로 만들며, 대파는 어슷썰기한다.
5 도미를 끓는 물에 데쳐 불순물을 제거한다.
6 찜 그릇에 배추, 무, 대파, 두부, 당근, 중합, 도미를 담고 다싯물 1큰술, 청주 1큰술, 소금을 약간 넣어 찜통에서 15분 정도 찐다.
7 완성된 도미 술찜에 폰즈, 야쿠미를 곁들여 낸다.

재료

도미 150g, 배추 50g, 무 80g
당근 1/4개, 두부 50g, 죽순 20g
중합 1개, 생표고버섯 1개, 쑥갓 20g
다시마(사방 10cm) 1장

술찜 소스 : 다싯물 1큰술
청주 1큰술, 소금 소량
폰즈 : 다싯물 15큰술
진간장 15큰술, 식초 15큰술
야쿠미 : 무즙 15g, 고춧가루 5g
실파 1뿌리, 레몬 1/4개

요구사항

- 도미는 밑손질하여 가는 뼈는 제거하고 소금을 뿌리시오.
- 곁들일 야채를 준비하시오.
- 다싯물을 만들어 놓으시오.
- 찜을 쪄서 내시오.

체크포인트

★ 도미와 야채의 손질 방법에 주의하고 도미는 살만 사용한다.

鯛粗煮
たいあらに

도미조림 다이이니니

수검자 유의사항

1. 곁들일 야채를 준비하여 처음 넣을 것과 나중에 넣을 것을 구분한다.
2. 조릴 때 타거나 눌지 않도록 해야 한다.
3. 국물이 적당히 남도록 해야 한다.

만드는 법

1 도미는 비늘과 내장을 제거한 뒤 잘라 소금을 뿌려 둔다.
2 우엉은 5cm 길이로 잘라 막대 모양으로 준비한다.
3 도미는 끓는 물에 데쳐 불순물을 제거한다.
4 냄비에 우엉을 깔고 도미를 넣어 조림 양념장과 같이 끓이는데, 도중에 생기는 불순물을 걷어 내고 중불에서 조린다.
5 생강은 얇게 채 썰어 찬물에 담가 둔다.
6 꽈리고추는 다듬어 도미가 거의 다 조려졌을 때 넣는다.
7 접시에 보기 좋게 담고 생강채를 곁들인다.

시험시간 30분

재료

도미 1마리, 꽈리고추 30g
생강 1쪽, 우엉 40g, 소금 5g

조림 소스 : 다싯물 2컵
청주 3큰술, 간장 3큰술
설탕 3큰술

요구사항

- 손질한 도미를 5~6cm 크기로 자르고 소금을 뿌려 데친 후 불순물을 제거하시오.
- 도미를 냄비에 넣고 양념하여 조리시오.
- 야채를 앞쪽에 담아내시오.

체크포인트

★ 도미에 조림 국물을 끼얹어 가면서 조리면 색깔도 예쁘고 타는 것을 방지할 수 있다.

牛肉丼
ぎゅうにくどんぶり

쇠고기덮밥 규니쿠돈부리

시험시간 40분

수검자 유의사항

1. 쇠고기와 계란, 야채는 너무 익히지 않도록 한다.
2. 덮밥용 국물의 양에 유의한다.

만드는 법

1 다싯물을 만들어 덮밥 다시를 만든다.
2 쇠고기는 핏물을 제거하고 4×0.5×7cm 정도의 크기로 썰어 놓는다.
3 실파는 4cm 길이로 썰고, 양파는 세로로 가늘게 채 썰며, 팽이버섯은 밑동을 잘라 2등분한다.
4 냄비에 덮밥 다시와 쇠고기를 넣고 불순물을 걷어 내면서 끓이는데, 양파와 팽이버섯을 넣고 마지막에 계란을 풀고 실파를 넣은 것을 돌리면서 위에 끼얹어 준다.
5 계란이 반 정도 익으면 불을 끄고 국물을 약간만 남기고 버리며, 국자로 모양이 흐트러지지 않게 밥 위에 붓고 부순 김을 얹어 낸다.

재료

쇠고기 60g, 팽이버섯 10g
양파 1/4개, 계란 1개, 실파 2뿌리
김 1/4장, 다시마(사방 5cm) 1장
흰밥 1공기, 가쓰오부시 10g

덮밥 다시 : 다싯물 100cc
간장 1큰술, 청주 1큰술
설탕 1작은술

요구사항

- 덮밥용 양념간장을 만들어 사용하시오.
- 쇠고기와 야채, 계란은 알맞게 익혀 밥 위에 올리시오.
- 구운 김을 부수어 사용하시오.

체크포인트

★ 김은 살짝 구워서 부수거나 채 썬다.
★ 덮밥 국물의 색깔은 삼바이즈보다 약간 연하다.
★ 계란은 80% 정도만 익힌다.

御田
おてん

꼬치 냄비 오뎅

수검자 유의사항

1. 무를 삶는 방법에 유의한다.
2. 재료의 전처리에 유의한다.

만드는 법

1 냄비에 물과 다시마를 넣고 불에 올려 끓으면 다시마는 건져 내며, 가쓰오부시를 넣고 불을 꺼 2~3분 후에 면포에 거른다.
2 겨잣가루는 뜨거운 물에 개어 둔다.
3 당근은 삶아 매화꽃 모양으로 만들고, 무는 2cm 크기로 썰어 모서리를 돌려 깎기 한 후 삶아 낸다.
4 곤약은 7cm 길이로 잘라 모양을 만들고, 어묵은 끓는 물에 데치고 찬물에 씻어 불순물을 제거한 후 잘라 꼬치에 꽂는다.
5 은행은 볶은 다음 껍질을 벗겨 꼬치에 꽂는다.
6 냄비에 다싯물 1컵과 간장 2큰술, 무, 곤약, 계란을 넣고 조린다.
7 냄비에 다싯물, 간장, 소금을 넣어 색과 간을 맞추고 준비된 야채와 꼬치를 넣고 끓인다.
8 불순물을 걷어 내면서 충분히 끓인 후 청주와 쑥갓을 넣어 마무리한다.

시험시간 40분

재료

각종 어묵 180g, 삶은 계란 1개
당근 1/3개, 무 70g, 쑥갓 1줄기
곤약 50g, 다시마(사방 5cm) 1장
가쓰오부시 10g, 국간장 15ml
진간장 15ml, 청주 15ml, 소금 2g
미림 15ml, 대나무 꼬치 2개
겨잣가루 10g

요구사항

- 어묵을 적당히 자르는데, 사각형 어묵은 5cm 정도로 자르시오.
- 곤약은 7×3cm 크기로 잘라 꼬인 상태로 만드시오.
- 당근은 매화꽃이나 벚꽃 모양으로 만드시오.
- 겨자는 함께 곁들이시오.

체크포인트

★ 다시마는 매듭으로 만들어야 한다.

揚げ出し豆腐
あげたしとうふ

튀김두부 아게다시도후

수검자 유의사항

1. 가다랑어국물(가쓰오다시) 뽑기와 튀김온도에 유의한다.
2. 연두부의 형태를 잘 유지한다.
3. 고명을 만드는 순서는 틀리지 않게 해야 한다.

만드는 법

1 냄비에 다시마를 넣고 끓어오르면 다시마는 건져내고 가쓰오부시를 넣고 불을 끈 다음 2~3분 후에 면포로 거른다.
2 연두부는 마른 면포나 종이타월로 여분의 물기를 제거한다.
3 2의 연두부를 감자 녹말가루로 연두부의 겉 표면을 골고루 묻힌다.
4 무는 강판에 갈아서 고운 고춧가루와 버무려 분홍색의 무즙을 만들어 놓는다.
5 실파는 손질하여 송송 썰어 놓는다.
6 김은 살짝 구워 물기가 묻지 않게 가지런하게 썰어 둔다.
7 냄비에 기름을 붓고 약 140~150℃ 정도의 온도에서 튀긴다. 두부를 뒤집어 가면서 튀겨주고 가라 앉았던 두부가 위로 떠오르면 건져낸다.
8 냄비에 1의 만들어 둔 다시물 8, 맛술 1, 진간장 1의 비율로 살짝 끓여 소스를 준비한다.
9 그릇에 튀긴 두부, 다시, 야쿠미(고명)를 따로 담아서 제출한다.

시험시간 25분

재료

연두부 1모, 감자전분 100g
실파 20g, 김 1/4장, 무 100g
고춧가루(고운 것) 10g
가쓰오부시 10g
다시마(사방 5cm) 1장
진간장 50mL
식용유 500mL
미림(맛술) 50mL

요구사항

- 가다랑어국물(가쓰오다시)을 뽑아서 튀김다시를 만드시오.
- 연두부의 물기를 제거하시오.
- 아카오로시(고춧가루로 색을 낸 무즙), 실파, 하리노리(채 썬 김)로 야쿠미(고명)를 만드시오.
- 튀김두부는 3개를 제출하시오.
- 튀김두부, 야쿠미, 소스는 각각 따로 담아내시오.

체크포인트

★ 두부에 찹쌀가루를 묻혀 튀겨도 맛이 좋다.

玉子券き焼き
たまこまきたき

달걀말이구이 다마고마끼야끼

시험시간 25분

수검자 유의사항

1. 조리작품 만드는 순서는 틀리지 않게 해야 한다.
2. 숙련된 기능으로 맛을 내야 하므로 조리 작업 시 음식의 맛을 보지 않는다.

만드는 법

1 냄비에 다시마를 넣고 끓어 올라오면 다시마는 건져내고 가쓰오부시를 넣고 불을 끈 후 2~3분 후에 면포로 걸러 식힌다.
2 달걀을 용기에 깨어 넣고, 1의 다시 200mL, 설탕, 소금, 맛술을 넣고 거품기로 잘 섞어 가는 체에 내려놓는다.
3 사각 팬에 기름을 두르고 기름이 자유롭게 움직일 정도로 달군 다음 불을 중불로 줄인다.
4 팬에 2의 달걀물을 1국자(180cc) 정도 부어 팬에 고르게 펼친다.
5 달걀물에 방울이 생기면 젓가락으로 터뜨리며 표면을 고르게 해준다.
6 팬의 달걀물이 절반쯤 익어 표면이 약간 축축해 있을 때 뒤쪽에서 앞쪽(손잡이방향)으로 말아 준다.
7 팬의 뒷부분에 기름을 다시 두르고 앞쪽의 달걀말이를 뒤쪽으로 보낸 뒤 앞쪽의 팬 바닥에도 기름칠을 한다.
8 팬의 앞부분에 2의 달걀물을 한 국자 부어 준다.
9 젓가락을 말려진 달걀말이 밑에 넣어서 달걀말이 밑에도 달걀물이 퍼지도록 넣고 팬 바닥 전체에도 달걀물이 고루 퍼지도록 팬을 흔들어 준다.
10 5~7의 동작을 되풀이하여 두껍게 말아 준다.
11 완성된 달걀말이를 김발로 감아 사각의 모양을 잡아 준다.
12 무는 강판에 갈아서 물에 살짝 헹군 후 물기를 짜서 간장을 약간 넣고 버무려 간장무즙을 만들어 놓는다.
13 11의 달걀말이를 1cm 정도의 두께로 비스듬하게 8개로 자른다.
14 접시에 왼쪽 위편에 시소를 깔고 잘라 놓은 달걀말이를 놓고 앞쪽에 간장 무즙을 곁들인다.

재료

달걀 10개, 백설탕 30g
다시마(사방 5cm) 1장
소금 10g, 식용유 50mL
가쓰오부시 10g, 미림(맛술) 50mL
무 100g, 진간장 30mL
청차조기잎(시소) 2장

요구사항

- 가다랑어포(가쓰오부시)를 사용하여 가다랑어국물(가쓰오다시)을 뽑으시오.
- 달걀과 가다랑어국물(가쓰오다시), 소금, 설탕, 맛술을 섞은 후 가는 체에 거르시오.
- 젓가락을 사용하여 달걀말이를 한 후 김발로 모양 있게 싸시오.
- 길이 8cm, 높이 2.5cm, 두께 1cm 정도로 썰어 8개를 만들고, 완성되었을 때 틈새가 없도록 하시오.
- 무는 즙을 만들어 찬물에 살짝 한번 씻고, 진간장을 첨가하여 간장무즙을 만드시오.
- 달걀말이와 간장무즙을 접시에 보기 좋게 담아내시오.

체크포인트

★ 팬의 기름이 온도가 너무 높으면 달걀말이가 푸른색을 띠게 된다.

Chapter 05
복어 요리

1. 복어의 개요

복어를 즐겨 먹는 나라는 동남아시아 지역인 한국, 일본, 중국 등과 이집트로, 특히 일본은 복요리가 발달되어 있다. 이집트는 복어의 껍질로 돈주머니를 만들면 돈이 들어온다고 하여 지금도 복지갑을 가지고 다니는 사람이 많다.

바닷물고기인 복어는 종류가 수십 가지에 이르는데 우리나라에는 28여 종이 있다. 그 중에서 참복, 검복, 까치복 등이 귀하며, 복어 요리는 겨울의 계절 요리로서 맛이 좋다.

복어 중에는 밀복처럼 독이 없는 것도 있지만 독을 가진 것이 훨씬 많고, 복어독에 의한 치사율은 60%에 이른다. 복어의 독은 산란기 직전인 5~7월에 강한데, 참복의 독은 맹독으로 난소와 간장에 독이 가장 많다.

(1) 복어의 역사

우리나라는 석기 시대의 패총(貝塚)에서 복엇과의 뼈가 도미, 고등어, 넙치 등의 뼈와 같이 출토된 것으로 보아 이때부터 복어를 식용한 것으로 추정된다. 경남 김해군 수조리 패총에서 가오리, 대구, 농어, 도미의 잔해와 함께 졸복이 출토되어 신석기 시대부터 식용하였음을 알 수 있다.

또한 『일본 어획사』를 보면 패총 속에서 도미, 농어 등과 함께 복어의 화석이 나왔다고 기록되어 있으므로 일본인은 원시 시대부터 먹었다고 생각된다. 원시 시대의 식재료는 대체로 수렵을 통해 얻었기 때문에 해안 부근에서 어획을 해 온 부락에서는 복어가 흔한 생선이었을 것이다. 또한 복어를 먹고 중독되거나 사망하는 일을 겪으면서 그 독성과 함께 약용으로써의 이용 등도 알게 되어 그때부터 점점 보급되었을 것이다.

복어는 값이 비싸다는 것과 손질을 제대로 하지 않고 먹으면 죽을 수 있다는 것이 단점이지만, 최근에는 이 단점을 감수하면서도 많은 사람들이 건강과 맛을 위해 즐겨 먹으며, 호텔이나 일반 음식점에서도 많이 취급하고 있다. 『동의보감』에는 복어에 대해 "하돈(河豚)은 성질이 따뜻하고 맛이 달며 독이 있다. 허한 것을 보하고 습한 것을 없애며 허리와 다리의 병을 치료하고 치질을 낫게 하며 벌레를 죽인다." 라고 설명하고 있다.

중국에서는 황복을 '하돈(河豚)'이라고 했는데 그대부터 식용되었으며 양쯔 강, 황허 강, 랴오허 강 등에 많고, 우리나라에는 한강, 임진강, 금강, 낙동강 등 큰 강의 하류에서 봄부터 여름까지 잡히며 요즘은 양식도 하고 있다.

또한 중국의 시인 소동파는 특히 복을 좋아하여, 양저우의 장관으로 있을 때 복이 올라올 철이면 복요리를 먹느라고 정사를 게을리 했을 정도였다고 한다. 많은 시인들을 불러 복어의 맛을 찬미케 하는 자리에서 소동파는 "사람이 한 번 죽는 것과 맞먹는 맛"이라고 극찬하였다. 가시가 있는 장미가 아름답고 절세미인 중에 독부가 있듯이, 복어는 독이 있어 더 맛이 있는지도 모를 일이다.

(2) 복어의 특성

복어는 위에 둥근 주머니가 있어 물이나 공기를 들이마시기도 하는데, 물을 내뿜어 모래를 헤쳐서 먹이를 찾거나 적을 위협하기 위한 수단으로 공기주머니를 3배 가까이 부풀려 몸을 커 보이게 한다. 이러한 이유로 복어는 영어로 'puffer'라고 불린다.

복어 한 마리는 성인 30여 명의 생명을 빼앗을 수 있는 맹독을 지니고 있다. 복어독은 테트로도톡신으로 난소에 가장 많고 간, 피부, 장의 순으로 많이 함유하고 있으며 근육에 가장 적다. 복어독은 물에 녹지만 열에 의해 파괴되지 않는다.

복어는 먹을 수 있는 것과 먹을 수 없는 것으로 나뉜다. 먹을 수 없는 복은 국매리복, 복섬복 등이고, 먹을 수 있는 복으로는 참복, 까치복, 황복, 은복, 졸복, 밀복 등이 있다. 그러나 먹을 수 있는 복이라 해도 내장, 아가미, 피, 난소 등은 절대로 먹으면 안 된다. 복어 중에서 일반적으로 식용되어 온 것은 유독 부분을 제거하면 안전하게 맛볼 수 있다.

복어의 종류

자주복(トラフグ, 도라후구)

검자주복(カラス, 가라스)

참복(マフグ, 마후구)

매리복(ショウサイフグ, 조우사이후구)

국매리복(ナシフグ, 나시후구)

눈불개복(アカメフグ, 아카메후구)

졸복(ヒガンフグ, 히간후구)

까치복(シマフグ, 시마후구)

밀복(ドクサバフグ, 도쿠사바후구)

꺼끌복(モヨウフグ, 모요우후구)

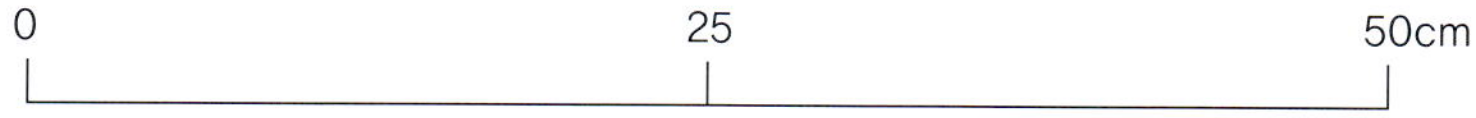

흰점복(コモンフグ, 고몬후구)

복섬(クサフグ, 구사후구)

까칠복(ゴマフグ, 고마후구)

은밀복(シロサバフグ, 시로사바후구)

흑밀복(クロサバフグ, 구로사바후구)

은복(カナフグ, 가나후구)

불룩복(ヨリトフグ, 요리토후구)

청밀복(クマサカフグ, 구마사카후구)

별복(ホシフグ, 호시후구)

불뚝복(ウチワフグ, 우치와후구)

황점복(サンサイフグ, 산사이후구)

황해흰점복(コモンダマシ, 고몬다마시)

먹을 수 있는 부분 : 입, 껍질, 항문 쪽 지느러미, 살, 머리 부분, 이리 등

먹을 수 없는 부분 : 간장, 알, 위장, 속아가미, 쓸개, 비장, 눈, 피, 신장, 심장, 속아가미 점막을 싸고 있는 얇은 껍질 등

복어는 납작한 비늘은 없지만 종에 따라 등과 배에 수많은 작은 가시를 가지고 있어 만지면 까칠까칠하다. 최근 복어류의 분류학적인 연구가 활발히 진행되어 우리나라 연안에서 미기록종들이 계속 발견됨에 따라 우리나라 바다에 서식하는 복어는 10속 28종으로 보고되어 있다.

우리나라에서는 참복으로 통하는 검복, 까치복, 자주복, 흰밀복 등을 식용하고 있는데, 검복을 최고로 치고 그 다음이 자주복이며, 까치복과 흰밀복은 일반적인 가격대로 판매된다. 검복과 자주복은 모양이 비슷해 구분하기가 어려운데 가슴지느러미 뒤쪽의 원형 반점에 흰 테두리가 없는 것은 검복, 원형 반점에 테두리가 있고 등과 배 쪽에 작은 가시가 있는 것이 자주복이다. 검복과 자주복은 독을 가지고 있는 반면, 밀복은 독이 없거나 약하며 거북복은 아예 무독이다.

(3) 복어 요리 문화

복어를 요리할 때는 먼저 지느러미를 자르고 꼬리 쪽에서 등과 배에 칼집을 넣어 머리 쪽으로 껍질을 벗겨 낸다. 이어서 머리를 자르고 내장을 제거한 다음 몸을 3쪽으로 가르는데, 복어독은 수용성이므로 "복 한 마리에 물 한 섬"이란 말이 있듯이 다량의 흐르는 물로 충분히 씻어 낸다.

복어는 독을 제거해야 하기 때문에 손질에 정성을 다해야 하지만 요리는 간단한 것이 특징이다. 탕은 가장 대중적인 복요리로서 매운탕과 맑은 탕이 있다. 복 매운탕은 생선 매운탕을 끓이는 방법과 비슷한데, 독성을 제거하는 성분이 있는 미나리를 함께 넣는다. 맑은 탕은 팽이버섯과 배추, 쑥갓 등 채소로만 맛을 내며, 미식가들은 양념을 많이 하면 복어 특유의 담백한 맛을 느낄 수 없다며 맑은 탕을 즐겨 찾는다.

일반적으로 복어는 살이 찌는 늦가을에서 초봄까지 맛이 좋고, 이때 우리나라 제주도 근해에서 많이 잡힌다. 복어는 밤에 모래집 바닥에 숨어 휴면을 하므로 주로

밤에 집어등을 이용하여 낚아 올린다.

"복어국과 도미 맑은국이 있는데도 무분별하다."라는 일본 속담이 있듯이 복어는 잊을 수 없는 맛을 갖고 있다. 복어는 독성이 약해지고 살이 오르는 10월부터 3월 초에 잡히는 것이 가장 맛좋다. 특히 눈 내리는 겨울 밤에 먹는 복 냄비 요리와 복어 지느러미 술, 복어회 등은 겨울의 정취를 느끼기에 최고의 요리이다. 까다롭게 손질해도 독이 일부 남지만, 이 독은 오히려 온몸으로 퍼지면서 몸을 덥게 하여 피로를 풀어 주고 숙취를 해소시켜 준다.

배가 볼록하게 생긴 복어는 다른 생선과 비교할 수 없을 정도로 감칠맛이 뛰어난데, 그 중에서도 가장 맛이 좋은 고급종은 참복이다. 또 참복은 12월에서 1월에 이리가 가장 많이 생기는데, 이 이리는 고단백으로 간경화, 간염이 있는 사람에게 매우 좋다. 횟감으로 좋은 것은 황복, 참복이며, 복탕과 지리용으로 먹기 좋은 것은 까치복이다. 일본에서 발달한 복어회는 살만을 발라 아주 얇게 종잇장처럼 뜨는데 그것으로 요리 솜씨를 짐작할 수 있다. 이 밖에도 복껍질 무침, 복튀김, 복찜, 복샤부샤부, 복껍질 굳힘 등 여러 가지 요리가 있다.

(4) 복어의 맛과 영양

복어는 저칼로리 고단백이고 각종 무기질 및 비타민이 함유되어 있어 다이어트 식품으로 좋다. 특히 예부터 수술 전후 환자의 회복 및 당뇨병, 신장 질환의 식이요법에 적격이며, 갱년기 장애 혈전과 노화 방지, 폐경 연장, 각종 암, 종양, 궤양의 예방 및 치료에도 좋다. 뿐만 아니라 신경통, 두통, 진정, 해열, 일사병, 파상풍, 혈압 강하와 치질, 치루 등에도 좋다. 콩나물과 미나리를 함께 넣어 탕을 만드는 이유는 해독 작용은 물론이고 복어의 성분을 더욱 상승시켜 혈액을 맑게 해 주며, 피부를 아름답게 하고 고혈압, 신경통에 효과가 있기 때문이다.

복어가 알코올 해독뿐만 아니라 콜레스테롤 감소에 탁월한 효과가 있다는 사실이 학술적으로 증명되어 학계의 관심을 모으고 있으며, 고도 불포화 지방산인 복어의 지질 성분에는 EPA와 DHA가 비교적 많이 함유되어 있는 것으로 보고되고 있다. 특히 최근 뇌영양화학 연구소의 Crawford 박사는 자신의 저서에서, 생선에만 있는 DHA는 학습, 기억 능력을 향상시키고 혈액 중의 콜레스테롤 함량을 줄이며 혈전을 방지하는 우수한 기능을 가지고 있다고 밝혔다.

또한 복어는 깊은 맛과 관련이 있는 유리 아미노산인 타우린, 글리신, 알라닌 및 루신이 전체 아미노산의 83%를 차지하고 있다. 고급 어종일수록 결합 조직 중의 콜라겐 함량이 높아 촉감이 좋은데, 복어는 식용 가능한 어종 중에서 콜라겐 함량이 가장 높다.

(5) 복어에 의한 식중독

복어의 독은 1909년 일본의 다하라 요시즈미(田原良純) 박사에 의하여 테트로도톡신으로 명명되었다. 테트로도톡신은 체내에서 만들어지지 않으며, 물과 알칼리에 분해되나 열에는 파괴되지 않는다. 그러나 복어독도 사용하기에 따라서는 약이 될 수 있는데, 신경계를 마비시키는 작용을 하기 때문에 신경통이나 관절염, 류머티즘 진통,파상풍의 경련, 천식, 발작 등에 진정 효과가 있어 진통제, 신경제, 진정제 등으로 사용되고 있다.

복어는 먹이가 되는 불가사리에 의해 계절에 따라 독력이 변하는데, 여름부터 겨울에 걸쳐 간의 독력이 증가한다. 그러나 양식 복어는 무독이거나 천연 복어보다 독성이 약하다. 복어의 독은 눈으로 볼 수 없을뿐더러 계절, 개체, 암수 등에 따라 내장 등의 독의 유무, 강약이 다르며,외관상으로 유독인지 무독인지를 감별할 수 없는 어려움이 있다. 그러나 내장에는 거의 독이 있으므로 가식 부분을 제외한 내장 부위는 먹지 않는 것이 좋다.

보통 복어 요리 중에 함유되어 있는 정도의 독은 혈관 운동신경의 활동을 활성화시키지만, 그보다 양이 많으면 반대로 활동이 중지되어 호흡 곤란이 일어나고 결국 산소 결핍으로 죽음에 이르게 된다. 복어독은 수용성이기 때문에 세척을 할 때 깨끗한 물로 잘 씻는 것이 중요한데, 표면의 독은 물에 잘 씻겨 나가지만 조직 중의 독은 그대로 남아 있으므로 이를 잘 제거하는 기술이 복어 조리법의 비결이라고 할 수 있다.

중독 증상

복어독은 흡수와 배설이 빨라 식후 30분, 늦어도 2~3시간이면 중독 증상이 나타난다. 치사 시간은 섭취한 뒤 1시간 30분에서 8시간 정도이고, 8시간을 넘기면 회복될 확률이 크다.

제1도(중독의 초기 증상) : 입술 주위나 혀끝이 마비되고, 취식 후 20분부터 2~3시간 이내에 감각이 둔화되면서 손끝이 저려 온다. 또 술에 취한 것같이 비틀거리고 구토가 일어나는데, 구토를 하지 않으면 예후가 나쁠 수 있다.

제2도(불완전 운동 마비) : 앉아 있으면 옆으로 넘어지고 지각 마비, 언어장애도 나타나며, 호흡이 어려워지고 혈압도 급속히 떨어지나 의식은 뚜렷하다.

제3도(완전 운동 마비) : 손가락 끝도 움직일 수 없게 되고, 호흡 곤란과 혈압 강하가 더욱 심해진다. 따라서 혈액 중의 산소가 부족하여 피부나 점막이 검푸르게 변하며, 약물을 삼키기조차 힘들고 의식이 혼미해진다.

제4도(의식 소실) : 의식이 혼미해지다가 의식을 잃으면 곧바로 호흡이 정지되어 사망에 이른다.

응급 조치

복어독에 중독되면 한시라도 빨리 구토를 유발하는 것이 중요하다. 물, 미온탕, 증조수, 식염수 등을 많이 마시고 위 안의 내용물을 전부 토해 낸 다음 위세척을 해야 한다.

2. 복어 손질하기

1 먼저 복어의 겉에 묻어 있는 점액질을 주먹솔로 문질러 깨끗이 제거한다.

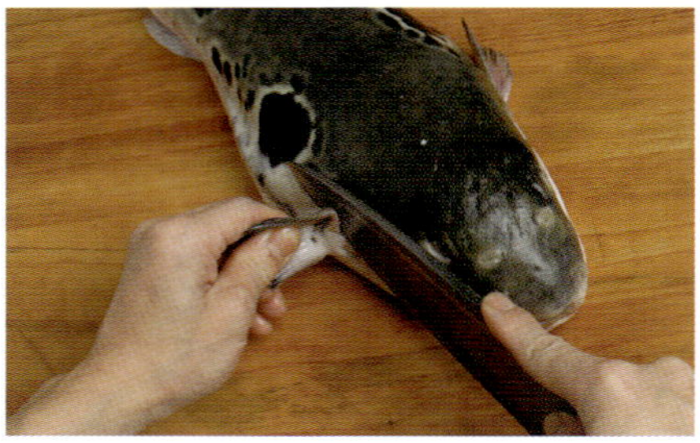

2 등지느러미와 가슴지느러미, 배지느러미를 꼬리 쪽에서 머리 쪽으로 잘라 낸다.

3 주둥이를 잘라 낸다.

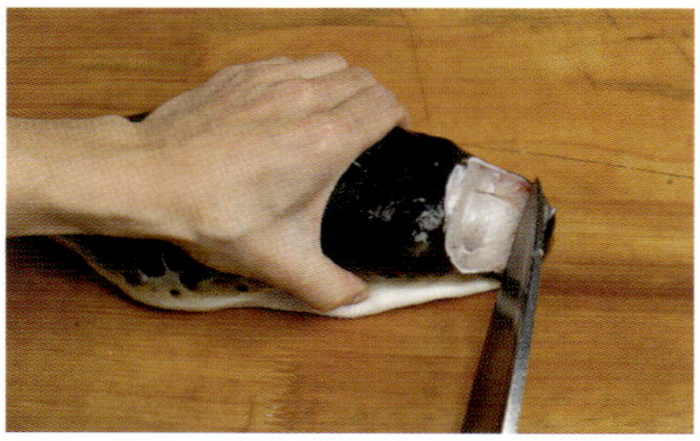

4 주둥이를 자를 때는 혀가 잘리지 않도록 칼로 혀의 오른쪽에서 주둥이를 밀어 주면서 잘라 낸다.

5 속살에 흠이 가지 않도록 칼날을 반대로 하여 껍질의 옆선에 칼집을 넣는다. 반대편도 똑같이 칼집을 넣는다.

6 칼끝으로 꼬리 쪽을 누르고, 왼손은 등지느러미를 떼어 낸 구멍에 넣어 껍질을 쥐고 겉껍질과 속껍질이 같이 딸려 나오도록 꼬리에서 머리 쪽으로 벗겨 낸다.

7 속살에 흠이 생기지 않게 칼끝으로 살과 껍질 사이를 분리시켜 가면서 껍질을 벗긴다.

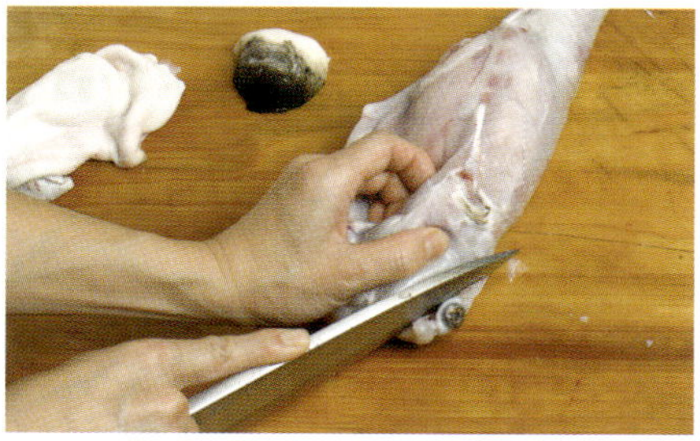

8 왼손 검지로 아가미 안쪽의 살을 밀어 눈알이 튀어나오게 하고 눈알의 잔유물이 남지 않도록 칼로 눈을 분리한다.

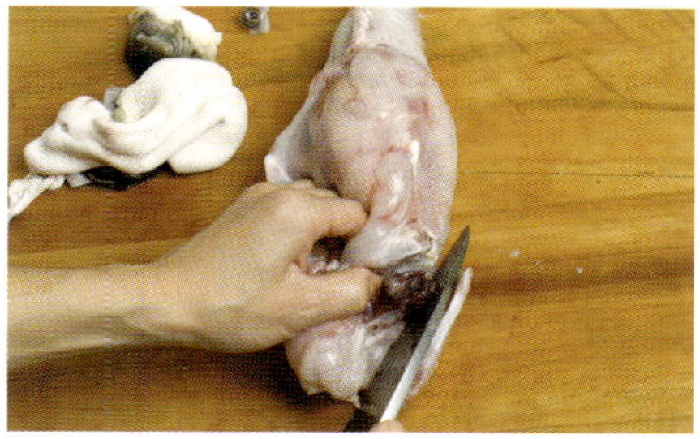

9 아가미와 머리뼈 사이에 칼집을 넣어 분리시킨다.

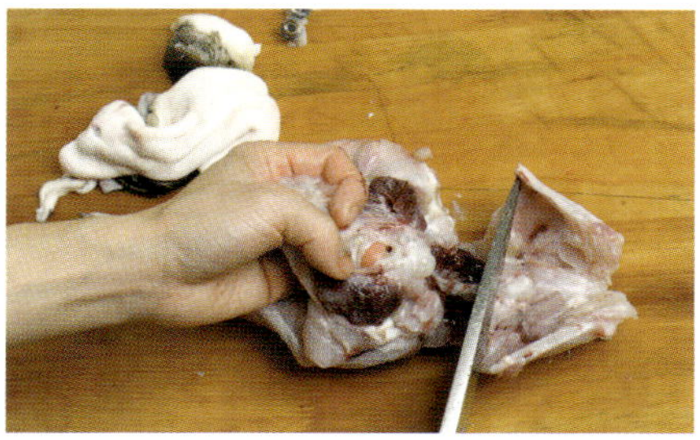

10 왼손으로 아가미와 내장을 잡아당기면서 아가미와 머리뼈 사이의 막을 칼로 잘라 분리시킨다.

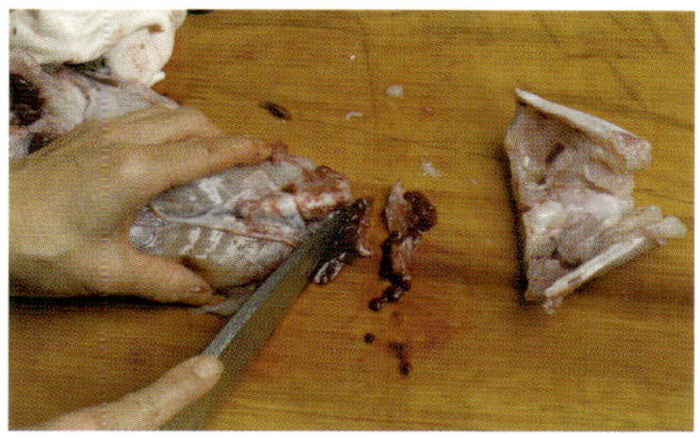

11 머리와 몸통을 분리하고 몸통의 피를 칼끝으로 제거한다.

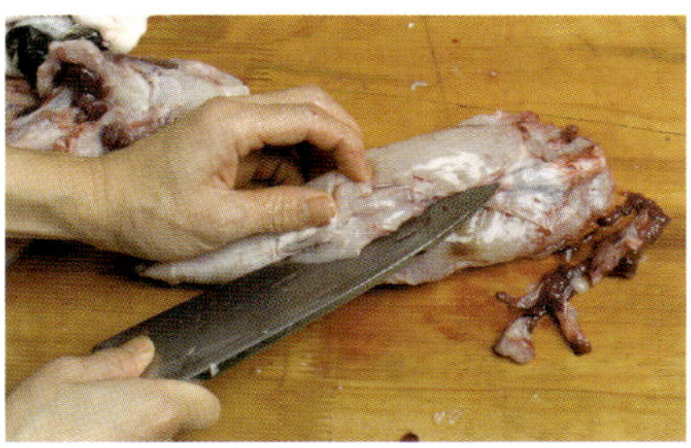

12 V자 형태로 칼집을 넣어 몸통의 배꼽살을 자른다.

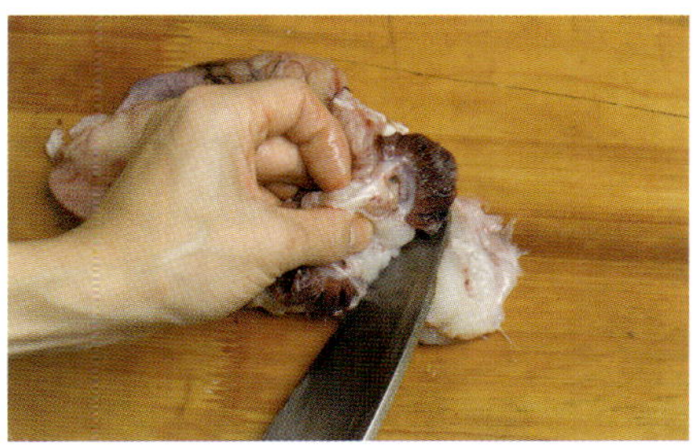

13 왼손으로 아가미를 잡고 아가미와 아가밋살 연결 부위의 막을 자른다.

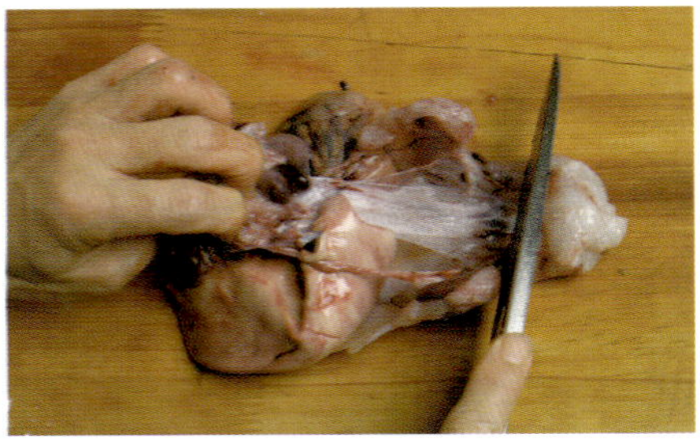

14 칼끝으로 아가미뼈를 누르고 왼손으로 아가미와 내장을 당겨 분리시킨다.

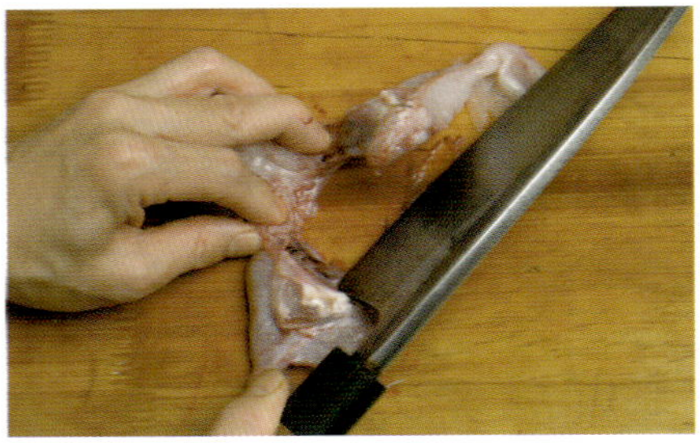

15 분리한 아가밋살의 불순물을 제거한다.

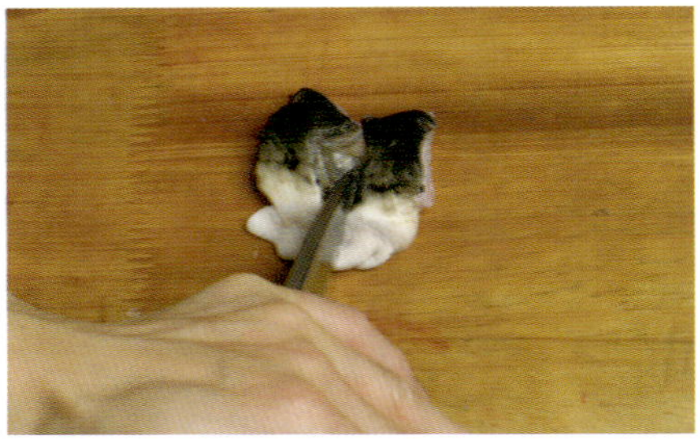

16 주둥이의 이빨 가운데에 칼집을 넣어 둘로 자른다.

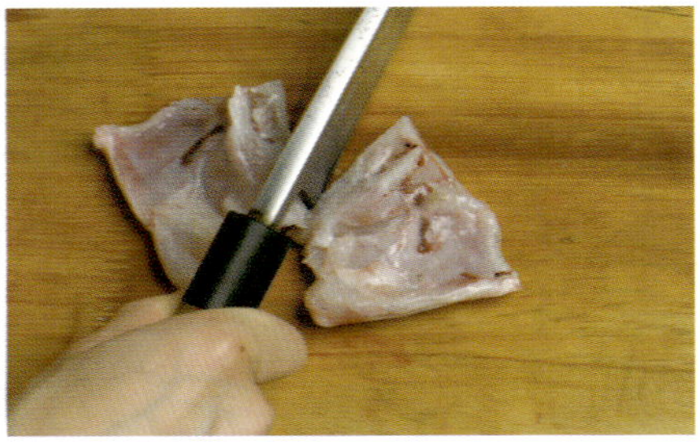

17 머리뼈의 가운데를 잘라 둘로 나눈다.

18 기본 작업한 것으로 살과 뼈 등은 흐르는 물에 깨끗이 씻어 낸다.

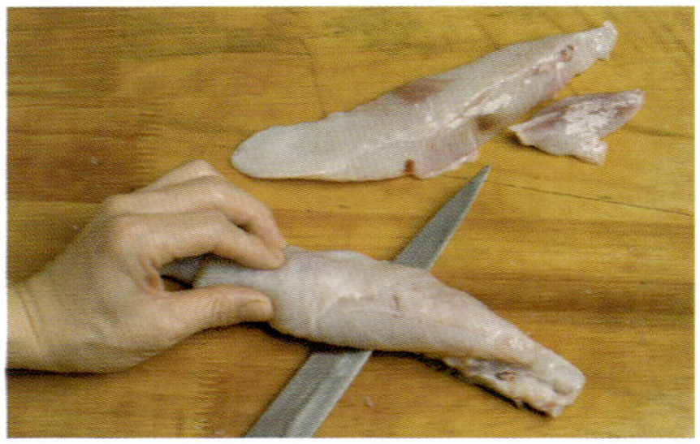

19 가운데 뼈와 양쪽의 살을 분리(산마이오로시)한다.

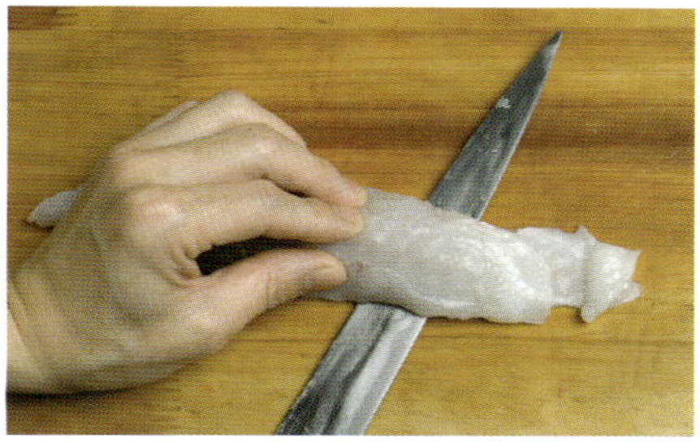

20 포를 뜬 살을 껍질 쪽이 바닥에 가도록 놓고, 칼날을 위아래로 움직여 표면의 살을 벗겨 내고 횟감으로 손질하여 행주에 싸 놓는다.

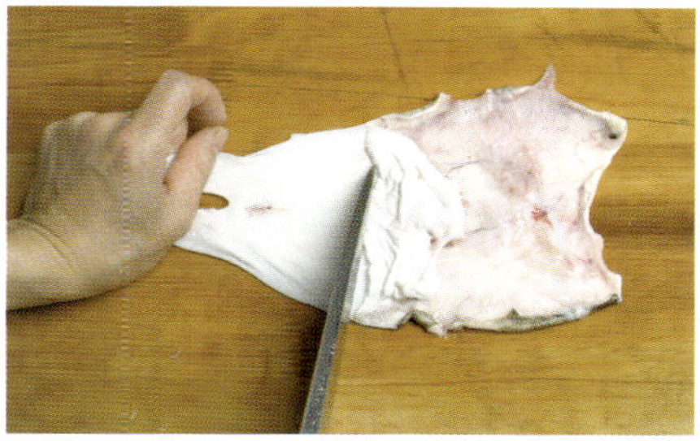

21 대바칼를 세워 칼끝으로 복껍질을 속껍질과 겉껍질로 분리한다.

22 도마에 물을 조금 묻히고 겉껍질을 칼등으로 밀며 밀착시킨 후, 꼬리에서 머리 쪽으로 껍질을 밀어 잔가시를 제거한다.

23 횟감으로 손질한 자투리 살들을 끓는 물에 데쳐 얼음물에 식힌다.

24 겉껍질은 검은 쪽부터 끓는 물에 넣기 시작하여 데쳐 내고 속껍질도 데쳐 내어 얼음물에 식힌다.

25 손질하여 떼어 낸 불가식(不可食) 부분

복어의 내장과 부산물

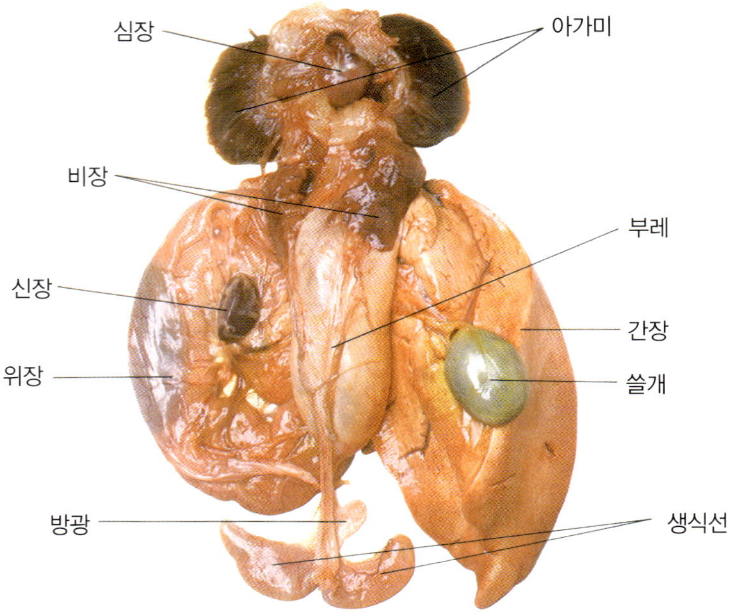

정소(식용 가능)

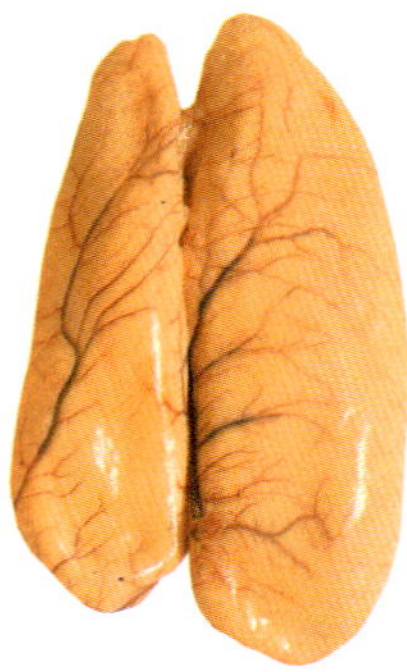

난소(식용 불가능)

미성숙 알

기형 생식선

복어조리기능사 대비 실기문제

河豚刺身
ふぐさしみ

복어회 후구사시미

시험시간 30분

재료(복어 지리와 공통 사용)

복어(600g 정도) 1마리
당근 1/2개, 무 100g, 배춧잎 3장
생표고버섯 1개, 대파 1뿌리
팽이버섯 20g, 두부 1/6모
복떡 20g, 미나리 30g
다시마(사방 5cm) 1장
고운 고춧가루 1작은술
실파 1뿌리, 레몬 1조각
간장 2큰술, 식초 2큰술
청주 1큰술, 소금, 조미료 소량

요구사항

- 복어회는 얇게 포를 뜨시오.
- 복어회를 폰즈쇼유, 야쿠미와 함께 모양 있게 담아내시오.

체크포인트

★ 복어회는 육질이 탄력 있고 질기므로 접시의 무늬가 비치도록 아주 얇게 뜬다.

★ 복어회 위에 복껍질과 데친 복엇살, 미나리를 올리고 말아서 폰즈에 찍어 먹는다.

수검자 유의사항

1. 복어의 독 성분 제거 및 껍질 손질에 유의한다.
2. 복어회의 포뜨기에 유의한다.
3. 독 제거 작업과 작업 후 안전 처리가 완전하지 않은 경우 채점 대상에서 제외된다.

만드는 법

1 복어는 내장과 독을 제거하는 밑손질을 한 후, 복엇살을 소금물에 담가 뒀다가 물기를 제거하여 배 쪽과 등 쪽의 질긴 껍질을 얇게 벗겨 낸 다음 마른행주에 싸 둔다.

2 주둥이와 지느러미를 소금으로 문질러 씻은 후 지느러미는 부채나 나비 모양으로 접시에 펼쳐 말리고, 미나리는 길이 5cm 정도로 잘라 둔다.

3 손질하여 가시를 제거한 복어의 겉껍질과 속껍질, 주둥이, 그리고 횟감으로 손질한 속살 껍질을 데친 다음 찬물에 헹궈 물기를 제거하고, 길이 5cm로 각각 채를 썬다.

4 도마는 물기가 약간 촉촉하게 배어 있을 정도로 준비하고, 깨끗한 행주에 물을 적당히 적셔 도마의 오른쪽에 접어서 놓으며, 조그만 종지에 물과 레몬을 담가 도마의 위쪽에 놓는다.

5 둥근 접시를 왼쪽에 준비하고, 복어의 껍질 부분이 도마 쪽을 향하고 머리 부분이 안쪽으로 오도록 사선으로 놓는다.

6 머리에서 꼬리 쪽으로 오른쪽이 약간 두껍고 왼쪽이 얇게 길이 6~7cm, 폭 2~3cm 정도의 크기로 포를 뜬다.

7 칼은 오른손으로 잡고 행주에 한 번씩 칼을 길게 닦아 내면서 포를 뜨는데, 칼에 힘을 주고 복엇살을 누르면서 각도에 맞춰 칼 안쪽부터 칼끝까지 사용하여 길게 썬다. 왼손 엄지나 중지로 잘린 살의 윗부분을 뒤쪽으로 약간 접으면서 담되 시계 반대 방향으로 겹쳐 놓아 모양을 살린다.

8 회를 뜨고 남은 자투리 살은 채 썰어 가운데에 담고 여기에 지느러미를 세우며, 그 앞에 미나리를 놓고 양 옆으로 준비된 껍질과 살을 가지런히 놓는다. 등 쪽 검은 껍질 한 조각으로 갈매기 모양을 내어 장식한다.

9 레몬은 반달 모양으로 썰고 실파는 송송 썰어 찬물에 헹궈 물기를 제거하며, 무는 강판에 갈아 즙을 약간 짜내고 고운 고춧가루와 잘 버무려 물을 들여, 종지에 실파 썬 것과 레몬, 무즙을 같이 낸다.

河豚ちり鍋
ふぐちりなべ

복어 지리 후구치리나베

수검자 유의사항

1. 복어의 독 성분 제거 및 껍질 손질에 유의한다.
2. 야채의 색깔 및 모양에 유의한다.
3. 곁들이는 폰즈쇼유와 야쿠미를 만드는 데 유의한다.
4. 독 제거 작업과 작업 후 안전 처리가 완전하지 않은 경우 채점 대상에서 제외된다.
5. 불을 사용하는 조리 작품은 반드시 익혀야 한다.

만드는 법

1 다시마 다시를 만든다.
2 복어 머리는 반으로 잘라 뼈 속의 불순물을 제거한 것과 회를 뜨고 남은 뼈 살을 4~5cm 길이로 잘라 연한 소금물에 담가 두고, 복어의 입도 반으로 갈라 손질해 둔다.
3 두부는 길이 5cm의 직사각형으로 도톰하게 썰고, 대파는 길이 5cm로 어슷 썰며, 표고버섯은 기둥을 떼고 갓 윗부분에 별 모양을 낸 다음 데치고, 팽이버섯은 밑동을 자른다.
4 물이 끓으면 소금을 약간 넣고 당근, 무를 반 정도 삶아 내어 매화꽃, 은행잎 모양을 만들고, 배추와 미나리는 데친 다음 찬물에 헹궈 배추 속에 미나리를 넣고 김발로 말아 보기 좋게 썬다.
5 복떡은 녹말가루를 묻혀 석쇠에 노릇하게 굽는다.
6 그릇에 야채는 뒤쪽에, 복어는 앞쪽에 보기 좋게 담는다.
7 준비한 재료를 냄비에 담고 청주, 소금, 조미료를 넣고 끓여서 낸다.

시험시간 30분

재료(복어회와 공통 사용)

복어(600g 정도) 1마리, 당근 1/2개
무 100g, 배춧잎 3장, 미나리 30g
대파 1뿌리, 팽이버섯 20g
복떡 20g, 생표고버섯 1개
다시마(사방 5cm) 1장, 두부 1/6모
고운 고춧가루 1작은술
실파 1뿌리, 레몬 1조각
간장 2큰술, 식초 2큰술
청주 1큰술, 소금, 조미료 소량

폰즈 : 가쓰오다시 2 : 간장 2 : 식초 2의 비율로 섞는다.
지리 국물 : 다시마 국물 2컵
청주 1큰술, 소금, 조미료 소량

요구사항

- 무, 당근은 은행잎, 매화꽃 등으로 모양을 내어 사용하시오.
- 뼈는 5cm로 토막을 내시오.
- 폰즈쇼유와 함께 모양 있게 담아내시오.

체크포인트

★ 시험장의 상황에 따라 접시에 모양 있게 담아내기(사라모리)만 하는 경우와 접시에 담았다가 냄비에 끓여 내는 경우가 있다.

★ 끓여서 낼 경우 처음에는 센불로 끓이다가 끓어오르면 불을 줄이고 중불에서 끓이면서 불순물을 걷어 낸다.

복어 양념튀김

河豚揚げ
ふぐからあげ
후구가라아게

재료

복엇살 150g, 밀가루 1큰술, 녹말가루 1큰술, 계란 1개, 미나리 10g, 마늘 1개
생강 1/2개, 레몬 1/8개, 파슬리 1줄기, 식용유 1000cc, 튀김 종이 1장, 간장, 청주
소금, 후추, 조미료, 참기름 소량

만드는 법

1 파슬리는 찬물에 담가 두고, 마늘과 생강은 다지며, 미나리는 송송 채 썰고, 레몬은 반달 또는 배 모양으로 잘라서 준비해 둔다.

2 밑손질한 복엇살은 도톰하게 잘라 간장, 청주, 소금, 후추, 조미료, 다진 마늘, 생강즙을 넣고 간이 배도록 잠시 재워 둔다.

3 2에 미나리와 달걀노른자를 고루 섞고 같은 양의 밀가루와 녹말가루를 농도를 조절해 가면서 버무린 다음, 170℃의 온도에서 노릇노릇하게 튀겨 낸다.

4 그릇에 튀김 종이를 깐 다음 튀긴 복엇살을 담고 레몬을 곁들이며 파슬리로 장식한다.

복어 초회

河豚皮酢の物
ふぐかわすのもの
후구카와스노모노

재료

복어 속껍질과 겉껍질 1마리분, 미나리 4줄기, 유자 껍질 소량
폰즈(가쓰오부시 다시 2큰술, 간장 2큰술, 식초 2큰술)
야쿠미(무즙 1큰술, 고운 고춧가루 1작은술, 실파 1뿌리, 레몬 1/8개)

만드는 법

1 가쓰오부시 다시를 만든다.
2 복어의 속껍질은 끈적끈적한 점액과 핏줄 등을 제거하고, 겉껍질은 도마에 밀착시켜 칼로 밀었다 당겼다 하면서 가시를 완전히 제거한 후, 끓는 물에 삶았다가 즉시 얼음물에 식힌다.
3 복어의 껍질을 꼬챙이에 끼워 냉장고에서 굳힌 다음 데바칼로 채를 썰어 둔다.
4 미나리는 4cm 길이로 자르고, 유자 껍질은 채 썬다.
5 볼에 채 썬 복어 껍질과 미나리, 유자 껍질, 야쿠미와 폰즈를 넣고 골고루 잘 섞은 것을 작은 그릇에 소복이 담고 위에 흰깨를 뿌려 낸다.

복어죽

河豚粥
ふぐかゆ
후구가유

재료

복엇살 50g, 불린 쌀 2/3컵, 다시마 1장, 미나리 2줄기, 계란 1개, 김 1/2장, 소금
조미료, 참기름 소량

만드는 법

1 다시마 다시를 만든다.
2 복엇살은 잘게 썰어 두고, 미나리는 송송 채 썰며, 김은 구워서 채 썰거나 부숴 놓는다.
3 불린 쌀을 냄비에 넣고 참기름으로 볶은 다음, 쌀의 7~10배 정도의 다싯물을 조금씩 부어 끓어오르면 복엇살을 넣고 끓인다.
4 쌀이 퍼지면 불을 약하게 하여 완전히 퍼지게 끓이고, 마지막에 소금과 조미료로 간을 한다.
5 불을 끈 다음 계란에 미나리를 채 썰어 섞은 것을 넣고 고루 섞어서 그릇에 담고 김을 올려 낸다.

부록

일식 조리 용어 시험 정보 안내

일식 조리 용어

가고(籠, かご) : 재료의 물을 빼거나 면을 손질할 때 사용하는 대나무 용기.

가나구시(金串, かなぐし) : 쇠로 만든 꼬챙이.

가라스미(唐墨, からすみ) : 어란. 숭어나 농어를 주로 이용하며 일본의 3대 진미 중의 하나로 꼽힌다.

가라아게(唐揚げ, からあげ) : 밀가루나 전분을 섞어 튀기는 튀김 요리.

가마(かま) : 생선의 아가미 밑에 있는 살.

가마(釜, かま) : 철제 솥을 말하지만, 요리에서 가마란 재료의 속을 파내고 그 안에 요리를 넣는 것을 말한다.

가마보코(蒲鉾, かまぼこ) : 생선살에 조미료를 첨가하고 나무에 붙여 찌거나 굽거나 튀기거나 한 생선 어묵.

가미카타료리(上方料理, かまかたりょうり) : 교토와 오사카 지역의 관서 요리를 말한다.

가바야키(蒲燒, かばやき) : 장어 데리야키로 색이 강이나 냇가에서 자생하는 부들의 이삭과 닮았다고 해서 붙은 이름이다.

가부토(兜, かぶと) : 도미의 머리가 옛날에 무사가 쓰던 투구와 닮아 붙은 이름이다.

가쓰라무키(桂剝, かつらむき) : 무나 오이 등 야채를 돌려 깎는 것을 말한다.

가쓰오부시(鰹節, かつおぶし) : 가다랑어를 훈연 발효시키고 말려서 대패로 민 것으로 다싯물을 끓일 때 사용한다.

가오리(香り, かおり) : 향

가오리아게(香り揚げ, かおりあげ) : 깻잎 특유의 냄새를 이용하는 것으로, 잘게 썬 파란 깻잎에 달걀과 밀가루를 섞은 것을 재료에 묻혀 튀긴 것.

가와리아게(変揚げ, かわりあげ) : 변화한 튀김 종류로 여러 가지 튀김 재료와 모양을 만들어 튀겨 낸 것.

가와시모(皮霜, かわしも) : 뜨거운 물에 생선의 살은 닿지 않으면서 껍질만 살짝 데쳐 내어 찬물에 식히는 일.

가유(粥, かゆ) : 걸쭉한 죽.

가이세키료리(會席料理, かいせきりょうり) : 연회나 손님을 초대해서 함께 모여 먹는 요리. 요리의 가짓수는 5가지, 7가지, 9가지 등이며 오늘날에는 코스 요리를 일컫기도 한다.

가이세키료리(懷石料理, かいせきりょうり) : 차를 마시는 자리에서 제공되는 요리.

가이시키(掻, かいしき) : 요리 밑에 까는 종이, 나뭇잎 등.

가이와리(貝割り, かいわり) : 무순. 무의 씨앗에 싹을 낸 떡잎 채소.

가키아게(掻き揚げ, かきあげ) : 새우나 오징어, 완두, 당근, 양파 등의 재료를 섞어 고로모에 묻혀 튀긴 것.

가타쿠리코(片栗粉, かたくりこ) : 얼레지나무 녹말을 건조한 것.

간로니(甘露煮, かんるに) : 조리 용어로 꿀을 간로라 하며, 간로니는 설탕과 미림 등으로 단맛이 강하게 조린 요리를 말한다.

간부쓰(乾物, かんぶつ) : 건조식품(호시모노).

간텐(寒天, かんてん) : 한천. 굳힘 요리 등에 완전히 녹여서 사용한다.

간포우(乾瓢, かんぴょう) : 박속을 길고 가늘게 말려 놓은 박고지.

갓파(河童, かっぱ) : 강이나 연못에 산다는 상상의 동물로 오이를 좋아한다 하여 초밥집 용어로 오이를 갓파라 부른다. 오이를 속재료로 만 김밥은 갓파마키라 한다.

게소(不足, げそ) : 오징어의 다리로, 대개 간장 양념구이를 하여 초밥에 이용한다.

게쇼지오(化粧塩, けしょじお) : 구이 요리를 할 때 지느러미가 타지 않도록 지느러미에 소금을 묻히는 일.

게즈리부시(削節, けずりぶし) : 가쓰오부시를 얇게 깎은 것으로 사바부시, 이와시 등을 사용하기도 한다.

겐친(巻繊, けんちん) : 채소를 가늘게 썰어 으깬 두부와 함께 요리에 이용하는 것.

겡(けん) : 사시미를 세우기 위하여 무, 당근, 오이 등을 돌려 깎기 하여 채 썬 것.

고나산쇼(粉山椒, こなさんしょう) : 산촛가루로 스이모노, 가바야키 등에 사용한다.

고노와타(子の腸, このわた) : 해삼 창자젓.

고로모(衣, ころも) : 덴푸라용 튀김옷.

고마아부라(胡麻油, こまあぶら) : 참기름.

고마이오로시(五枚卸し, ごまいおろし) : 생선을 뼈와 살 4장, 합해서 5장으로 포를 뜨는 것.

고마토우후(胡麻豆腐, ごまとうふ) : 칡 전분과 잘 갈아 놓은 깨, 다시마 국물을 장시간 조려 두부처럼 굳힌 참깨두부.

고모치(子持ち, こもち) : 알을 몸에 품고 있는 생선, 또는 인공적으로 그렇게 보이도록 만들어진 요리. 청어가 다시마에 산란을 한 것을 고모치곤부라 한다.

고바치(小鉢, こばち) : 일본 코스 요리에서 처음에 나오는, 작은 그릇에 담긴 초회나 무침류.

고우야도우후(高野豆腐, こうやどうふ) : 두부를 얼려서 말린 것인데 물에 불려서 사용한다.

고우지(麹, こうじ) : 곡류에 누룩이나 메주 균을 증식·발효시킨 것.

고이쿠치쇼유(濃口醬油, こいくちしょうゆ) : 진한 간장. 관동 지방에서 진한 색의 간장을 일컫는 말.

고케히키(鱗引き, こけひき) : 우로코히키라고도 하며 생선의 비늘을 제거할 때 사용하는 도구이다.

곤냐쿠(蒟蒻, こんにゃく) : 지하에 묻힌 구근을 건조시켜서 분말로 하여 묵처럼 만든 것으로 열량이 적어 다이어트 식품으로 각광받고 있다.

곤다테(献立, こんだて) : 메뉴.

곤부다시(昆布出汁, こんぶだし) : 다시마로 만든 국물.

곤부마키(昆布巻, こんぶまき) : 다시마에 여러 가지 재료를 말아서 조린 것으로, 빙어 등 작은 생선이나 연어 등을 말아 박고지로 매듭을 만들어 조린다.

곤부지메(昆布じめ, こんぶじめ) : 다시마와 다시마 사이를 식초로 닦아 내고 흰살 생선을 넣고 눌러 놓아 다시마 향이 첨가된 생선회의 일종.

교쿠(玉子, ぎょく) : 스시바에서 계란말이를 칭하는 은어.

구다모노(果物, くだもの) : 과일류.

구리킨톤(栗金団, くりきんとん) : 삶은 고구마를 으깨어 조미하여 밤 모양으로 만든 것.

구즈안(葛餡, くずあん) : 칡 전분을 물에 갠 것인데, 칡 전분은 고가이므로 감자 전분 등을 많이 사용한다.

구치카와리(口代り, くちかわり) : 회석 요리의 중간에 나오는 술안주로 3가지나 5가지 정도를 소량으로 담아서 낸다.

기노메(木の芽, きのめ) : 산초의 어린 새 순.

기미(黃身, きみ) : 난황. 달걀노른자.

기쓰네(狐, きつね) : 유부를 조리한 요리로서, 유부의 색이 여우 털색과 같다고 하여 유부가 들어간 요리를 기쓰네라 한다.

기쿠즈쿠리(菊造り, きくづくり) : 생선회를 국화꽃 모양으로 만든 것.

긴시타마고(錦糸卵, きんしたまご) : 지단을 가늘게 썰어 비단실같이 노랗게 장식 하는 것.

나가시바코(流し箱, ながしばこ) : 굳힘틀로 나가시칸이라고도 한다.

나나메기리(斜切り, ななめぎり) : 재료를 비스듬히 써는 어슷썰기 방법.

나노하나(菜の花, なのはな) : 유채꽃이 피기 직전의 봉우리.

나라즈케(奈良漬け, ならづけ) : 나라 지역이 원산지로 무나 채소를 소금으로 절인 것을 술지게미 등에 절임한 것이다.

나레즈시(熟鮨, なれずし) : 내장을 제거하고 소금에 절인 생선을 간을 한 밥과 같이 발효시켜 만든 초밥의 일종.

나마스(膾, なます) : 생야채나 생어패류 스노모노의 총칭.

나마후(生麩, なまふ) : 밀가루를 반죽해서 자루에 넣고 전분을 씻어 낸 뒤에 남은 기울.

나메코타케(滑子茸, なめこたけ) : 작은 식용 버섯으로 캔으로 나오며 점액질이 많아 씻어서 사용한다.

나베(鍋, なべ) : 냄비.

나베모노(鍋物, なべもの) : 냄비를 그릇으로 사용한 요리의 총칭.

나베야키우동(鍋焼き饂飩 , なべやきうどん) : 냄비우동. 닭고기, 표고버섯 등과 면을 넣고 끓인 요리.

나베카에시(鍋返し, なべかえし) : 프라이팬을 흔들어 안에 있는 재료를 뒤집거나 서로 잘 섞이게 하는 일.

난바(難波, なんば) : 오사카의 난바는 파의 명산지이며, 파를 이용한 요리에 난바란 말을 붙인다.

난반료리(南蠻料理, なんばんりょうり) : 중국풍의 요리로 포르투갈과 스페인의 영향을 받았다.

난부(南部, なんぶ) : 깨를 이용한 요리.

낫토(納頭, なっとう) : 일본의 발효 콩으로 우리나라의 청국장과 흡사하다.

네리모노(練物, ねりもの) : 굳힘 요리.

네지우메(拗梅, ねじうめ) : 매화꽃 모양으로 자르고 다시 꽃잎 부분을 입체감 있게 잘라 내는 방법.

노리마키(海苔巻き, のりまき) : 초밥을 김에 만 김초밥.

누카즈케(糠漬, ぬかづけ): 쌀겨에 소금을 첨가하고 반죽한 것에 야채 등을 절인 절임류.

누키가타(拔き型, ぬきがた) : 매화, 벚꽃, 국화 등의 꽃 모양으로 만들어진 스테인리스 제품으로 눌러서 찍어 낸다.

니기리즈시(握り鮨, にぎりずし) : 에도식 주먹 초밥으로 초밥을 한 입 크기로 만들어서 그 위에 생선을 올린 것.

니마메(煮豆, にまめ) : 건조한 콩을 부드럽게 불려서 간장, 설탕 등을 넣고 조리는 것.

니마이오로시(二枚卸し, にまいおるし) : 생선의 머리를 잘라 내고 내장을 제거한 다음 물로 씻어 한쪽 부분의 몸만 도려내고 다른 쪽은 뼈가 붙어 있게 생선을 가르는 방법.

니모노(煮物, にもの) : 끓이는 요리.

니반다시(二番出汁, にばんだし) : 1번 다시를 우려 낸 가쓰오부시에 물과 가쓰오부시를 조금 첨가하여 다시 뽑은 것.

니비타시(煮浸, にびたし) : 구운 생선을 연한 다시에 넣고 장시간 중온에서 조리는 요리로서 은어, 빙어 등 민물고기는 모도야키를 해서 조리면 특유의 냄새가 없어지고 맛도 좋아진다.

니오이(臭, におい) : 냄새, 향기.

니코고리(煮凝り, にこごり) : 생선의 젤라틴을 이용하여 만든 굳힘 요리.

니키리(煮切, にきり) : 알코올 성분이 있는 미림이나 술을 끓여서 알코올을 증발시키는 것.

니혼료리(日本料理, にほんりょうり) : 일본 요리.

니혼슈(日本酒, にほんしゅ) : 일본 청주.

다라코(鱈子, たらこ) : 대구알.

다레(垂, たれ) : 가바야키, 데리야키 등에 바르는 조미된 양념간장.

다마고(卵, たまご) : 알, 달걀.

다마고도우후(卵豆腐, たまごどうふ) : 달걀과 다시를 1 : 1의 비율로 하여 약한 불에서 찐 달걀두부.

다마고자케(卵酒, たまござけ) : 달걀노른자와 설탕을 저은 후 뜨거운 청주를 부어 만든 술.

다시(出汁, だし) : 고형물에서 뽑아 낸 맛있는 국물로 맛국물이라고도 한다.

다시카케(出汁掛, だしかけ) : 국물이나 소스를 음식 위에 부어 내는 요리.

다이다이(橙, だいだい) : 감귤의 일종인 등자나무. 폰즈 등의 재료로 사용한다.

다이도코로(台所, だいどころ) : 부엌.

다이묘오로시(大名卸し, だいみょうおるし) : 생선의 머리를 잘라 내고 내장을 제거한 다음 머리 쪽부터 꼬리 쪽으로 한 칼에 베는 것으로, 가다랑어나 작은 생선을 손질하는 방법이다.

다이차즈케(鯛茶漬け, たいちゃづけ) : 도미회를 뜨거운 밥에 올리고 뜨거운 차를 부은 차밥.

다이치리(鯛ちり, たいちり) : 도미를 이용한 냄비 요리.

다이콘오로시(大根卸し, たいこんおるし) : 무를 갈아 만든 무즙.

다즈나즈시(手綱鮨, たづなずし) : 랩을 깐 김발에 초밥 재료를 놓고 길게 올려 만 초밥.

다코야키(蛸焼き, たこやき) : 낙지나 문어를 밀가루와 여러 가지 양념을 넣고 틀에 구운 요리.

다쿠안즈케(庵漬け, たくあんづけ) : 단무지. 다쿠안이라는 스님이 고안하여 이런 이름이 붙었다고 한다.

다키아와세(焚き合せ, たきあわせ) : 하나의 그릇에 2가지 이상의 니모노를 함께 담는 것.

다테마키(伊達巻き, だてまき) : 흰살 생선이나 새웃살을 갈아 거품을 친 달걀흰자와 섞어 부드럽고 두껍게 부친 달걀말이.

다테마키즈시(伊達巻き鮨, だてまきずし) : 다테마키로 겉을 감싼 달걀말이 김초밥.

다테시오(立て塩, たてしお) : 재료에 소금 맛을 들이거나 약한 소금물로 재료를 씻는 일.

데리야키(照り焼き, てりやき) : 표면에 빛이 나도록 굽는 방법으로, 보통 70% 정도 굽다가 데리를 발라 가며 굽는다.

데미즈(手水, でみず) : 밥 등을 만질 때 끈적거림을 없애기 위해 손에 묻히는 물.

데비라키(手開, でびらき) : 멸치 등 작은 생선의 내장과 뼈를 손으로 제거하는 것.

데우치(手打, てうち) : 손으로 면을 만드는 것.

데이쇼쿠(定食, ていしょく) : 정식 요리.

덴가쿠도우후(田樂豆腐, でんがくどうふ) : 줄여서 덴가쿠라고 하며, 두부에 된장을 발라 굽는 두부 된장구이이다.

덴가쿠미소(田樂味噌, でんがくみそ) : 된장, 미림, 설탕을 으깨어 체에 걸러서 살짝 끓인 것.

덴구사(天草) : 우뭇가사리. 얼려서 건조시키면 한천이 된다.

덴모리(天盛り, てんもり) : 요리에 정성을 다하기 위해 그 위에 재료를 얹는 것.

덴쓰유(天汁, てんつゆ) : 튀김을 찍어 먹는 국물.

덴카스(天滓, てんかす) : 튀김 요리를 하는 중에 튀김옷이 재료에 붙지 않고 흩어지게 튀겨서 생긴 튀김 부스러기.

덴푸라(天婦羅, てんぷら) : 튀김옷을 입힌 튀김으로, 포르투갈 어 'tempero'가 어원이다.

도나베(土鍋, どなべ) : 흙으로 만든 질냄비.

도로(とろ) : 다랑어 배 부분의 지방이 많은 분홍색의 살.

도메완(止椀, とめわん) : 회석 요리의 가장 끝에 먹는 것으로 식사와 함께 제공되는 된장국.

도빙(土瓶, どびん) : 흙으로 만든 질주전자.

도빙무시(土瓶蒸し, どびんむし) : 질주전자 찜으로 송이버섯을 넣어서 만든 마쓰타케도빙무시가 대표적이다.

도우묘지(道明寺, どうみょうじ) : 찹쌀을 쪄서 말린 것.

돈부리(丼, どんぶり) : 덮밥.

마사고(眞砂, まさご) : 생선알, 양귀비씨 등 백사장의 므래알을 연상시키는 요리 재료 등에 이런 이름이 붙었다.

마쓰카와고보우(松皮牛蒡, まつかわごぼう) : 굵은 우엉의 껍질을 벗기지 않고 깨끗이 씻어 껍질째 조린 요리.

마쓰카와즈쿠리(松皮作り, まつかわづくり) : 시모후리즈쿠리라고도 하며 도미의 껍질을 데쳐 껍질째 썰어 낸 생선회.

마쓰타케메시(松茸飯, まつたけめし) : 송이버섯밥.

마쿠노우치(幕の内, まくのうち) : 실내 도시락.

마키스(巻き簾, まきす) : 대로 만든 김발.

마키즈시(巻き鮨, まきずし) : 김말이 초밥으로 호소마키(가는 초밥), 주마키(중간 두께의 초밥), 후토마키(굵은 초밥)로 구분한다.

맛차(抹茶, まっちゃ) : 녹차를 갈아서 분말로 한 가루차로 요리나 아이스크림 등에 많이 사용한다.

모도스(戻す, もどす) : 말렸던 재료를 불려 놓는 일.

모로큐(諸胡瓜, もろきゅう) : 모로미소큐리의 약자로, 덜된장과 생야채를 의미하기도 한다.

모리소바(盛蕎麥, もりそば) : 메밀국수.

모리아와세(盛り合わせ, もりあわせ) : 여러 요리를 한군데로 모아 놓은 것.

모미지오로시(紅葉卸し, もみじおろし) : 빨간 무즙.

모치(餅, もち) : 찹쌀을 쪄서 손이나 기계로 만든 떡.

모치코(餅粉, もちこ) : 찹쌀가루.

무코우즈케(向付け, むこうづけ) : 회석 요리에서 나오는 생선회.

미소니(味噌煮, みそに) : 된장조림.

미소시루(味噌汁, みそしる) : 된장국.

미소즈케(味噌漬け, みそづけ) : 된장절임.

미쓰바(三葉, みつば) : 잎이 3개인 야채로 참나물이라 부른다.

미진코(微塵粉, みじんこ) : 정백한 찹쌀을 쪄서 건조시켜 가루로 만든 것.

미진코아게(微塵粉揚げ, みじんこあげ) : 미진코를 묻혀 튀긴 튀김 요리.

바이니쿠(梅肉, ばいにく) : 매실을 체에 걸러 조미하여 살짝 끓이고 물을 들인 것.

밧테라(バッテラ) : 포르투갈 어로 보트를 말하며, 교토의 고등어 초밥의 모양이 보트를 닮았다고 하여 붙은 명칭이다.

베니쇼가(紅生姜, べにしょうが) : 생강의 뿌리 부분을 분홍색으로 초절임한 것.

벳타라즈케(べったら漬け, べったらづけ) : 무를 씻어서 머리와 꼬리를 잘라 낸 다음 소금에 절이고 누룩과 설탕에 절인 것.

빈즈메(瓶詰, びんづめ) : 병조림.

사바쿠(捌く, さばく) : 오로시와 같은 의미로 뼈에서 살을 발라내는 일.

사비(さび) : 스시바에서 와사비(고추냉이)를 일컫는 말.

사사(笹, ささ) : 조릿대. 작은 대나무류를 일컫는다.

사사가키(笹掻, ささがき) : 우엉이나 당근을 연필을 깎듯이 가늘고 길게 써는 방법.

사시미(差し身, さしみ) : 사시미(刺身)라고 쓰기도 하며, 축하 상차림 등에서는 오쓰쿠리사시미(お造り身)라고도 한다.

사시미보우초우(刺身庖丁, さしみぼうちょう) : 생선회칼.

사이쿄쓰케(西京漬け, さいきょうつけ) : 된장절임의 일종으로 흰 된장을 많이 사용하며, 설탕과 미림을 섞은 된장에 병어, 은대구 등의 생선을 절여서 맛을 들여 굽는다.

사이쿄미소(西京味噌, さいきょうみそ) : 사이쿄 지방의 쌀을 주원료로 하여 만든 흰 된장으로 미소야키(된장구이)에 주로 사용한다.

사자에(榮螺, さざえ) : 바위가 많은 바다에서 잡은 참소라.

사자에쓰보야키(榮螺壺燒, さざえつぼやき) : 여러 가지 재료와 데친 소라를 넣고 살짝 조린 요리.

사지(匙, さじ) : 숟가락.

사카나(肴, さかな) : 술안주를 뜻하며, 발음이 같은 사카나(魚 : 생선)와는 다르다.

사카무시(酒蒸し, さかむし) : 소금으로 간을 한 술을 흰살 생선에 뿌려서 야채와 함께 찌는 요리.

사카시오(酒塩, さかしお) : 생선을 잘라 술과 소금을 섞은 사카시오에 담가 굽는 것.

사케야키(酒燒き, さけやき) : 흰살 생선을 일단 구워서 청주, 미림, 다시로 연하게 간을 한 다음 그 안에 담갔다가 굽는 것.

사케차즈케(鮭茶漬け, さけちゃづけ) : 구운 연엇살을 잘게 찢어서 밥 위에 올리고 뜨거운 차를 부어 먹는 요리.

사케카스(酒粕, さけかす) : 청주를 발효시켜 술을 짜고 남은 술 찌꺼기로 나라즈케 등에 사용한다.

사쿠라나베(櫻鍋, さくらなべ) : 색이 붉어서 말고기를 사크라육이라고 부르며, 말고기를 이용한 냄비 요리로 된장을 풀어 넣기도 한다.

사쿠라니(櫻煮, さくらに) : 문어를 바짝 조려서 벚꽃 색으로 만든 것.

사쿠라즈케(櫻漬け, さくらづけ) : 벚꽃을 소금에 절였다 소금기를 빼고 요리에 사용한다.

사키즈케(先付け, さきづけ) : 주문한 본요리를 내기 전어 먼저 내는 것으로 쓰게타시라고도 한다.

사토우(砂糖, さとう) : 설탕. 설탕을 만드는 재료는 사탕수수와 사탕무가 있다.

산마이오로시(三枚卸し, さんまいおるし) : 생선 양면의 살과 뼈를 3장 뜨기 한 것.

산바이즈(三杯酢, さんばいず) : 식초, 설탕, 소금을 섞은 초로 미림을 첨가하기도 한다.

세고시(背越, せごし) : 머리와 내장을 제거한 후 등 쪽에서 칼을 넣어 뼈째 써는 회.

세비라키(背開, せびらき) : 등 쪽부터 칼질을 해 양쪽으로 펼쳐 내장을 제거하는 방법으로, 주로 생선을 말릴 때 사용한다.

세와타(背腸, せわた) : 새우의 등 내장.

세이로(蒸籠, せいる) : 나무 찜통.

세이슈(淸酒) : 쌀과 누룩으로 발효시켜 만든 청주.

소메오로시(染め卸し, そめおるし) : 무즙(다이콘오로시)에 간장을 넣고 섞은 것으로 생선구이 등에 곁들여 낸다.

소바(蕎麥, そば) : 메밀가루 8 : 밀가루 2의 비율로 섞어서 면을 만들면 찰기가 생긴다.

소바다시(蕎麥出汁, そばだし) : 메밀국수를 담가 먹는 국물.

소바유(蕎麥湯, そばゆ) : 메밀국수를 삶아 낸 국물로, 소바를 먹을 때 곁들여 내기도 한다.

소보로(そぼる) : 생선이나 닭고기, 새우 등을 갈아서 볶은 것.

소에모노(添物, そえもの) : 주재료에 곁들이는 재료.

소우멘(素麵, そうめん) : 실국수.

소우자이(總菜, そうざい) : 일반 반찬 요리.

쇼진료리(精進料理, しょうじんりょうり) : 일본의 사찰 요리로 불교 사상의 영향을 받아 어패류나 육류를 일체 사용하지 않고 야채류와 다시마만 사용한 요리.

슈토우(酒盜, しゅとう) : 다랑어의 내장을 소금에 절여 발효시킨 젓갈.

슌(旬, しゅん) : 가장 맛있는 계절로 각 식재료의 맛과 양이 풍부한 제철의 재료를 뜻한다.

스(酢, す) : 식초. 양조 식초와 합성 식초가 있다.

스가타(姿, すがた) : 재료를 원형대로 요리하는 것으로 회나 구이 등에 이용한다.

스가타모리(姿盛り, すがたもり) : 후나모리라고도 하며 원형대로 조리하여 담아내는 것.

스가타야키(姿燒き, すがたやき) : 생선의 머리와 꼬리를 떼어내지 않고 원형 그대로 구워 낸 구이 요리로, 움직이거나 헤엄치는 동작 등을 표현하는 경우가 많다.

스가타즈시(姿鮨, すがたずし) : 형태가 흐트러지지 않게 내장을 제거한 생선을 소금과 초로 절이고 뱃속에 초밥을 넣은 초밥의 일종.

스나기모(砂肝, すなぎも) : 닭의 모래주머니.

스노모노(酢の物, すのもの) : 생선이나 조개, 야채 등을 초에 무치거나 초를 뿌린 요리.

스다레(簾, すだれ) : 김밥을 말 때 사용하는 대나무 발로 마키스라고도 한다.

스마시지루(淸汁, すましじる) : 맑은 장국으로 소금과 간장으로 조미한 것.

스미(炭, すみ) : 숯. 떡갈나무로 만든 것을 최고로 친다.

스시(寿司, すし) : 초밥을 말하며 '지(鮨)', '자(鮓)' 라는 한자를 사용하기도 한다.

스시메시(寿司飯, すしめし) : 배합초를 섞어 놓은 초밥용의 밥.

스시야(寿司屋, すしや) : 초밥 전문 식당.

스시오케(寿司桶, すしおけ) : 초밥을 담는 통.

스시타네(寿司種, すしたね) : 초밥을 지을 때 사용되는 주재료 혹은 생선을 초밥용으로 잘라 놓은 것으로 네타라고도 한다.

스아게(素揚げ, すあげ) : 재료에 옷을 입히지 않고 그대로 튀겨서 수분만 증발시켜 바삭하게 튀긴 튀김 요리. 모도아게라고도 한다.

스아라이(酢洗い, すあらい) : 흰살 생선 또는 조개류를 요리하기 전에 살짝 식초로 씻는 것.

스에히로기리(末廣切り, すえひろぎり) : 칼질하는 사람의 앞쪽은 좁고 반대쪽은 넓게 자르는 부채꼴 썰기.

스이모노(吸い物, すいもの) : 맑은국으로 술자리에 내는 국물 요리. 뜨거운 것이 보통이지만 여름에는 차가운 것도 좋다.

스이쿠치(吸い口, すいくち) : 국물 요리에 향을 돋우기 위해 넣는 재료로 유자나 레몬, 기노메, 파 등을 사용한다.

스키야키(鋤燒き, すきやき) : 스키라고 하는 삽이나 괭이 위에 고기를 올려 구워 먹었던 데서 이름이 유래되었다.

스키야키나베(鋤燒き鍋, すきやきなべ) : 전골냄비로 철제 냄비를 말한다.

슷폰(鼈, すっぽん) : 자라.

시라스보시(白子干し, しらすぼし) : 멸치를 만드는 과정으로 연한 소금물을 끓여 멸치를 살짝 데쳐서 말리는 것.

시라아에(白和え, しらあえ) : 두부를 체에 걸러 으깬 후 무치는 야채 무침 요리.

시라야키(白燒き, しらやき) : 아무것도 조미하지 않은 생선구이.

시라카유(白粥, しらかゆ) : 쌀에 물만 부어서 쑨 흰죽.

시라코(白子, しらこ) : 생선의 정소로 이리라고도 하며 복어, 대구 등의 것을 많이 사용한다.

시로미소(白味噌, しるみそ) : 단맛이 도는 흰 된장으로 사이쿄미소가 대표적이다.

시루모노(汁物, しるもの) : 국물 요리.

시메사바(締鯖, しめさば) : 고등어를 포를 떠 소금에 절였다가 식초에 담가 맛을 들인 것으로 스시 등에 사용한다.

시모후리(霜降, しもふり) : 뜨거운 물에 재빨리 데친 것을 찬물에 담가 씻는 일.

시오누키(塩抜き, しおぬき) : 보존하기 위하여 진하게 소금에 절였던 재료의 소금기를 제거하는 것.

시오즈케(塩漬け, しおづけ) : 소금의 탈수 작용을 이용한 식품 보존법으로, 야채 등을 소금으로 절이는 것.

시오지메(塩締, しおじめ) : 생선을 소금으로 절이는 것으로 수분을 없애는 일.

시오카라(鹽辛, しおから) : 어패류의 고기, 내장, 알 등을 소금으로 발효시킨 젓갈.

시치미토우가라시(七味唐辛子, しちみとうがらし) : 시치미라고도 하며 고춧가루, 산초, 삼씨, 양귀비씨, 깨, 유채씨, 귤껍질 등 7가지 맛을 첨가하여 만든 가루로 우동에 많이 쓰인다.

시코미(仕込, しこみ) : 본일을 하기 전에 재료의 밑손질 등 준비를 하는 것.

시타아지(下味, したあじ) : 조리를 하기 전에 재료를 향신료나 양념에 미리 담가 두는 것.

신조(糝薯, しんじょう) : 흰살 생선의 살만 갈아서 필요한 형태로 찌거나, 굽거나, 삶은 것으로 어묵의 기본이다. 새웃살을 간 것은 에비신조타고 한다.

쓰키미이모(月見芋, つきみいも) : 삼마즙 위에 메추리알을 올려놓은 것으로 달을 보는 것 같다고 하여 이런 이름이 붙었다. 쓰키미도로로라고도 부른다.

쓰나기(繫, つなぎ) : 재료에 끈기가 있게 하려고 넣는 재료로 밀가루나 녹말가루 등이 있다.

쓰루시기리(吊し切り, つるしぎり) : 아귀 등을 매달아 놓고 껍질을 벗기고 살을 분리하는 것.

쓰마(妻, つま) : 생선회에 곁들이는 것으로 무, 오이, 당근, 해초 등이 있다.

쓰보야키(壺燒, つぼやき) : 소라껍질에 데친 소라와 여러 가지 재료, 소스를 넣고 구운 요리.

쓰쓰기리(筒切り, つつぎり) : 작은 생선을 뼈와 함께 통으로 두껍게 써는 방법.

쓰쓰미아게(包揚げ, つつみあげ) : 한지 등에 재료를 싸서 튀기는 튀김 요리.

쓰유(汁, つゆ) : 맑은 장국.

쓰케모노(漬け物, つけもの) : 야채절임으로 쌀겨절임, 술지게미절임 등 여러 가지가 있다.

쓰쿠리(造り, つくり) : 일본 관서 지방에서 생선회를 부르는 말.

쓰키다시(突き出し, つきだし) : 본요리가 나오기 전에 먼저 내는 가볍고 간단한 요리.

아가리(上り, あがり) : 완성됐다는 뜻으로 요리를 완성시켰을 때, 일을 마쳤을 때 아가리라고 한다.

아게다시도우후(揚げ出し豆腐, あげだしどうふ) : 두부를 일정한 두께로 썰어 물기를 빼고 전분을 묻혀 튀겨 낸 요리.

아게모노(揚げ物, あげもの) : 튀김 요리.

아라(粗, あら): 생선을 요리하고 남은 부산물로 생선을 오로시(포뜨기)하고 남은 머리나 가운데 뼈 등을 말한다.

아라레카유(散粥, あられかゆ) : 구운 흰살 생선을 잘게 부숴 넣어 끓인 죽.

아라마키(新巻, あらまき) : 얼간 연어 자반.

아라이(洗い, あらい) : 농어, 잉어, 은어 등을 썰어 찬 얼음물에 담가 살이 오그라들어 꼬들꼬들해진 회를 말한다.

아마이모노(甘い物, あまいもの) : 양갱이나 요칸 등 맛이 단 음식.

아마즈(甘酢, あまず) : 초에 설탕과 물을 섞고 소금으로 간을 약간 하여 단맛이 나는 식초.

아메(飴, あめ) : 전분을 많이 함유하고 있는 식품(고구마, 보리, 옥수수 등)을 원료로 당화 효소로 당화한 조청이나 엿.

아미기리(網切り, あみぎり) : 무를 그물 형태로 깎은 것으로 사시미의 장식용으로 사용한다.

아미야키(網焼き, あみやき) : 석쇠를 사용하는 구이 방법.

아부라(油, あぶら) : '油'는 주로 식물성 기름을 나타내고, 동물에서 얻은 기름은 '脂'로 표현한다.

아부라기리(油切り, あぶらぎり) : 튀긴 재료의 기름을 빼는 데 쓰는 조리 기구.

아부라누키(油抜き, あぶらぬき) : 기름에 튀긴 재료에 뜨거운 물을 부어 기름을 제거하는 일.

아부라아게(油揚げ, あぶらあげ) : 두부를 잘라서 수분을 제거한 다음 튀겨 낸 유부.

아시라이(あしらい) : 주요리 옆에 곁들여 모양 등을 보완해 주는 것으로 사시미의 무순, 오이꽃, 당근, 해초 등을 말한다.

아에고로모(和え衣, あえごろも) : 무침 요리에 사용하는 걸쭉한 소스.

아에모노(和え物, あえもの) : 여러 식재료를 아에고로모로 무친 요리로 된장무침, 초무침, 깨무침, 겨자무침 등이 있다.

아오나요세(青菜寄せ, あおなよせ) : 시금치나 무의 부드러운 잎을 절구에 갈아 채에 거르고 물을 첨가하여 살짝 끓인 후 위에 떠오르는 것만 건져서 식힌 것. 녹색을 내는 요리에 사용한다.

아오니(青煮, あおに) : 푸른색 야채를 색이 변하지 않게 뜨거운 물에 데쳐 가볍게 조리는 것.

아오루(煽る, あおる) : 재료를 뜨거운 열탕에 살짝 데치거나 삶는 일.

아오미(青味, あおみ) : 요리의 색상이 조화를 이루도록 곁들이는 푸른색 채소나 해초로서 강낭콩, 완두, 유채, 시금치 등이 있다.

아오지소(青紫蘇, あおじそ) : 푸른색 차조기로 생선회나 튀김 등에 사용하며, 처음 싹이 틀 때의 것을 아오메라고 한다.

아와세쓰쿠리(合せ作り, あわせつくり) : 오징어와 오징어 사이에 김이나 시소를 넣은 것, 흰살

생선 사이에 붉은살 생선을 넣어서 만든 사시미 등

아와세즈(合せ酢, あわせず) : 여러 가지 재료를 섞은 혼합초로 이배초, 삼배초, 가감초, 견초 등이 있다.

아유즈시(鮎鮨, あゆずし) : 숙성시킨 나레즈시의 일종으로, 은어의 배를 갈라 내장을 제거하고 소금에 절인 후 초밥을 채워 넣어 발효시킨 은어 초밥.

아이오이무스비(相生結び, あいおいむすび) : 얇게 자른 무나 당근을 소금물에 담그거나 끓는 물에 데쳐 내어 부드러워지면 절반으로 구부려 엇갈리게 끼운 것. 축하를 하는 요리에 곁들인다.

아이오이야키(相生燒き, あいおいやき) : 생선 2마리를 통으로 구워 나란히 접시에 담은 것. 결혼식 등 축하연에 사용한다.

아지(味, あじ) : 맛

아지쓰케(味付, あじつけ) : 맛을 들이는 것.

아카다시(赤出汁, あかだし) : 아카미소(붉은색 된장)로 끓인 된장국.

아카미소(赤味噌, あかみそ) : 붉은색이나 검은색을 띤 된장으로 진한 맛이 난다.

아카오로시(赤卸し, あかおろし) : 무에 구멍을 파고 붉은 고추를 넣어서 강판에 간 것으로 모미지오로시라고도 한다. 무즙에 고운 고춧가루를 섞어 물을 들여 사용하기도 한다.

아쿠(灰汁, あく) : 야채가 갖고 있는 떫은맛, 쓴맛, 아린 맛 등을 말하는데 아쿠가 있는 재료는 물에 담갔다가 사용한다.

아쿠누키(灰汁抜, あくぬき) : 조리할 때 아쿠를 빼는 작업을 말한다.

아타리고마(唐胡麻, あたりごま) : 참깨를 곱게 갈아서 만든 액상 소스.

안코우(鮟鱇, あんこう) : 아귀. 가장 맛이 있는 계절은 겨울이며, 간은 안기모라 하여 쪄서 진미 등에 사용한다.

안코우시루(鮟鱇汁, あんこうしる) : 아귀로 만든 국물 요리.

앙(餡, あん) : 떡 속에 넣는 고물(앙코)이 본래의 의미로, 요리에서는 칡 녹말을 물에 푼 것.

앙카케(餡掛, あんかけ) : 간장으로 맛을 내고 물에 녹갈가루 푼 것을 넣어 걸쭉한 상태로 만든 것.

야나기바(柳刃, やなぎば) : 버들잎 형태로 만든 관서(오사카)형의 생선회 칼.

야와라카니(柔煮, やわらかに) : 문어나 낙지 등을 무와 함께 끓이면 무의 디아스타제의 작용으로 부드러워지는데, 이렇게 문어나 전복 등을 조려 부드러운 상태로 만드는 것을 말한다.

야키도우후(燒き豆腐, やきどうふ) : 구운 두부로 스키야키에 사용한다.

야키메(燒き目, やきめ) : 굽는 재료에 구운 자국을 예쁘게 내는 것을 말한다.

야키시모(燒き霜, やきしも) : 겉만 센불에 구워 식혀서 만든 생선회.

야키자카나(燒き魚, やきざかな) : 생선구이.

야쿠미(薬味, やくみ) : 요리에 맞는 향신료로, 우동이나 메밀국수에 파나 와사비를 첨가하는 것처럼 여러 가지 향신료가 사용된다.

에라누키(鰓抜き, えらぬき) : 생선의 배를 가르지 않고 아가미를 통해 내장을 끄집어 내는 것을 말하며 쓰보누키라고도 한다.

에비센베이(海老煎餅, えびせんべい) : 새웃살을 전분을 뿌리면서 홍두깨 등으로 두들겨 얇게 펴서 기름에 튀겨 낸 것.

엔가와(縁側, えんがわ) : 광어의 지느러밋살, 전복 옆 테두리 살, 오징어 귀를 말하며 엔피라라고도 한다.

오구라(小倉, おぐら) : 팥을 사용한 과자류나 요리.

오니기리(御握り, おにぎり) : 주먹밥.

오니스다레(鬼簾, おにすだれ) : 나무로 만든 굵은 삼각형의 대발.

오뎅(御田, おてん) : 어묵이나 곤약, 무 등 여러 가지 재료를 넣고 간장으로 맛을 낸 냄비 요리로, 관서 지방에서는 간토니라고도 한다.

오로스(卸す, おろす) : 생선이나 재료의 뼈와 살을 분리하는 작업을 말하며 산마이오로시, 고마이오로시 등이 있다.

오로시(卸し, おろし) : 무나 생강 등의 야채를 가는 것을 말하며, 생선의 포를 뜨는 작업을 가리키기도 한다.

오로시가네(卸し金, おろしがね) : 강판.

오로시아에(卸し和え, おろしあえ) : 무즙을 사용한 무침 요리.

오보로(朧, おぼる) : 소보로, 덴푸라고도 하며, 새우나 흰살 생선을 삶고 갈아서 맛을 들인 것으로 김초밥의 재료로 쓰인다.

오사카즈지(大阪鮨, おおさかずし) : 관서 초밥. 오시즈시, 사바즈시, 무시즈시 등이 있다.

오세치료리(御節料理, おせちりょうり) : 정월과 명절, 혼례 등에 쓰이는 요리.

오시즈시(押し鮨, おしずし) : 눌림 상자를 이용한 초밥으로 하코스시라고도 한다.

오야코돈부리(親子丼, おやこどんぶり) : 오야코는 어버이와 자식을 뜻하며, 닭고기와 달걀로 만든 덮밥을 오야코돈부리라고 한다.

오차즈케(御茶漬け, おちゃづけ) : 밥 위에 여러 가지 재료를 올려놓고 뜨거운 차를 부어 먹는 요리로, 차 대신에 가쓰오부시 다시 등으로 만든 국물을 부어 먹기도 한다.

오코노미야키(御好み焼き, おこのみやき) : 밀가루 물을 풀고 그 위에 재료를 놓고 다시 밀가루 물을 풀어 익혀 먹는 빈대떡의 일종으로, 위에 가쓰오부시를 얹는다.

오키나와료리(沖縄料理, おきなわりょうり) : 가고시마 현과 대만 사이에 있는 오키나와의 전통 요리를 말하며, 지역 특산으로 검은 돼지를 사용한 요리가 많다.

오토시부타(落し蓋, おとしぶた) : 재료에 따라서 나무, 종이, 천 등을 쓰는데 냄비에 담겨진 재료 위에 직접 씌우듯이 하여 냄비 안에 쏙 들어가는 것을 사용한다.

오히쓰(御櫃, おひつ) : 나무 밥통.

온센타마고(溫泉卵, おんせんたまご) : 뜨거운 온천물에 넣어 반숙한 달걀. 일반적으로 60~70℃의 온도에 30분 정도 삶으면 흰자는 부드럽게, 노른자는 단단하게 익는 반숙 달걀 요리이다.

와리조유(割醬油, わりじょうゆ) : 용도에 따라 간장과 다싯물을 섞어 묽게 한 간장.

와사비(山葵, わさび) : 계곡의 맑은 찬물에서 재배되는 고추냉이.

와사비즈케(山葵漬け, わさびづけ) : 와사비 잎을 이용한 절임 요리.

와쇼쿠(和食, わしょく) : 일본 요리.

와카사야키(若狭燒き, わかさやき) : 작은 도미 등 생선의 내장을 제거하고 비늘이 있는 채로 살짝 절여 두었다가 구운 것.

와카아유(若鮎, わかあゆ) : 은어의 새끼.

와타(腸, わた) : 내장.

와타누키(腸拔き, わたぬき) : 생선이나 조류의 내장을 제거하는 일.

와타리카니(渡蟹, わたりかに) : 꽃게.

완다네(椀種, わんだね) : 맑은국을 끓일 때 넣는 건더기 재료.

완즈마(椀妻, わんづま) : 맑은국이나 국물 요리에 곁들이는 야채.

요세나베(寄せ鍋, よせなべ) : 여러 가지 계절의 재료를 고아 다시에 익히면서 먹는 모둠냄비.

요세모노(寄せ物, よせもの) : 흰살 생선을 갈아 가공한 식품.

요시노쿠즈(吉野葛, よしのくず) : 요시노 지방에서 채취하는 칡 전분을 말하며, 칡 전분이 들어가는 요리에 요시노란 명칭을 사용한다.

우라고시(裏漉, うらごし) : 재료를 체에 거르는 일 또는 체 자체를 말하며, 말 꼬리털로 만든 것이 최상품이다.

우로코(鱗, うるこ) : 생선 비늘.

우마니(旨煮, うまに) : 야채류와 닭고기나 돼지고기 등을 기름에 볶다가 간장과 설탕, 미림 등으로 단맛이 조금 강하게 나도록 조린 요리.

우마미(旨味, うまみ) : 맛있는 맛(감칠맛).

우스이타(薄板, うすいた) : 나무를 얇게 가공한 것으로 생선회 등을 보관하거나 장식할 때 사용한다.

우스즈쿠리(薄作り, うすづくり) : 흰살 생선을 아주 얇게 써는 것. 복어, 도미, 광어 등에 많이 이용된다.

우스지오(薄鹽, うすじお) : 연하게 소금을 뿌리는 것.

우스쿠치쇼유(薄口醬油, うすくちしょうゆ) : 연한 간장.

우오스키(魚鋤, うおすき) : 생선을 이용한 스키야키로 계절의 생선을 야채와 함께 냄비에 끓여 먹는 것.

유데루(茹でる, ゆでる) : 데치는 것.

유바(湯葉, ゆば) : 두유를 살짝 끓였다 건져서 말린 것.

유아라이(湯洗い, ゆあらい) : 손끝을 넣어서 뜨겁다고 느껴질 정도의 더운물에 생선회를 데친 다음 찬물에 담갔다 건져 물기를 제거한 것.

유안야키(幽庵焼き, ゆあんやき) : 유안쓰케라고도 하며 간장과 미림, 술에 유자를 얇게 썰어 넣어 만든 다시에 1시간 정도 담갔다 굽는다.

이나리즈시(稲荷寿司, いなりずし) : 유부초밥.

이소베(磯辺, いそべ) : 김을 사용한 요리의 명칭.

이시나베(石鍋, いしなべ) : 돌로 만든 냄비로 일본에서는 조선 나베(朝鮮鍋)라고도 하며, 끓이면서 먹는 요리에 사용하면 좋다.

이시야키(石焼き, いしやき) : 돌판을 이용한 구이.

이와시부시(鰯節, いわしぶし) : 정어리 부시.

이자카야(居酒屋, いざかや) : 우리나라의 포장마차에 해당하는 일본의 선술집.

이초기리(銀杏切り, いちょうぎり) : 은행잎 모양으로 썰기.

이치몬지(一文字, いちもんじ) : 뒤집게.

이치반다시(一番出汁, いちばんだし) : 다시마와 가쓰오부시로 뽑은 1번 다시.

이케쓰쿠리(生造り, いけつくり) : 도미, 은어 등 생선이 살아 있는 것처럼 보이게 담는 생선회를 말하며, 살아 있는 생선으로 만든 것도 이케쓰쿠리라고 한다.

이케지메(生締, いけじめ) : 살아 있는 생선의 선도를 유지하기 위해 머리와 꼬리 쪽의 중간 뼈를 잘라 피를 빼는 일.

이코미(射込, いこみ) : 오이, 호박, 가지 등의 속을 파내고 안에 다진 고기, 된장 등을 넣어서 요리한 것.

이타마에(板前, いたまえ) : 도마 앞에서 일한다는 의미로 주방의 조리장을 말한다. 관서 지방에서는 싱(眞)이라고 한다.

이타메니(炒煮, いために) : 재료를 기름에 볶은 다음 간을 들여 조린 것.

이타메모노(炒物, いためもの) : 적은 양의 기름을 사용한 볶음 요리.

이토가키(糸掻き, いとがき) : 아주 얇게 뽑은 가쓰오부시.

이토즈쿠리(糸作り, いとづくり) : 생선회나 오징어 등을 가늘게 썬 것.

이폰료리(一品料理, いぴんりょうり) : 일품요리.

자가이세키(茶懐石, ちゃがいせき) : 차를 마시는 자리에서 가볍게 먹는 요리.

자센나스(茶筅茄子, ちゃせんなす) : 가지에 몇 개의 칼집을 넣어 다도에서 사용하는 솔처럼 만들어 튀기거나 삶아서 다른 요리와 같이 담아내는 것.

자소바(茶蕎麦, ちゃそば) : 메밀가루에 녹찻가루를 섞어서 만든, 녹차와 향이 들어 있는 메밀국수.

자완(茶椀, ちゃわん) : 밥, 국, 차 등을 담는 목제나 자기그릇.

자완무시(茶椀蒸し, ちゃわんむし) : 차 종지에 은행, 표고버섯, 새웃살, 닭고기 등을 넣고 찐 달걀찜.

자즈케(茶漬け, ちゃつけ) : 오차즈케라고도 하며, 밥에 뜨거운 녹차를 말아 먹는 것.

잔코나베(ちゃんこなべ) : 스모 선수들에게 만들어 냈다는 냄비 요리의 일종인데, 모둠냄비처럼 어패류, 채소와 여러 재료를 넣고 끓여 먹는 요리이다.

젠(膳, ぜん) : 밥상. 식기 운반 받침.

젠사이(前菜, ぜんさい) : 일식 코스 요리 중 하나로 입맛을 돋우기 위한 전채 요리이다. 보통 3, 5, 7종으로 구성되어 있다.

조우스이(雑炊, ぞうすい) : 밥을 한 번 물에 씻고 생선이나 고기, 야채 등 여러 가지 재료를 넣고 끓인 죽.

주바코(重箱, じゅうばこ) : 음식을 넣을 수 있는 용기로 찬합을 말한다.

지누키(血抜き, ちぬき) : 생선이나 조류 등에서 피를 빼내는 일.

지라시즈시(散鮨, ちらしずし) : 위에 여러 가지 생선회, 달걀말이, 조린 표고버섯, 오보로 등을 얹어 놓은 꽃 초밥.

지리나베(ちりなべ) : 고춧가루가 들어가지 않은 맑은 냄비 요리.

지마키즈시(綜鮨, ちまきずし) : 대나무 잎으로 초밥 겉을 싼 것.

지아이(血合い, ちあい) : 생선 중앙에 작은 뼈가 있고 그 뼈 옆에 길게 혈색이 진한 부분.

폰즈(ポン酢, ポンズ) : 지리스, 폰즈쇼유라고도 하며 유자나 스타치를 이용하여 만든, 신맛이 나는 과즙초.

하나가쓰오(花鰹, はながつお) : 훈연 건조한 가다랑어를 대패로 얇게 썬 것으로 중앙이 복숭아 색을 띤 것이 상품이다.

하나렌콘(花蓮根, はなれんこん) : 연근을 꽃 모양으로 깎은 것.

하나산쇼(花山椒, はなさんしょう) : 산초나무의 꽃.

하라고(腹子, はらご) : 생선 뱃속에 들어 있는 알.

하루사메(春雨, はるさめ) : 가는 당면.

하리기리(針切, はりぎり) : 바늘처럼 가늘게 썬 것으로 가사리나 덴모리에 사용한다.

하리노리(針海苔, はりのり) : 가늘게 채 썬 김.

하리쇼가(針生薑, はりしょうが) : 가늘게 채 썬 생강.

하시(箸, はし) : 젓가락.

하시오키(箸置き, はしおき) : 상이 더러워지지 않도록 사용 중인 젓가락을 놓는 젓가락받침.

하치(鉢, はち) : 사발.

하치미쓰(蜂蜜, はちみつ) : 벌꿀. 꽃의 종류에 따라 향과 품질이 다르다.

하코즈시(箱子鮨, はこずし) : 틀에 눌러 만든 사각형 초밥으로 오사카즈시라고도 한다.

한다이(飯台, はんだい) : 바닥이 편평한 목제 통으로 한기리(半切り)라고도 하며, 초밥을 비빌 때 사용한다.

호네누키(骨抜き, ほねぬき) : 생선의 잔가시를 뽑을 때 쓰는 도구.

호네키리(骨切り, ほねぎり) : 갯장어 등 잔뼈가 많은 생선을 먹기 좋도록 뼈를 자르고 살의 폭을 아주 좁게 잔칼질하는 방법.

호시가키(干し, ほしがき) : 곶감. 주로 떫은 감을 껍질을 벗겨 말린 것.

호시나마코(干し海鼠, ほしなまこ) : 말린 해삼.

호시아와비(干し鮑, ほしあわび) : 말린 전복. 불리는 방법은 먼저 물과 함께 불에 올려 끓으면 불을 끄고 뚜껑을 덮어 하룻밤을 재운다. 다음 날 전복을 건져 내어 술, 간장, 물을 넣고 약한 불에서 4~5시간 조린다. 처음 전복을 삶은 물은 다시가 된다.

호시우동(干し饂飩 , ほしうどん) : 마른 우동이나 국수.

호우로쿠(炮烙, ほうるく) : 무시야키에 주로 사용되는, 질로 된 넓고 둥근 냄비.

호우로쿠야키(炮烙焼き, ほうるくやき) : 소금을 깐 냄비에 재료를 넣고 오븐에 구워 낸 요리.

호우쇼(奉書, ほうしょ) : 봉서와 같이 싸서 튀기거나 굽거나 한 것에 붙여진 이름. 또는 돌려 깎은 무에 재료를 넣고 말아서 싼 요리.

호우초우(庖丁, ほうちょう) : 조리용 칼.

호우지차(焙茶, ほうじちゃ) : 번차를 볶은 차로 맛과 색이 좋다.

혼부시(本節, ほんぶし) : 고급 가쓰오부시.

혼젠료리(本膳料理, ほんぜんりょうり) : 본선 요리로 전통적인 일본의 연회 요리이다. 현재에는 간소화되어 관혼상제의 의례적인 요리로 남아 있다.

후(麩, ふ) : 밀가루에 함유된 전분과 단백질을 분리하여 단백질로 만든, 조리할 때 쓰는 떡.

후나즈시(鮒鮨, ふなずし) : 붕어를 손질하여 뱃속에 소금과 밥을 넣어 발효시킨 초밥.

후리시오(振り塩, ふりじお) : 소금을 뿌리는 행위.

후리카케(振り掛け, ふりかけ) : 여러 가지 분말로 된 재료로 밥이나 여러 요리에 뿌려 먹는 가루 조미료.

후시토리(節取り, ふしとり) : 생선을 3장 뜨기 하여 지아이를 중심으로 등 쪽과 배 쪽을 분리하는 것.

후쿠로(袋, ふくろ) : 재료를 볶아 유부에 넣고 싼 것.

후쿠메니(含煮, ふくめに) : 간을 약하게 하여 장시간 끓인 조림 요리.

후토마키즈시(太巻き鮨, ふとまきずし) : 김초밥. 굵게 만 초밥.

히라즈쿠리(平作り, ひらづくり) : 참치회에 주로 사용하는 썰기 방법으로, 위에서 아래로 당겨 약간 두껍게 썬다.

히라키(開, ひらき) : 생선을 갈라 펼쳐 말린 것.

히레자케(鰭酒, ひれざけ) : 복어의 지느러미를 말려서 노릇하게 구워 뜨거운 청주에 넣어 먹는 술.

히레지오(鰭塩, ひれじお) : 지느러미에 소금을 묻혀서 구울 때 타지 않게 하는 것으로 화장 소금이라 한다.

히모(紐, ひも) : 전복이나 피조개 등 조개류의 끝에 달린, 지느러미 같은 약간 단단한 살.

히모노(干物, ひもの) : 어패류를 건조시킨 것의 총칭.

히야시소멘(冷やし素麵, ひやしそうめん) : 삶은 소면을 차게 한 것으로 여러 가지 고명을 얹고 다시에 찍어 먹는다.

히야시스이모노(冷やし吸い物, ひやしすいもの) : 차게 한 맑은 국물 요리로 여름에 많이 낸다.

히얏코(冷奴, ひややっこ) : 찬 두부 요리.

히레(火入れ, ひいれ) : 음식의 부패와 변질을 막기 위한 가열법.

히즈(氷頭, ひず) : 생선 머리의 연골.

히카리모노(光物, ひかりもの) : 등 푸른 생선.

히키기리(引切り, ひきぎり) : 짧고 힘 있게 당기는 느낌으로 사시미를 써는 방법 중 하나.

히키니쿠(挽き肉, ひきにく) : 생선이나 육류 등을 간 것.

시험 정보 안내

1. 국가 조리사 면허 및 기술자격의 종류

기술자격의 종류		자격시험 시행	국가 면허의 종류	발급 관청	법적 효력
조리 기능사	한식조리기능사 양식조리기능사 일식조리기능사 중식조리기능사 복어조리기능사	한국산업인력 관리공단	조리사 면허 (공용)	관할 시 · 군 · 구청 조리기능사 자격 취득 후 건강진단 첨부 발급	식품위생법상 조리사란 조리사 면허 취득자
조리산업기사				없음	
조리기능장				없음	

2. 조리사 면허 및 자격시험 제도

1962년 1월 식품위생법이 제정되고 조리사라는 명칭과 면허 제도가 실시됨으로써 비단 음식을 만드는 기술뿐 아니라 식품에 관한 지식, 영양에 관한 지식, 공중보건에 관한 지식 또는 조리에 관한 과학적인 지식 등이 자격 요건으로 취급되었다.

- 1973년 조리사 양성기관(학원 및 교육기관) 수료자에게 조리사 면허증 발급
- 1973년부터 1982년까지 특별시장, 직할시장, 각 도지사(고시계)가 1년에 1~2회 실시하고 조리사 면허증 발급
- 당시 학과 실기 응시료 : 200원
- 학과 시험과목 : 공중보건, 식품위생, 식품위생법규 3과목
- 응시자격 : 학력, 연령 제한 없음.
- 국가기관의 업무 과중으로 1983년부터 한국산업인력관리공단으로 시험 이첩
- 한국산업인력관리공단에서는 최초 기능사 자격시험을 1, 2급으로 구분하여 실시하다 기능사 자격시험으로 통합
- 한국산업인력관리공단에서는 분야별 기능사 자격시험을 실시한 후 합격자에 한해 기능사 자격증을 발급하고 자격증 사본, 기타 소정의 서류와 건강진단서를 첨부한 후 국가기관(주소지 관할 시 · 군 · 구청)에 조리사 면허증 발급 신청
- 식품위생법상 조리사란 조리사 면허 취득자
- 자격의 다양화를 위해 기술자격 종목에 조리장, 조리산업기사 자격시험 첨가(단, 조리사 면허증 발급 없음)

3. 기술자격시험(한국산업인력관리공단 시행)

기술자격의 종류		응 시 자 격
조리사	한식조리기능사 양식조리기능사 일식조리기능사 중식조리기능사 복어조리기능사	학력, 연령 제한 없음
조리산업기사		가. 기능사 자격을 취득한 후 응시하고자 하는 종목이 속하는 동일 직무 분야에 1년 이상 실무에 종사한 자 나. 다른 종목의 산업기사자격을 취득한 자 다. 전문대학 졸업자 등 또는 졸업 예정자(2학년에 재학 중인 자 또는 1학년 수료 후 중퇴자를 포함) 라. 기술자격 종목별로 산업기사의 수준에 해당하는 교육훈련 실시기관으로서 노동부령이 정하는 교육훈련기관의 기술훈련 과정을 이수한 자 또는 이수 예정자 마. 국제기능올림픽대회나 노동부장관이 인정하는 국내기능경기대회에서 입상한 자와 기능장려법에 의하여 명장으로 선정된 자 바. 응시하고자 하는 종목이 속하는 동일 직무 분야에서 2년 이상 실무에 종사한 자 사. 외국에서 동일한 등급 및 종목에 해당하는 자격을 취득한 자 아. 학점인정등에관한법률 제8조의 규정에 의하여 전문대학 졸업자와 동등 이상의 학력을 인정받은 자 또는 동법 제7조의 규정에 의하여 41학점 이상을 인정받은 자
조리기능장		가. 응시하고자 하는 종목이 속하는 동일 직무 분야의 산업기사 또는 기능사의 자격을 취득한 후 기능대학법에 의하여 설립된 기능대학의 기능장 과정 이수자 또는 이수 예정자 나. 산업기사 자격을 취득한 후 동일 직므 분야에서 6년 이상 실무에 종사한 자 다. 기능사 자격을 취득한 후 응시하고자 하는 종목이 속하는 동일 직무 분야에서 8년 이상 실무에 종사한 자 라. 응시하고자 하는 종목이 속하는 동일 직무 분야에서 11년 이상 실무에 종사한 자 마. 외국에서 동일한 등급 및 종목에 해당하는 자격을 취득한 자

4. 검정 응시 절차

(1) 수검원서 교부 및 접수

① 수검원서 교부

- 교부장소 : 한국산업인력관리공단 지방사무소 및 전국 시 · 군 · 구청 민원실
- 수검원서는 공휴일 및 행사일[공단 창립기념일(3월 18일), 근로자의 날(5월 1일)] 등을 제외하고 연중 교부
- 단체 교부시는 수검 대상 기관장의 요청에 의하여 수검인원을 감안 적정량 교부

② 수검원서 접수

- 접수장소 : 한국산업인력관리공단 지방사무소

- 필기시험 대상자 : 해당 종목의 필기시험원서 접수기간
- 필기시험 면제 대상자 및 기능사보 : 해당 시험의 필기시험 면제자 원서 접수기간 [실기(면접)시험 실비 납부기간]
- 필기시험 전 과목 면제 해당자 : 해당 종목의 실기시험원서 접수기간
- 외국 자격 취득자 : 해당 종목의 필기시험원서 접수기간

③ 수검원서 교부 및 접수시간

- 평일 : 09:00~18:00(단, 11월 1일부터 다음 연도 2월 말까지는 09:00~17:00) / 토요일은 09:00~13:00
- 단, 공휴일은 원서 교부 및 접수를 하지 않음.
- 우편 접수 : 접수 마감일 도착분에 한하여 유효하며, 반드시 등기우표가 첨부된 반신용 봉투(주소는 통, 반, 세대주, 성명 필히 기재) 1매를 동봉해야 함.

④ **상시 접수** : 지정된 접수기간 이전에도 수검원서를 접수할 수 있는 제도로서 일반 접수자와 구분 접수해야 하며, 우편으로 이 제도를 이용하는 경우에는 반드시 등기우표가 첨부된 반신용 봉투(주소, 성명 기재) 1매를 동봉해야 함.

(2) 제출 서류

① 필기시험원서 접수시 제출 서류

- 수검원서 1통(한국산업인력관리공단에서 배포하는 소정 양식으로 작성하되 접수일 전 6월 이내에 촬영한 3.5×4.5cm 규격의 동일 원판 탈모 상반신 사진 2매 부착)
- 검정과목의 일부 또는 필기시험 전 과목 면제 해당자는 취득한 자격증 원본 제시
- 다른 법령에 의한 자격 취득자 중 기사 필기시험 과목 면제 해당자는 자격증 원본 제시 및 검정과목 면제 신청서와 자격증 사본 제출
- 외국에서 기술자격을 취득한 자로서 검정과목의 일부 또는 전부를 면제받고자 하는 자는 검정과목 면제 신청서, 해외 공관장이 확인한 자격증 사본 및 이력서, 자격을 취득한 국가의 자격법령에 관한 자료와 각 관련 자료 번역문 각 1부 제출

② 실기(면접)시험원서 접수시 제출 서류

- 당해 종목의 필기시험에 합격한 자 및 필기시험 면제자(기능사보 등) : 수검원서 1통(한국산업인력관리공단에서 배포하는 소정 양식으로 작성하되 접수일 전 6월 이내에 촬영한 3.5×4.5cm 규격의 동일 원판 탈모 상반신 사진 2매 부착)
- 기능경기대회 입상자 및 명장으로 선정된 자로서 검정과목의 전부 면제 해당자 : 수검원서 1통(한국산업인력관리공단에서 배포하는 소정 양식으로 작성하되 접수일 전 6월 이내에 촬영한 3.5×4.5cm 규격의 동일 원판 탈모 상반신 사진 2매 부착)
- 다음의 응시자격 서류는 응시자격이 제한된 종목(기술사, 기사 1 · 2급, 기능장, 기

능사 1급, 다기능기술자)의 필기시험 합격 예정자로 발표된 자에 한하여 수검자격을 인정할 수 있는 관계 증명서류 각 1통씩을 응시자격 서류 제출기간[실기(면접)시험 실비 납부기간) 중 제출해야 하며, 동 기간 중에 제출하지 않은 자의 필기시험 합격 예정은 무효됨.

- 국가기술취득자격자는 자격증 원본 제시
- 대학, 전문대학, 고등학교 졸업자는 졸업증명서
- 대학, 전문대학 졸업 예정자는 최종학년재학증명서
- 실무 경력으로 응시하고자 하는 자는 한국산업인력관리공단에서 배포하는 소정 양식의 경력증명서 또는 재직증명서[근무부서, 근무기간, 직명, 담당업무(구체적으로)가 명시된 것]
- 노동부령으로 규정한 교육훈련기관의 이수자 및 이수 예정자는 이수증명서 또는 이수예정증명서

(3) 검정수수료 및 실기(면접)시험 실비 납부

- 검정수수료 : 필기시험 대상자는 필기시험원서 접수시 현금으로 납부하여야 함.
- 실기(면접)시험 실비는 필기시험 면제자 원서 접수[실기(면접)시험 실비 납부]기간에 현금으로 납부하여야 함.
- 종목별 실기(면접)시험 실비는 필기시험 합격 예정자 발표일에 지방사무소에 게시 공고함.

(4) 수검사항(시험장, 일시, 지참물 등) 공고

- 수검원서를 접수한 해당 지방사무소 접수창구에 게시 공고
- 시험일시 및 시험장소 통보 방법은 게시 공고 및 수검표에 고무인으로 수검 사항을 날인하여 통보
- 단, 수검원서 접수시 시험일시 및 시험장소를 통보하지 않은 경우에는 검정시행 5일 전 해당 지방사무소에 게시 공고

(5) 합격자 발표

- 수검원서를 접수한 지방사무소에 게시 공고(한국산업인력공단 홈페이지에 합격자 발표)

5. 수검자가 반드시 알아야 할 사항

- 필기시험원서 접수기간은 3일, 실기시험원서 접수기간은 4일간임에 주의하고, 접수 마지막 날의 혼잡을 피해서 초기 접수를 요망함.
- 수검원서는 착오 없이 기재해야 하며, 수검원서 및 답안 카드 기재 착오로 인한 불이익은 일체 본인의 책임으로 함.
- 제출된 수검원서 및 수수료는 일체 반환하지 아니함.
- 시험은 수검원서 접수 지역에서만 응시할 수 있음[단, 실기(면접)시험은 수검 지역이 변동될 수도 있음].
- 필기시험 일시 및 장소는 수검표에 날인된 것과 접수창구에 게시된 것을 반드시 대조 확인하고, 실기시험 일시 및 장소는 부득이한 경우 변경될 수도 있으니 최종적으로 확인하여 착오 없도록 하시기 바람.
- 수검자는 시험 시작 30분 전에 지정된 좌석에 착석해야 하며 시험이 시작된 이후에는 해당 시험실에 입실할 수 없음.
- 수검자는 시험장에 반드시 주민등록증과 수검표를 지참해야 하며, 주민등록증 분실자 및 미발급자는 본인임을 증명할 수 있는 증명서(학생증, 자동차운전면허증 등 공공기관에서 발행한 사진이 부착된 신분증)를 필히 지참하시기 바람.
- 필기시험 답안 카드 작성시 답안 카드 전면의 인적 사항과 답란에 답을 기재할 경우에는 반드시 '컴퓨터용 사인펜'을 사용하고, 뒷면의 볼펜 사용란에는 '흑색 볼펜'을 사용 기재하여야 하며, 기타 필기도구를 사용할 때는 채점되지 아니함.
- 수검자는 시험시간 중에 필기도구 및 계산기 등을 남에게 빌리거나 빌려 주지 못하며, 특히 계산기는 일반 계산용이 아닌 다기능 전자수첩 등을 지참할 수 없음.
- 응시자격이 제한된 종목(기능장, 다기능기술자, 기능사 1급)의 수검자격에 관한 증빙서류는 반드시 지정된 기일(최초 실기시험원서 접수기간) 내에 제출해야 하며, 제출하지 아니할 경우에는 합격 예정이 무효되고, 학력 및 경력이 허위임이 판명될 경우에는 최종합격자 발표 이후라도 합격이 취소됨.
- 경력은 중복되지 않아야 하며, 경력(학력 포함) 환산은 졸업 후(이수한 후) 경력을 수검원서 접수 마감일을 기준으로 가산함.
- 필기시험 합격자로 당해 시험 최종 합격자 발표 이전에는 차기에 시행되는 동일 종목의 실기시험에 필기시험 면제자로 응시할 수 없음.
- 수검자는 수검[필기(실기)시험]시부터 자격수첩 등록시까지 수검표를 깨끗이 보관해야 하며, 필기시험 합격자는 당해 시험 최종 합격자 발표 이후 차기 2회까지 필기시험을 면제하게 되오니 계속 보관할 경우 유익함.
- 한국산업인력관리공단에서 지정하는 일부 종목의 실기시험 재료는 수검자가 지참해야 함[해당 재료 및 지참 공구 목록은 실기시험 원서 접수기간(실기시험 실비 납

부기간)에 한국산업인력관리공단 지방사무소에 게시 공고함].

- 합격자 발표 후 답안지 및 점수는 일체 공개하지 아니함.
- 기타 상세한 것은 한국산업인력관리공단 해당 지방사무소에 문의하기 바라며, 본 공고 내용은 관계 법령의 개정 등 사정에 의하여 일부 조정 · 변경될 수도 있음.

6. 조리기능사 실기시험 문제

(1) 일식조리기능사 실기시험 문제(24가지)

1. 흰 된장국 / 2. 조개 맑은국 / 3. 도미 맑은국 / 4. 등심 전골 / 5. 모둠냄비 / 6. 도미 냄비 / 7. 김초밥 / 8. 참치 김초밥 / 9. 생선 초밥 / 10. 문어 초회 / 11. 해삼 초회 / 12. 갑오징어 명란 무침 / 13. 생선 모둠회 / 14. 삼치 소금구이 / 15. 쇠고기 간장 양념구이 / 16. 닭고기 버터구이 / 17. 쇠고기 양념튀김 / 18. 모둠튀김 / 19. 달걀찜 / 20. 대합 술찜 / 21. 옥도미 술찜 / 22. 도미조림 / 23. 쇠고기덮밥 / 24. 꼬치 냄비

(2) 복어조리기능사 실기시험 문제(2가지)

1. 복어회 / 2. 복어 냄비

7. 검정 응시 방법

- 공휴일을 제외하고 매일 수검원서를 접수하며 접수인원 등을 고려, 시행 지역의 월별 시행계획에 의거 검정 시행
- 필기시험에 응시원서를 접수한 자는 필기시험 합격자 발표일까지 동일 종목에 재응시할 수 없으며, 필기시험에 합격한 자는 필기시험 면제기간이 종료될 때까지 필기시험에 재응시할 수 없음.
- 상시검정 필기시험 합격자는 정기검정 및 수시검정 실기시험에 응시할 수 있으며, 실기시험에 접수한 자는 최종 합격자 발표일까지는 동일 종목의 실기시험에 재응시할 수 없음.
- 필기 면제자 검정
  - 실업계고등학교(이에 준하는 각종 학교 포함) 등 필기시험 면제자 검정
  - 필기시험 합격 후 실기시험 응시자 검정
- 기타 유의사항
  - 접수 후에는 시험일정 변경, 접수 취소, 수수료 환불 등 불가
  - 신분증을 반드시 지참, 시험에 응시하시기 바람.

8. 시험 내용

구분	내 용
필기시험	– 과목 : 공중보건학, 식품위생학, 식품학 및 영양학, 조리과학 및 원가계산, 식품위생법 – 합격기준 : 총 60문항 중 60%(36문항) 이상 – 시험시간 : 1시간(과목 낙제 없음) – 지참물 : 수검표, 주민등록증(학생증 또는 운전면허증), 검정 볼펜, 컴퓨터용 사인펜, 계산기
실기시험	– 한식조리 : 55종 중 2종 – 양식조리 : 33종 중 2종 – 일식조리 : 24종 중 2종 – 중식조리 : 20종 중 2종 – 복어조리 : 8종 중 2종 – 지참물(공통) : 위생복 · 위생모(여자는 머릿수건) · 앞치마 각 1벌, 조리용 칼 · 계량컵 · 계량스푼 각 1개, 수저, 나무젓가락, 화장지 소량, 위생 타월(1장), 행주 3장, 비닐 봉투 1장(밀가루), 프라이팬, 1회용 밴드(상처 봉합용), 1회용 접시(2개), 수검표, 신분증 등

9. 국가기술자격 관계 법령 개정사항 안내

- 산업 구조가 전문 사무 서비스 위주로 변화함에 따라 동 산업 분야의 인력 수요 증가가 예상되어 직업상담사 1 · 2급, 사회조사분석사 1 · 2급, 조리산업기사 종목이 신설됨.
- 전문 사무자격의 응시자격 신설 및 학력 인정 등에 관한 응시자격의 보완
- 필기시험 면제기간 산정기준일이 당해 필기시험 합격자 발표일로부터 2년간으로 변경됨.

10. 조리기능사 필기 출제기준(한식 · 양식 · 일식 · 중식 · 복어 공통)

시험과목	출제문제 수	주요 항목	세부 항목
식품위생	10	1. 식품위생개론	1. 식품위생의 의의 2. 미생물 일반 3. 식품의 변질 부패
		2. 식중독	1. 세균성 식중독 2. 자연성 식중독 3. 화학적 식중독
		3. 식품첨가물	1. 식품첨가물의 종류와 용도
		4. 식품위생 대책	1. 식중독 발생의 대책 2. 식품 오염의 대책 3. 식품 취급자의 유의사항 4. 기타(발암물질 등)

시험과목	출제문제 수	주요 항목	세부 항목
식품위생 법규	5	1. 식품위생 관계 법규	1. 총칙 2. 식품 및 식품첨가물 3. 기구, 용기, 포장 4. 표시 5. 식품 등의 공전 6. 검사 등 7. 영업 8. 조리사 9. 식품위생 심의위원회 10. 행정체제 11. 보칙 12. 벌칙
식품학	15	1. 식품학개론	1. 식품학의 기초 2. 식품의 일반 성분 및 급원식품 3. 식품 일반 성분의 가공, 저장 중 변화 4. 식품의 특수 성분 및 변화
		2. 식품 가공 및 저장	1. 농산물 가공 및 저장 2. 축산물 가공 및 저장 3. 수산물 가공 및 저장
조리이론과 원가계산	20	1. 조리과학	1. 조리의 의의 1) 조리의 정의 및 목적 2. 조리의 기초 지식 1) 조리의 준비 조작 2) 기본 조리법 및 다량 조리 기술 3. 식품의 조리원리 1) 농산물 및 가공품 2) 축산물 및 가공품 3) 수산물 및 가공품 4) 유지 및 가공품 5) 냉동식품 6) 조미료 및 향신료 7) 기타
		2. 단체급식	1. 단체급식의 의의 2. 영양소 및 권장량, 식단 작성 3. 식품 감별 및 구매, 재고 관리 4. 조리장의 설비 및 관리
		3. 원가계산	1. 원가의 의의 및 종류 2. 원가계산의 원칙
공중보건	10	1. 공중보건학 일반	1. 개념 2. 보건행정
		2. 환경위생	1. 일광 2. 공기 3. 채광 및 조명 4. 환기 및 냉 · 난방 5. 상하수도 6. 오물 처리 7. 구충구서
		3. 전염병	1. 경구 전염병 2. 인축 공동 전염병 3. 전염병의 예방대책

시험과목	출제문제 수	주요 항목	세부 항목
공중보건	10	4. 기생충	1. 채소류 매개 기생충 및 질환 2. 어패류 매개 기생충 및 질환 3. 육류 매개 기생충 및 질환 4. 기생충 질환의 예방대책
		5. 살균 및 소독	1. 살균 및 소독의 일반 2. 물리적 살균 및 소독법 3. 화학적 살균 및 소독법
		6. 공해 및 직업병	1. 환경오염 2. 직업병

11. 검정 방법 및 합격 결정 기준

(1) 검정 방법

직 무 분 야	등 급	검 정 방 법
기술 · 기능 분야 및 기타 서비스 분야	기술사 기능장 기 사 산업기사 기능사	필기시험 → 면접시험, 실기시험
사업 서비스(전문사무) 분야	1 · 2급	1차 시험 → 2차 시험

(2) 합격 결정 기준

직무 분야	등 급	필기시험(1차 시험)	실기(면접)시험(2차 시험)
기술 · 기능 분야 및 기타 서비스 분야	기술사	– 1교시 : 단답형 – 2~4교시 : 주관식 논문형 – 100점 만점에 60점 이상	– 구술시험 – 100점 만점에 60점 이상
	기능장 기능사	– 객관식 4지 택일형 – 100점 만점에 60점 이상	– 주관식 필기시험 또는 작업형 – 100점 만점에 60점 이상
	기사 산업기사	– 객관식 4지 택일형 – 과목당 40점 이상 평균 60점 이상	– 주관식 필기시험 또는 작업형 – 100점 만점에 60점 이상
사업 서비스 (전문사무) 분야	1 · 2급	– 객관식 4지 택일형(단답형 또는 주관식 논문형으로 할 수 있음) – 매 과목 100점 만점으로 과목당 20점 이상 전 과목 평균 60점 이상	– 주관식 논문형(작업형 실기시험, 구술형 면접시험을 할 수 있음) – 100점 만점에 60점 이상

12. 조리기능사 자격증(조리사면허증) 취득시 알아야 할 사항

(1) 조리기능사 자격증 종목 선택

조리기능사 자격증은 한식, 양식, 일식, 중식, 복어 총 5종류가 있다(조리사면허증은 공용). 자격시험은 각 자격증별 난이도가 있어서 초보자, 경력자에 따라 구분을 하여야 한다. 초보자일 경우 한식을 먼저 취득하는 것이 합격률면에서 유리하며 취업률도 높고, 요리를 기초부터 배울 수 있어서 좋다. 경력자일 경우는 본인의 경력과 향후 전망을 고려해서 자격증을 정한다. 무엇보다도 취업, 창업, 대학 특별전형 등 본인이 목표하는 것에 따라서 선택하도록 한다.

(2) 정기 · 상시 시험 일정

자격증 취득은 필기시험과 실기시험으로 구분이 되어 있다. 필기를 합격하면 2년간 실기시험을 볼 수 있는 자격이 주어진다. 한식과 양식은 1년에 4번 보는 정기시험과 수시로 보는 상시시험이 있는데, 상시시험은 일정이 정해져 있는 것이 아니라 응시인원에 따라 변경된다. 한식과 양식의 경우 필기시험에 합격하면 상시, 정기 둘 중에 한 가지 실기시험에 응시할 수 있으며 상시, 정기 모두 필기시험 합격시에는 두 가지 모두 실기시험을 볼 수 있으므로 이중으로 필기를 응시하는 것이 합격 확률을 올릴 수 있는 비결이다. 자격증을 한 가지 취득시 다른 자격증을 응시할 때는 필기가 면제된다. 2001년 변경사항은 1년에 2번이던 중식과 복어가 4번으로 증설되었다는 것이다.

13. 필기 및 실기 검정수수료

- 필기시험 수수료 : 종목에 관계없이 같음.
- 실기시험 수수료 : 종목에 따라 아래와 같음.

구분	필기수수료	실기수수료				
접수비	5,500원	한식	양식	일식	중식	복어
		14,800원	17,400원	17,100원	15,300원	23,400원

14. 실기시험 준비물

한 식	양 식	일 식	중 식	복 어
가운 앞치마 모자(스카프) 계량컵 계량스푼 나무 주걱 행주 3장 거즈 2장 한식 칼 프라이팬(사각) 튀김 젓가락 석쇠	가운 앞치마 모자(스카프) 계량컵 계량스푼 나무 주걱 행주 3장 거즈 2장 양식 칼 프라이팬(보통) 튀김 젓가락 짤주머니 계란 커터기 거품기	가운 앞치마 모자(스카프) 계량컵 계량스푼 나무 주걱 행주 3장 거즈 2장 일식 칼(데바, 야나기바) 프라이팬 튀김 젓가락 석쇠 김발	가운 앞치마 모자(스카프) 계량컵 계량스푼 나무 주걱 행주 3장 거즈 2장 중식 칼 프라이팬 튀김 젓가락	가운 앞치마 모자(스카프) 계량컵 계량스푼 나무 주걱 행주 3장 거즈 2장 일식 칼(데바, 야나기바)

15. 시험 형태

(1) 조리기능사

- 자격시험은 필기시험과 실기시험으로 나누어 치러지는데 필기시험에 합격해야 실기시험을 볼 수 있는 자격이 주어짐(필기, 실기 모두 100점 만점에 60점 이상이면 합격).
- 필기시험 : 객관식(4지 택일형)으로 60문제가 출제되며, 시간은 60분이 주어짐.
- 실기시험 : 종목별 시험 메뉴 중 당일 출제되는 2가지 메뉴를 정해진 시간에 완성해야 함.

① 공통 채점(10점)

과 목	세부 항목	채 점 방 법
위생 상태	위생복 착용 및 개인 위생 상태	위생복을 착용하고 개인 위생 상태가 좋으면 3점, 불량하면 0점
조리 과정	조리 순서 및 재료 기구 등	조리 순서가 맞고 재료 및 기구 취급 상태가 숙련하면 4점, 조리 순서는 맞지만 재료 및 기구 취급 상태가 미숙하면 2점, 조리 과정이 전반적으로 미숙하면 0점
정리 정돈	정리 정돈 및 청소	지급된 기구류 등과 주위 청소 상태가 양호하면 3점, 불량하면 0점

② 조리 기술 및 작품 평가(90점-한 가지에 45점)

과 목	세부 항목	채 점 방 법
조리 기술	조리 방법	조리 기술의 숙련도에 따라 30점
작품 평가	작품의 맛, 색, 그릇에 담기	작품의 맛과 빛깔, 모양에 따라 15점

(2) 조리산업기사

- 자격시험은 필기시험과 실기시험으로 나누어 치러지는데 필기시험에 합격해야 실기시험을 볼 수 있는 자격이 주어짐(필기는 과독당 40점 이상 평균 60점 이상, 실기는 60점 이상이면 합격).
- 필기시험 : 객관식(4지 택일형)으로 80문제(과목당 20문제)가 출제되며, 시간은 120분(과목당 30분)이 주어짐.
- 실기시험 : 종목에 구분 없이 5가지 메뉴를 정해진 시간(2시간)에 완성해야 함.

(3) 조리기능장

- 자격시험은 종목(한식, 양식 등) 구분 없이 모든 분야를 포함하여 필기와 실기가 치러짐.
- 필기시험 출제기준 : 조리기능사 자격시험과 비슷하지만 공중보건, 식품위생, 식품학, 조리이론, 한식, 양식, 중식, 일식, 복어 조리에 관한 보다 심도 있는 내용이 출제됨.
- 실기시험 출제기준 : 한식은 필수과목이고 그 외 종목(양식, 일식, 중식, 복어) 중 하나를 본인이 택일

참고문헌

Reference

박병학, 기본 일본요리, 형설출판사, 2000

유택용, 일본요리, 도서출판 효일, 2004

양승남 외, 일본요리 입문, (주)서울외국서적, 2005

김원일, 전통 일본요리, 형설출판사, 1999

김종금, 현대 일본요리, 홍익제, 2000

안효주, 이것이 일본요리다, 샘터, 1998

조영제, 생선회 100배 즐기기, 도서출판 한글, 2002

최윤 외, 한국의 바닷물고기, 교학사, 2002

식품재료사전, 한국사전연구사, 1997

정영도 외, 식품조리재료학, 지구문화사, 1995

すし技術教科書關西編, 旭屋出版, 1995

すし技術教科書江戸編, 旭屋出版, 1995

基礎日本料理教本上, 紫田書店, 1999

基礎日本料理教本下, 紫田書店, 1999

日本料理技術大系 技術資料Ⅰ, 株式會社ジャパンアート社, 2001

日本料理技術大系 技術資料Ⅱ, 株式會社ジャパンアート社, 2001

日本料理技術大系 技術資料Ⅲ, 株式會社ジャパンアート社, 2001

日本料理技術大系 定番料理Ⅰ, 株式會社ジャパンアート社, 2001

日本料理技術大系 定番料理Ⅱ, 株式會社ジャパンアート社, 2001

日本料理技術大系 獻立料理集, 株式會社ジャパンアート社, 2001

찾아보기

Index

{ㄹ}

{ㅁ}

{ ㅂ }

{ ㅅ }

{ㅇ}

{ㅈ}

한국외식문화연구회(가나다순)

김보성 Kim Bosung

경희대학교 관광대학원 석사
경기대학교 대학원 관광학 박사
조리기능장, 그랜드 인터컨티넨탈호텔 조리팀

현재 서정대학 호텔조리과 교수
저서 이것만은 알아야 할 일식 · 복어 조리기능사

김태형 Kim Taehyeong

C.I.A(The Culianry Institute of America)
경기대학교 대학원 관광학 박사
신라호텔 조리팀

현재 우송정보대학 외식조리과 교수
저서 프로페셔널 셰프, 조리수학과 용어

김희기 Kim Heekee

경희대학교 관광대학원 석사
경기대학교 대학원 관광학 박사
서울올림픽파크텔 조리팀

현재 남부대학교 호텔조리학과 교수
저서 중국의 음식문화와 중국요리

서재원 Seo Jaewon

Hawaii Pacific University MBA
경기대학교 대학원 관광학 박사수료
Honolulu Juice Company Manager
한국관광연구학회 이사

현재 서정대학 호텔조리과 교수
저서 식음료관리론

안호기 An Hoki

경기대학교 관광대학원 석사
경기대학교 대학원 관광학 박사
롯데호텔 근무

현재 백석문화대학 외식산업학부 제과제빵과 교수
저서 제과제빵경영론

최용석 Choi Yongseok

Las Vegas University of Nevada
경기대학교 관광대학원 석사
경기대학교 대학원 관광학 박사
Excallibur Hotel, (주)놀부/이야기 있는 외식공간, OGM-Korea 근무

현재 경주대학교 외식조리학과 교수

개정판

만들기 쉬운 일본요리

2006년 9월 4일 초판 발행
2009년 8월 25일 개정판 발행
2013년 7월 30일 개정판 2쇄 발행

지은이 김보성 · 김태형 · 김희기 · 서재원 · 안호기 · 최용석
발행인 류 제 동
발행처 ㈜교 문 사

전무이사 양계성
책임교정 박민정
본문편집 민하디지탈아트
제 작 김선형
영 업 이진석 · 정용섭 · 송기윤

우편번호 413-756
주소 경기도 파주시 교하읍 문발리 출판문화정보산업단지 536-2
전화 (031) 955-6111(代)
FAX (031) 955-0955
등록 1960. 10. 28 제 406-2006-000035호
홈페이지 www.kyomunsa.co.kr
E-mail webmaster@kyomunsa.co.kr
ISBN 978-89-363-1008-0(93590)
정가 24,000원
*잘못된 책은 바꿔드립니다.